黔南民族师范学院硕士研究生导师培育项目成果

黔南民族师范学院“中国语言文学”贵州省区域内一流培育学科项目成果

周旭东 ◎ 主编

文言文阅读教学研究

西南交通大学出版社

·成 都·

图书在版编目（CIP）数据

文言文阅读教学研究 / 周旭东主编. —成都：西南交通大学出版社，2021.10

ISBN 978-7-5643-8307-7

Ⅰ. ①文… Ⅱ. ①周… Ⅲ. ①文言文－阅读教学－教学研究－初中 Ⅳ. ①G633.332

中国版本图书馆 CIP 数据核字（2021）第 204917 号

Wenyanwen Yuedu Jiaoxue Yanjiu

文言文阅读教学研究

周旭东 **主编**

责任编辑 赵玉婷
助理编辑 周媛媛
封面设计 原谋书装

出版发行 西南交通大学出版社
（四川省成都市金牛区二环路北一段 111 号
西南交通大学创新大厦 21 楼）
邮政编码 610031
发行部电话 028-87600564 028-87600533
网址 http://www.xnjdcbs.com
印刷 四川森林印务有限责任公司

成品尺寸 185 mm×260 mm
印张 14.25
字数 303 千
版次 2021 年 10 月第 1 版
印次 2021 年 10 月第 1 次
定价 48.00 元
书号 ISBN 978-7-5643-8307-7

编 委 会

主　编　周旭东

编　委　韦龙娟　任　娟　马瑶瑶

王　艳　陈　瑶　肖美玲

黄维莉

前　言

文言文是中华传统文化的载体，是现代汉语学习的重要来源。

中学文言文阅读教学是一项继往开来的事业，既是传承中国古代优秀传统文化的重要途径，又是增强中华民族文化自信、谋求发展创新的重要基础。然而中学文言文阅读教学问题颇多，效率尚低，效果不佳，究其原因不外乎以下几点。

第一，文言文阅读教学目标要求不明或者偏低。“培养学生能够阅读浅显文言文的能力”是普通高中语文课程标准（实验）中的规定，何为“浅显”？理解不一致，导致文言文教学存在巨大差异，引起文言文教学某种程度的混乱。

第二，文言文阅读教学内容单一且呈现碎片化状态。翻译文言、讲解文言语法知识是文言文阅读教学主要内容，附着一些形象分析、写作特点归纳、主题思想概括等其他方面内容。积累文言文词句知识是文言文学习首要的重点内容，因而注重文言翻译，讲解必要的文言语法知识也是适宜的。然而突出的问题是，其一，文言文阅读教学内容不仅仅只有词句积累，这只是“言”的内容，还有其他重要内容——“文”的内容，包括文章学的内容、文学的内容、文化的内容。文言文阅读教学内容应该是“言”的内容与“文”的内容的统一，即所谓的“言”“文”统一，或“四面一体”，可是文言文阅读教学内容碎片化问题严重。孤立识记文言词句，违背“词不离句，句不离篇”基本原理；形象分析也多是架空文本的抽象概括，缺少词句的落实和赏析；文章学道理和文学技法的得出总显得不自然、不顺畅；文化的内容是渗透在字里行间的，离开对文本的亲密接触，文化内涵就没有了依据。其二，词句积累的方式不是眉毛胡子一把抓，而是分步骤、有重点地学习。篇篇逐词逐句，字字条分缕析，新词被旧词掩盖，懂的当然懂，不懂的仍然不懂，加上耗时巨大，课时紧张，教学呈现一派沉闷、压抑气氛。

第三，文言文阅读教学方式单调。文言文阅读教学除了形式化的集体朗读之外，成了教师讲授的独角戏。如今都看重教学方式，文言文阅读教学有时也搞些分角色朗读、表演之类的教学活动，但都浮于表面，没有实质性指导，缺乏实质性能力培养。

第四，脱离文言语境教学文言。文言文阅读教学操作过程是在现代汉语层面进行的，脱离了文言语境，文言文阅读教学名不副实。在文言文阅读教学中，大部分教师首先是翻译全文，接着就进入了现代文阅读教学的轨道，划分层次、概括段意、提炼写作特点、说出主题思想等，这个过程都是在现代文阅读教学层面操作，与文言无关，与文言语境无涉。学习文言却脱离了文言文阅读教学语境，使文言文阅读教学缺乏实效。

第五，唯考试命题是从，考什么就教什么。考的东西当然要教，但不能只教考的内容，其他一概忽略，因为还有很多内容不可考，考不了。从学生学习、人生的角度看，考什么就教什么实质是功利化的表现。

文言文阅读教学要回归文言文语境，在文言文框架下教学文言；夯实文言词句积累，在文言词句基础上学习文章技巧、文学技法、文化内涵；在文章、文学、文化观照下品味语言，真正做到“言”“文”融合。

文言文阅读教学语境回归主要是指文言文体回归。文体是阅读与写作的前提，文体自然是文言文阅读教学的前提。具体说，文体是文言文阅读教学内容选择的前提。文言文阅读教学内容单一，实质是文体意识淡薄。文体决定了文本体制和体势，确定了教学内容选择的范围，即文章的语言、选材和组材形态；不辨文体（体裁）将导致内容重复或单一。文体也影响教学方式的运用。教学方式方法一般来说取决于教学内容，有什么样的教学内容就会有什么样的教学方式。此外，教学过程也可以依照文体特点展开。

新时代，中学文言文教学重视程度前所未有。初中文言文数量激增，人教版高中文言文的突出表现就是文体意识显豁。高中文言文分别安排了记叙性散文、游记散文、议论性散文、传记散文和抒情散文五个单元，体现了很强的文体意识。但同时，我们也发现该教材是以现代散文分类标准衡量文言文的。这就向我们提出了一个非常严峻的问题：文言文能不能以现代散文分类标准为依据实施教学？文言文要不要回归文言根本，依据文言文分类标准划分类型实施教学？

答案是肯定的。文言文阅读教学必须回到文言文分类标准实施教学。以现代散文分类标准划分文言文类型，有可能遮蔽文言文阅读教学内容，从而引起连锁反应，影响教学过程、方法、效率和效果。

现代散文分类标准来自五四时期的西方，它是“纯文学”分类。我国古代文体分类主要依据当时政治制度、礼乐制度和社会实用，而不是文学。我们说“不是文学”并不意味着当时没有文学，如诗、赋都是文学；也不是说实用性文言文不属于文学，很多文章都十分讲究文学性，如记体、表体、论体等。我们的目的是回归文言文类型划分，研究实用性文体中的文学因素，选择适宜的教学内容，消除争议，科学组织教学过程，适当运用教学方式，提高教学效率，提升教学效果。

本书编写在充分尊重人教版高中语文必修 1 ~ 5 册编者文体意图前提下，做了些许文体上的整合。一是提出“记体文”这一文体类型，包括山水游记、台阁记、人事杂记、画记等种类，弥补了教材仅限于“山水游记”范围的不足，由于初中文言文是高中文言文学习的基础，研究初中文言文有助于关照高中文言文阅读教学研究，因此，本书涉及部分初中文言文阅读教学研究内容。二是写人叙事单元，按照古代文体更名为史传文，它们都是史书。第三，议论性散文简称为议体文，抒情性散文简称抒体文，传记散文简称为传体文。教材中其他类型的文言文体，如抒情文言文类中某些篇章也做了文体上的讨论，以求回到古代文体范畴上来。每一章大致包括问题与分析、文体特点、阅读教学、案例分析等四部分内容。

本书主体内容基于我近几年来指导的学科教育语文专业硕士研究生毕业论文而编写，按照统一体式整理出版。第一章记体文阅读教学，基于王艳同学（2019 届）毕业论文；第二章史传文阅读教学，基于韦龙娟同学（2018 届）毕业论文；第三章议体文阅读教学，基于马瑶瑶同学（2018 届）毕业论文；第四章抒体文阅读教学，基于陈瑶同学（2019 届）毕业论文；第五章传体文阅读教学，基于任娟同学（2018 届）毕业论文；第六章文言文教学内容选择，基于肖美玲同学（2019 届）毕业论文。全书最后由周旭东完成统稿。黄维莉同学（2021 级语文专业硕士研究生）参加了本书校对工作。

以上同学，如今都加入了自己热爱的语文教师行列，希望这本书能成为她们教育教学事业美好的起点和求学生涯的一段美好记忆。

本书是广大一线语文教师文言文阅读教学参考资料，是在读语文教育专业硕士研究生学习得力助手，是语文教育教学专门研究人员资料来源。

文体阅读教学研究仍在继续，将永不停息。本书尚存在不足，期盼大家不吝赐教，深表谢意！

周旭东

2021 年 5 月于黔南民族师范学院文传学院

目 录

专题一

记体文阅读教学研究

第一节 记体文阅读教学现状调查与问题分析……2
第二节 记体文特点……7
第三节 记体文阅读教学……10
第四节 记体文案例分析……34

专题二

史传文阅读教学研究

第一节 史传文阅读教学现状调查与问题分析……48
第二节 史传文特点及重要性……50
第三节 史传文阅读教学……54
第四节 史传文案例分析……68

专题三

议体文阅读教学研究

第一节 议体文阅读教学现状调查与问题分析……78
第二节 议体文特点……79
第三节 议体文阅读教学……82
第四节 议体文案例分析……96

专题四

抒体文阅读教学研究

第一节　抒体文阅读教学现状调查与问题分析……108
第二节　抒体文特点……112
第三节　抒体文阅读教学……117
第四节　抒体文案例分析……138

专题五

传体文阅读教学研究

第一节　传体文阅读教学现状调查与问题分析……156
第二节　传体文特点……160
第三节　传体文阅读教学……163
第四节　传体文案例分析……178

专题六

文言文教学内容选择

第一节　文言文教学内容选择问题及分析……190
第二节　文言文教学内容选择路径……193

专题一

记体文阅读教学研究

“记体文”指以“记（志）”为标志的一种文言文体类型。具体包括山水游记、台阁名胜记、书画记、人事杂物记类文言文。其文体特点是：叙议结合、移情于景、揭露事实。学习此类文言文，就是要学习叙事、写景、议论和抒情如何有机联系和融合，反映客观事实。

第一节 记体文阅读教学现状调查与问题分析

近年来，文言文越来越受到重视，特别是2017年颁布的高中语文课程标准更加强调文言文在传承中华传统文化中的重要作用。在当前的语文教学中，部分教师的文体意识淡薄，这种现象在文言文教学中尤为明显，具体表现为教学内容固化、教学组织零散无序、教学方法机械单一、教学效果不佳。文言文教学一直把“字字落实，句句翻译”奉为准则，忽略了不同文体文言文之间的差异性。

一、中学语文教材中文言文选篇分析

文言文是中学语文教材中的重要组成部分，文言记体文是文言文的重要文体类型。笔者首先对中学语文教材中文言文主要包括的文体类型作简要叙述，然后将文言文的具体篇目归纳至各自的文体类型之中，最后将中学语文教材中文言记体文的篇目归入该文体中。

（一）中学语文教材中文言文选篇梳理

结合古代文体理论，按文体类型的梳理，中学语文教材中文言文选文主要包括论说文、杂记文（即记体文）、序记文、书信体、公牍文、箴铭文、辞赋、传状文以及其他文体类型。通过对中学文言文选文的具体分析，每一篇选文都对应以上文体，归纳总结如表1.1所示：

表1.1 中学语文文言文选文文体类型

文体类型	篇目	备注
论说文	贾谊《过秦论》、韩愈《师说》《马说》、周敦颐《爱莲说》、《鱼我所欲也》《寡人之于国也》《富贵不能淫》《天降大任于斯人也》选自《孟子》、荀子《劝学》、苏洵《六国论》、《逍遥游》《北冥有鱼》《庄子与惠子游于濠梁》选自《庄子》、《虽有佳肴》《大道之行》选自《礼记》	庄周的《逍遥游》在人教版高中语文必修5中属于抒情散文
传状文（传记文、史传文）	《孙权劝学》选自《资治通鉴》、《烛之武退秦师》《曹刿论战》选自《左传》、《唐雎不辱使命》《邹忌讽齐王纳谏》《荆轲刺秦王》选自《战国策》、司马迁《周亚夫军细柳》《鸿门宴》《廉颇蔺相如列传》《项羽之死》、班固《苏武传》、范晔《张衡传》、柳宗元《种树郭橐驼传》、苏轼《方山子传》、魏禧《大铁椎传》	

续表

文体类型	篇目	备注
杂记文（记体文）	王安石《游褒禅山记》、陶渊明《桃花源记》、柳宗元《小石潭记》、苏轼《记承天寺夜游》、范仲淹《岳阳楼记》、欧阳修《醉翁亭记》、张岱《湖心亭看雪》、归有光《项脊轩志》、陆游《过小孤山大孤山》、方苞《狱中杂记》、苏轼《文与可画筼筜谷偃竹记》、苏轼《游沙湖》、刘基《苦斋记》、魏学洢《核舟记》	陶渊明的《桃花源记》是不是记体文？笔者认为是。虽然文中含有大量虚拟成分，但文中也有纪实内容。以宽容的态度待之，文章还将虚实结合的手法带入记体文中，增强了记体文的文学性与史学价值
序记文	王羲之《兰亭集序》、王勃《滕王阁序》、宋濂《送东阳马生序》、欧阳修《伶官传序》、张岱《陶庵梦忆序》、李白《春夜宴从弟桃花园序》	王羲之的《兰亭集序》在人教版高中语文必修2中属于游记体、王勃《滕王阁序》在高中语文必修5中属于抒情散文
书信体	陶弘景《答谢中书书》、吴均《与宋元思书》、诸葛亮《诫子书》	陶弘景《答谢中书书》和吴均《与宋元思书》属于书信体中的“骈体小简”
公牍文（表文）	诸葛亮《出师表》、李密《陈情表》	都属于“表文”
辞赋	苏轼《赤壁赋》、陶渊明《归去来兮辞》、杜牧《阿房宫赋》	苏轼的《赤壁赋》在人教版高中语文必修2中属于游记体。
箴铭文（“室铭”）	刘禹锡《陋室铭》	
哀祭文	韩愈《祭十二郎文》	
其他类（笔记体、语录体、寓言故事）	《咏雪》《陈太丘与友期行》选自《世说新语》、《论语》十二章、《塞翁失马》选自《淮南子》、《杞人忧天》《愚公移山》选自《列子》、欧阳修《卖油翁》、沈复《海国记》（节选）、《庖丁解牛》选自《庄子》、《子路、曾皙、冉有、公西华侍坐》选自《论语》	

（二）中学语文教材中记体文选篇梳理

吴纳在《文章辨体序说》中说：“大抵记者，盖所以备不忘。”[1]也就是说“以备不

[1] 吴纳著，于北山校点，文章辨体序说[M]. 北京：人民文学出版社，1998：42.

志”是记体文的主要功能。褚斌杰根据记写的内容和特点，将杂记文分为四类：台阁名胜记、山水游记、书画杂物记和人事杂记。[1]许嘉璐依据文章所记写的对象，将杂记文分为三类：台阁名胜记、杂物书画记、山水游记。因此，根据以上学者对文言记体文的划分，笔者将其分为台阁名胜记、山水游记、人事杂物记和书画记四类。中学语文教材中文言记体文选文如表 1.2 所示：

表 1.2　中学语文记体文选文分类

台阁名胜记	山水游记	人事杂物记	书画记
范仲淹《岳阳楼记》、欧阳修《醉翁亭记》	王安石《游褒禅山记》、柳宗元《小石潭记》、张岱《湖心亭看雪》、苏轼《记承天寺夜游》、苏轼《游沙湖》、陆游《过小孤山大孤山》	归有光《项脊轩志》、方苞《狱中杂记》、刘基《苦斋记》、魏学洢《核舟记》	苏轼《文与可画筼筜谷偃竹记》、陶渊明《桃花源记》

注：归有光的《项脊轩志》属于记体文中的人事杂记。徐师曾《文体明辨序说》中说道：“志者，记也，字亦作志……大抵记事之作也。”[2]大意是“志”的功能与“记”相同，都是记事。因而，《项脊轩志》也属于记体文。

二、问题分析

文言文是中学语文教学内容的重要组成部分，是中华优秀传统文化的载体，因此文言文教学自然成为传播中华优秀传统文化的重要途径。近年来，随着语文学科课程改革的推进，文言文教学受到了广泛关注。而入选中学语文教材中的文言记体文篇目很有限，如果文言记体文的阅读止于学校教育，止于课堂，那么，这不仅仅是“中华传统文化”教育的落空，更是当今语文教育的失职。基于此，笔者通过在实习学校及其他一线学校听课的机会，以及对这些学校语文教师的访谈，发现文言记体文在教学中存在以下四方面的问题。

（一）文体特点不明显

当前，文言文教学普遍存在的问题是文体意识不明显，这种文体意识不明显的现象在文言记体文的教学中尤为突出。很多教师在教学文言文时，其教法千篇一律，都是挑出文中重要的实词、虚词、句式等进行讲解，并没有根据文言文的不同文体类型进行教学。

文言记体文根据所记写的内容与特点主要分为：台阁名胜记、山水游记、书画记和人事杂物记，其最大的特点是记叙，兼有议论、描写和抒情等表达方式。但教师们在教学文言记体文时，其文体特点不明显的现象尤为严重（即上文提到的文体特点），一贯的教法就是疏通字词句。笔者在实习学校听过四位老师教学王安石的《游褒禅山

[1] 褚斌杰，中国古代文体概论[M]．北京：北京大学出版社，1990，353．

[2] 徐师曾，罗根泽校点．文体明辨序说[M]．北京：人民文学出版社，1998，146．

记》常规课，其中只有一位教龄较长的教师在教学时提到“记”这一文体的概念，但并没做过多的介绍，其余三位教师完全没有提“记”这一文体，而且教学的模式基本相同。首先介绍王安石的生平及文学成就，接着介绍相关背景知识。然后通读全文，纠正字音，继而疏通字词句，即通篇翻译，翻译结束，这堂课也就结束。笔者课后和这三位教师交流过，当提到“记”这一文体时，他们都说没有过多的了解，这可能是教师自身的文言文功底比较薄弱。而且还说高考翻译分值比较高，因而高考考什么就教什么。根据高考考点进行的教学不是不可以，但在高考这一指挥棒下的教学，会让学生对文言记体文甚至文言文的教学出现厌倦心理。笔者以为教师在教学时，首先要关注的是“这一篇”课文的文体特点，接着预设“这一篇”课文的教学内容，最后在课堂上展现出“这一篇”课文的文体特点，以便师生之间共同生成教学内容。一定程度上，或许能改变当前文言记体文教学存在的问题。

（二）“言”“文”分离

文言文，可以分解为“言”和“文”，“言”指的是文言基础知识，主要指字词句；“文”指的是文言文本所承载的文学、文化。[1]文言记体文教学除了文体特点不明显以外，其“言”“文”分离现象也较为突出，主要现象有两种：重“文”轻“言”或重“言”轻“文”。

重“文”轻“言”的现象是笔者在实习期间亲见的。笔者在实习期间，听一位教师教学《游褒禅山记》，该班由高一年级基础较好的学生组成。该班语文教师在教学王安石的《游褒禅山记》时，进入课文就抛给学生一个问题：王安石提出“尽志无悔”有什么深意？于是学生就去文中找答案。虽然多数学生能找出答案，但对于文中重点字词句教师却忽略不讲。虽然大多数学生都能发表自己的观点，但还是有极少部分同学参与不了课堂讨论。笔者课下也请教过该教师，他说对于这种基础较好班级的学生，翻译不是重点（即不需要翻译），要提高学生自身的文化素养，所以重在学习文中的“文化”知识。但在接下来的周考中，这个班的学生在翻译上就出了大问题。全班三十多名学生，翻译题能拿到满分的仅仅只有五人。从这可以看出，教师重“文”轻“言”的现象在文言记体文教学中是确实存在的。

重“言”轻“文”，笔者有深刻的教训。实习期间，笔者有幸带了一个班，这个班学生基础比较薄弱。在执教《游褒禅山记》时，笔者考虑到这个班的学情，进而打算从“言”的角度来学习“文”。讲完第一段，笔者问道：这一段重在介绍褒禅山，为什么会写仆碑，而且还特别提及仆碑上的文字？沉默片刻，竟没有一个同学回答出来。因而这一整堂课就只能带着学生逐字逐句翻译，并时刻提醒他们做笔记。课后，笔者也反思，是问题太难还是学生没有预习？是教师的问题还是学生的问题？当然，也咨询了指导教师，她说道：“对于基础比较薄弱的班级，教学文言文必须逐字逐句翻译，

[1] 包建新．语文教学设计与案例分析[M]．杭州：浙江大学出版社，2012：186．

也就是字字清楚、句句落实。”最后，总结全文时稍微提及有关文化方面的知识即可。听了指导教师的话，笔者便发现，对文言记体文或文言文的教学出现了两个极端：对于基础较好的班级只注重文章中“文”的学习，而对于基础较薄弱的班级则重视“言”的学习。

文言记体文的教学，无论是重“言”还是重“文”都是不可取的，最好的教学则是“言”与“文”的融合。

（三）教学结构不连贯

教学结构，就是教学中安排文章结构的流程，而教学结构的问题实际就是指一堂课上如何针对一篇课文流畅地进行教学的问题。包建新说过，讨论教学结构的问题就是讨论教学过程的问题。[1]那么，教学结构的不连贯就是教学过程的不连贯。

有教师在执教范仲淹的《岳阳楼记》时，没有抓住文章的文体特点选取教学内容。这位教师的教学是这样的，首先挑出文中重要的实词、虚词、通假字以及古今异义词等，接着逐段逐段讲解字词句、翻译，然后让学生归纳段落大意，最后教师总结文章写作特色以及作者的思想感情。这样的课堂教学结构看似连贯，实质是教师将课前预设的教学内容直接搬到课堂中来，没有考虑课堂教学内容的生成，忽略了教学过程是流动的。这样的课堂教学是教师“肢解”了文本教学内容，使教学过程“碎片化”，这样的教学结构根本没有实现教学内容意义的流动。

笔者以为，如果教师能够抓住课文中的关键字“异”来引导学生展开教学内容，比通篇讲解字词句以及翻译更适合。首先让学生找出“异”字在文中出现了几次，接着品读找出的句子，这时可以给学生一个问题：课文的题目是“岳阳楼记”，为什么写“岳阳楼”的句子却少之又少呢？学生就会找到“前人之述备矣”，因为前人已经记述得很详尽了，因而作者在这里不再过多讲述。但接着出现的“览物之情，得无异乎？”中的“异”字出现之后，学生便会豁然开朗，原来作者是为了另辟蹊径而故意腾出更多的篇幅写“迁客骚人”来这里观赏景物而触发的不同情感。抓住“异”字继续追寻，便会发现第二个问题：第三、四段占全文近一半的文字，除了写景处用笔华丽工整之外，并无什么新意。“异”字难道仅仅是为了写洞庭湖景色的不同吗？当然不是，直到文章第五段中“或异二者之为”中的“异”字再次出现时，全文的主旨才“水落石出”：古仁人也有“异”于一般人的心态，即“不以物喜，不以己悲”。然后紧接着作者“先忧后乐”的伟大抱负就自然而然地镌刻于天地之间。最后的“微斯人，吾谁与归”较为含蓄地点明了作者与挚友（即滕子京）都是那种“得无异乎”之人，就这样圆满地扣住课文的主题。像这样抓住课文关键字词的课堂教学结构，一环连着一环，紧扣主题，学生在学习时也会有继续探究的精神。

[1] 包建新．语文教学设计与案例分析[M]．杭州：浙江大学出版社，2012：95．

（四）教学方法单一

“教什么”决定“怎么教”，即什么样的教学内容决定什么样的教学方法。“字字清楚，句句落实”是传统文言文教学所采用的方法，即翻译、理解至上；教师“一言堂”“满堂灌”，学生“拼命”做笔记等教学现象，都使得文言文的教学陷入了难以扭转的怪圈。文言记体文的教学也逃脱不了这样的教学模式。

文言记体文的教学内容没有依据文体特点来选取，所采用的方法都是逐字逐句翻译。笔者曾听一位教师教授欧阳修的《醉翁亭记》，当讲到文中“也”“而”等虚词时，该教师在黑板上一直归纳、总结，还反复提醒学生这是本文的重点。虽然黑板写满了，但大多数学生已经被这些枯燥干瘪的文字“吹”睡着了。老师辛辛苦苦从上课讲到下课，而教学效果却极其不佳。笔者也思考：如果自己教学这篇课文，应该怎么安排教学内容与教学方法呢？文中“而”“也”分别出现了 25 次、21 次，这是教学内容选取时必须要涉及的。笔者认为，教师教学时不需要让学生去死记硬背每一处的用法，只需讲到的时候提醒学生注意，接下来就是让他们朗读，并感受文中“而”“也”以及“……者，……也”等句式的美。在学生读的过程中，教师适当提一些看似简单却需要思考的问题：这篇文章美不美？美在哪里？为什么美？这时学生就需要思考，或许有学生会回答“而”“也”出现次数多，读起来朗朗上口，形式上比较美。教师就要抓住这样的机会，让学生课后去研究文中每一处“而”“也”等虚词的用法。当然，如果能结合其他学过的课文中的“而”“也”等虚词进行讲解是更好的。让学生在学习新知识的过程中，复习学过的知识，这是一种很好的教学方法，即对比教学法。

文言记体文以至文言文的教学方法并不单一，而是教师在教学时没有抓住其各类文体的特点。虽然文言文的教学方法很多都是通用的，但如果教师教学时能够抓住文体特点选择教学方法，那么文言记体文甚至文言文的课堂将会丰富多彩。

第二节　记体文特点

文本同而末异，大意是创作文章都有相同的基本规则，而不同的文体具有其特殊性。文言记体文的特殊之处就在于文体的特殊。结合中学语文教材中的文言记体文篇目，笔者总结出其文体特点有：叙议结合、移情于景、揭露事实等。

一、叙议结合

吴纳在《文章辨体序说》中提到：“记以善叙事为主……后人作记，未免杂以议论。”[1]

[1] 吴纳．文章辨体序说[M]．北京：人民文学出版社，1998：41．

“记”主要以叙事为主，后人作记，则杂有议论。通过分析中学语文教材中文言记体文篇目可知，文言记体文多以记叙为主，兼有议论、抒情、描写等表达方式，但常见的是将记叙与议论融为一体，即叙议结合。

唐代的山水游记基本以叙事为主，而宋人好议论，即在记叙的基础上，善于发表议论。例如，唐代柳宗元的《小石潭记》以叙事为主，其中“似与游者相乐”一句，采用拟人修辞手法，把游鱼的轻快、活泼、自由展现出来；而北宋王安石的《游褒禅山记》则以议论为主，其“游”之路线为：慧空禅院—华山洞—距洞百余步—前洞—由山以上五六里……谓之后洞—拥火以入—遂与之俱出—既其出。课文开篇点明所游之地，即“褒禅山”；接着介绍褒禅山名称的来源，并阐明褒禅院的由来，紧接着写华山洞的位置以及命名的来由；这些描写都是在为第二段的记叙作铺垫。然后写有碑扑倒在地上，而且碑文已经模糊得看不清楚了，但还能辨识出“花山”的名称，便说大概是由于读音错误的缘故；这些描写又是在为第三、四段的议论“深思而慎取”作铺垫。这篇课文虽是山水游记，其实质却是一篇记游形式的说理文。记叙、议论相结合（夹叙夹议、叙议结合）的创作手法是该文章的一大特点。

苏轼的《游沙湖》既记游又写人，由记游联想到记人，再由记人联想到记己。文章以叙事、记人开篇，谈自己去买田却对田只字不提，谈到自己生病却不说生病吃药的事。叙写买田、生病等事情都是为了引出庞安常这个人，接着三言两语便把庞安常“颖悟绝人”的“异人”形象勾勒出来，记庞安常的“异”主要为了叙“我”的“异”。作者在与庞安常的交往过程中，调侃说：“我”把手当做口，你把眼睛当做耳朵，我们两个都是“异人”。而记游之时，苏东坡作了《浣溪沙》，词中大量发表议论。从这可以看出，作者虽被贬至黄州，但他旷达乐观的情怀却处处显露出来。叙议结合是该课文的一大亮点。

二、移情于景

文言记体文除了“叙议结合”这一特点外，其中最为突出便是“移情于景”（寓情于景或情景交融）。“移情于景”又叫“移情手法”，是指作者将自己的处境或遭遇情愫移注于景物的描写，使物和“我”和谐统一，即“我”喜物也喜，“我”悲物也悲。相反，外物的“喜”和“悲”被更加强化，烘托出“我”的“喜”和“悲”，即物的忧乐对作者的忧乐加以强化，以客观之景来寄托作者心中的情感。

苏东坡在《记承天寺夜游》一文中，不但运用了叙议结合的手法，而且还运用了移情手法。“元丰六年”是作者被贬至黄州的第四年，他本“解衣欲睡”，“月色”却入了户。从“月色入户”可见作者被贬时期门庭的冷落，只有“月色”愿意进自己的房间，这里将“月色”拟人化，写出“月”知作者所想。文中“庭下如积水空明”等句都是为了衬托出“月”的皎洁，其中“盖竹柏影也”看似不写“月”，却重在写“月”。

最后一句“何夜无月？……但少闲人如吾两人者耳”[1]，虽然是作者在发表议论，自嘲自己与张怀明是“闲人”，但更多的是作者将自己的情感全都寄托在了“月”上，表达了自己和张怀明这样的“闲人”才有闲情来赏月，实质是作者在抱怨自己和张怀明不能为朝廷效忠的情感。

范仲淹的《岳阳楼记》，虽题为“岳阳楼记”，但作者对“岳阳楼”的描述却少之又少，原因是“前人之述备矣”，即前人的描述已经很详尽了，后文便不再多用笔墨。文章第三段开始写景：“若夫霪雨霏霏……虎啸猿啼。”[2]这一段描写洞庭湖阴天的景象主要为了渲染当时“悲”的氛围。第四段还是接着写景：“至若春和景明……此乐何极！”[3]这一段描写洞庭湖晴天的景象主要为了突出当时“喜”的气氛。这两段景物的描写都是为了衬托出“迁客骚人”因物、因己而或喜或悲。大量写景是为了抒发作者心中的情感，即不因为外界事物的好坏和自己的得失而或喜或悲的胸襟以及“先忧后乐”的伟大抱负，还有对友人滕子京的劝勉之意。

欧阳修在《醉翁亭记》中对“醉翁亭”的描述也是寥寥几笔，对景物以及作者情感的描写占据大量篇幅。其中，第二段写“若夫日出而林霏开……山间之四时也”[4]。这是对山间朝暮之景与山间四时（春、夏、秋、冬）之景的不同描写，直接抒发了作者陶醉于山间朝暮以及四时的美景，这种沉醉于山水之间的欢乐心情跃然纸上。

以上三篇课文都是体现“移情于景”这一特征的最好例证。

三、揭露事实

文言记体文善于选取典型事例来描写人物、事件，如方苞的《狱中杂记》、归有光的《项脊轩志》、刘基的《苦斋记》都体现这一点。还有的是在记人叙事的基础上，揭露一些社会不良现象，如方苞的《狱中杂记》就是这一特征的具体体现。

《苦斋记》是刘基为章溢的书斋所作的一篇记，全文围绕一个“苦”字展开，作者首先选取书斋周围的环境、气候以及植物的特性来说明“苦”的由来，紧接着写“木、草、莱、实、笋”等性苦的植物都乐于生长在这里，进而说明命名“苦斋”的由来。文章最后主要阐明了“苦”与“乐”互相转化的辩证关系。作者善于选取“书斋”周围的典型事例来阐明“苦”与“乐”之间的关系，是文章的一大特点。

在方凤九（凤九即方苞的字）的《狱中杂记》一文中，作者因受戴名世的牵连而入狱。文章通过作者在牢狱中与杜君（洪洞县令）的对话，说到一些无罪或罪轻或取保的人，如果经济条件不宽裕，在牢狱里往往是住在条件最差的地方。相反，一些犯罪情节严重或是杀了人的囚犯，因为经济条件好的缘故，在狱里却能住在条件好的地方。其中与作者同时进狱遭刑具拷打的三个人，一个给了二十两银子，骨头受点伤，

[1] 温儒敏．义务教育教科书语文八年级上册[Z]．北京：人民教育出版社，2017：55．
[2] 温儒敏．义务教育教科书语文九年级上册[Z]．北京：人民教育出版社，2018：45．
[3] 温儒敏．义务教育教科书语文九年级上册[Z]．北京：人民教育出版社，2018：45．
[4] 温儒敏．义务教育教科书语文九年级上册[Z]．北京：人民教育出版社，2018：48．

回家休养了一个月好了；另一个给了双倍银子，只是肌肤受了点伤，休养二十天则可好；还有一个给了六倍银子，当晚就可以走路回去。除此之外，还有很多这样的事件被狱吏们掩盖住。从这些行为、事件，都可以看出狱吏们的贪赃枉法、滥施酷刑。

在牢狱中，作者不忘当时的情形，便选取了几个典型事例，如牢狱的恶劣环境、狱中瘟疫、老胥藏伪章、狱中亲见郭四的事实、胥吏狱卒和奸民相勾结牟利等事件，无一件不体现作者对当时社会的愤恨。文章主要以"金钱"为线索，加之作者在牢狱中的亲身所历、亲眼所见、亲耳所闻以及亲自调查等迹象，一定程度上揭露了狱吏的滥施酷刑与贪赃枉法、囚犯中的无辜受害者含冤而死和痛苦无处告知的遭遇，以及当时刑部监狱的种种黑暗现实。

第三节　记体文阅读教学

文言记体文教学存在的问题有文体特点不明显、"言""文"分离较为突出、教学结构不连贯、教学方法单一等。要解决这些问题，首先要重视其文体特点。语文教育专家潘新和教授说："阅读与写作思维也可以说是一种文体思维。阅读离开了文体，必定是不得要领的。"无论是阅读还是写作，首先都要明确其文体，即文体是写作和阅读一篇文章的关键因素。中学文言记体文教学由于文体特点不明显，导致其文本的原生价值得不到体现，更让文言记体文的教学价值没有得到施展。因而本书立足文言记体文的文体特点，主要从选取教学内容、组织教学结构、选择教学方法和分析文言文阅读题型等四个方面来探究其教学策略。

一、记体文教学内容的选择

选取文言文教学内容的角度多种多样，但无论怎么选都应该围绕其"一体四面"[1]（即文言、文化、文章、文学）进行选取。王荣生教授在《语文教学内容重构》一书中提到，语文教学内容是一个问题的两个方面，即实际上需要教什么和实际上最好用什么去教[2]。这就要求教师对教学内容的选择要考虑两个关键点：教学文言记体文，实际需要教什么；实际上最好用什么去教。语文教学内容包括两个方面，一是教材中本身所包含的内容（即文本的原生内容）；一是教师对教材中内容的加工，即对教材内容的选取与重新组合（即文本的教学内容）。那么，教学中到底"教什么"，则由"教学内容"决定。文体不同，教学内容的选取不同；文体相同，则要具体到"这一篇"课文

[1] 王荣生．文言文教学教什么[M]．上海：华东师范大学出版社，2014：4．
[2] 王荣生．语文教学内容重构[M]．上海：上海教育出版社，2007：8．

的特性来选取其教学内容。因而，文言记体文的教学内容，主要依据“记”之字词、技法、结构、选材，从语言、文学性、谋篇布局、文化四个方面来确定。除此之外，还要考虑课标、学情、编者意图、教师风格等因素来选取其教学内容。

（一）依据“记”之字词品语言

上文提到一种文体的结构从外至内包括四个层次，即体制、语体、体式和体性。吴承学认为：“‘体’可以称某一类文体的风格，可以指作品的语言特征和语言系统。”[1]无论何种文体的文章，语言都是学习的重点。学习文言文的第一障碍是文言，因而教学文言记体文的首要任务便是学习文言。王荣生教授说：“学习文言文，前提是学习文言。”[2]因而，教学文言记体文，其中重要的一点也就是学习其语言（即文言）特点，在语言感悟的过程中学习其文化知识。

教学范仲淹的《岳阳楼记》，文中的重点字词、通假字、特殊句式等都是不容忽视的。例如，“衔远山，吞长江”中的“衔”和“吞”就需要重点讲解，让学生体会作者用字用词的巧妙。这句话大意是它连接着远处的山峰，吞吐着长江的流水。其中，用“衔”字形象、直观地写出了洞庭湖与山之间的关系；用“吞”字，不仅写出洞庭湖与江的关系，还写出了洞庭湖“吞吐”长江流水的声音之宽阔洪亮，能让人体验到一种气势磅礴之感。“衔”“吞”的连用，使本身具有静态的山峰富于动态和活力，让长江之水富有动态感，更是把洞庭湖周围景物的浩大气势烘托、展现出来。

不同文体其语体特征不同。文言记体文的语体主要以散体文为主，受当时骈体文的影响带有一定骈体特征。笔者以为，《岳阳楼记》中骈散结合的语言特征是其教学内容选取的必要点。陈师道在《后山诗话》中评论道：“范文正公为《岳阳楼记》，用对语说时景，世以为奇。尹师鲁读之曰：传奇体尔，传奇，唐裴铏所著小说也。”[3]这不免会受到当时强调“文以载道”的古文家的讥笑。有人认为，范仲淹怎么能与“传奇”同日而语；更有人认为，《岳阳楼记》就是以“传奇”为记。虽然这里“传奇”一词的范围并不能确定是否指代唐代裴铏的《传奇》，但是能用“对语”（即骈语）来描述唐传奇的语体特征是适宜的。笔者以为，这里的“奇”并不是唐代小说中的一种文体，而是说《岳阳楼记》这篇文章“奇”就奇在课文的第三、四段运用对比手法写出了阴晦晴明之景，接着引出“迁客骚人”与“古仁人”对“喜”与“悲”的态度。当然，更有教师教学时，认为这里的“奇”主要是指语言之“奇”。这位老师认为，文中第三、四段在语言上主要运用骈体文，如第三段的“淫雨霏霏……虎啸猿啼”与第四段的“春和景明……郁郁青青”[4]。其他部分主要运用散文笔法，骈散结合，可称之“奇”。除了《岳阳楼记》中的骈散结合以外，还有欧阳修《醉翁亭记》中骈散结合的语言同样

[1] 吴承学．文体与得体[J]．古典文学知识，2013（1）：126-131．

[2] 王荣生．文言文教学教什么[M]．上海：华东师范大学出版社，2014：5．

[3] 文渊阁四库全书集部[M]．台北：台湾商务印书馆，1982：286．

[4] 温儒敏．义务教育教科书语文九年级上册[Z]．北京：人民教育出版社，2018：45．

值得教师探究。

在文言记体文的教学中，无论是教师的教还是学生的学，都比较关注课文的整体感悟，容易忽略言语细节处的韵味，忽略从言语的细节之处去深入把握作品所承载的意蕴。因而，文言记体文教学内容的选取，应从课文言语的细微之处把握作品的精神内涵，进而提高学生的语文素养。例如，执教张岱的《湖心亭看雪》，笔者以为重在抓住文中“大”“独”“喜”“痴”这四个关键字，便可以串联讲解文中其他的重点字词。围绕“大”字，可以让学生找出文中体现雪之“大”的句子，其中有“大雪三日，湖中人鸟声俱绝”，大意是大雪接着下了很多天，湖中行人和飞鸟的声音全都消失了，从侧面来烘托雪之大。这里的“绝”字更是勾勒出当时环境的宁静，给人的感受是这场大雪之威严、凛冽。“雾凇沆砀……舟中人两三粒而已”[1]短短几句，把湖上景色的美全都展现出来了。这里主要从正面来描写作者所看到的湖上全景，其中量词“痕、点、芥、粒”和数词“一、两、三”的运用，更是展现出中国画的风采，即运用了白描的手法对其描述，寥寥几笔道出了人与自然的和谐。最为重要的是，在品读这些句子的过程中落实重点字词“雪、俱、绝、惟”以及其中量词“痕、点、芥、粒”的作用。围绕“喜”字可以引导学生分析作者“喜”的原因、“喜”的语言等。其中“痴”是船夫对作者的评价，对“痴”的把握是文章的重点。如果学生把握了“痴”的情感，理解作者“独”去看景的情感就清楚了。通过对这三个关键字的品读、品析，不但能落实课文中重点字词，还能帮助学生体会作者用词用语的奥妙。如果教师在教学中能注意到语言的细枝末节，并把这种从语言的细微处把握作品内涵的魅力教给学生，不仅能解决当前文言记体文存在的问题，还能增强他们学习文言记体文的兴趣。

以上对文言记体文教学内容的选取主要是从“以文带言”与“因言悟文”两方面去考虑“言”“文”的结合，这对文言记体文教学效率的提高以及教学效果的改善有一定帮助。

（二）依据“记”之技法析文学

选入中学语文教材中的文言记体文篇目都具有代表性，更具有一定的文学性与审美价值，都是文质兼美的文章。“一体四面”中的“文学”主要体现在表现方式上，而文言记体文的表现方式多以叙事为主，兼有抒情、议论和描写等。2011 年版语文课标提出：“在阅读中要了解叙述、描写、说明、议论、抒情的表达方式。”[2]2017 年版高中语文课标继续强调：“进一步提高运用记叙、说明、描写、议论、抒情等表达方式的能力，并努力学习综合运用多种表达方式的能力。”[3]对表达方式的学习，在实验版高

[1] 温儒敏．义务教育教科书语文九年级上册[Z]．北京：人民教育出版社，2018：51．

[2] 中华人民共和国教育部制定．义务教育语文课程标准（2011 年版）[S]．北京：北京师范大学出版社，2012：15．

[3] 中华人民共和国教育部制定．普通高中语文课程标准（2017 年版）[S]．北京：人民教育出版社，2018：33．

中语文课标中也提到，这些都说明表达方式是中学语文教学的重点，也是学生学习的要点，这对学生的写作有一定帮助。

教学文言记体文，应多引导学生关注课文中描写的景、物、人、事所运用的技巧。一般山水游记类文章都以“游踪”为线索，采用“移步换形”或“移步换景”的手法描述其所见之物、所见之景。例如，柳宗元的《小石潭记》，全文仅用195个字，将小石潭周围的景物描述得活灵活现，十分精粹、优美。其“游踪”为：从小丘向西走一百二十多步—伐竹取道—近岸—潭西南而望—坐潭上—乃记之而去；作者运用移步换形或移步换景（一步一景）的写法，如（从小丘西行百二十步）隔着竹林，便听到了水声—（伐竹取道）看到的是以整块石头为底的小石潭—（近岸）看到的是露出水面的形状各异的石头—（潭西南而望）看到的是溪水以及附近的地势—（坐潭上）四面又是竹林和树林—乃记之而去。每换一步，所见到的景物都不一样，心中的情感自然也不同。在写游鱼时，采用了特写镜头，将“日光”与“鱼影”的静态描写与鱼儿“远逝”“往来”的动态描写相结合，勾勒出一幅生动活泼的“游鱼图”。其中，“似与游者相乐”是写（鱼儿）好像在和游玩的人相互取乐，柳宗元运用“由我观物、以物见我”的表现手法，表现出人观鱼而乐、鱼见人亦乐的情感，还有人与鱼互相取乐的情趣。

张岱《湖心亭看雪》一文的“游踪”为“余住西湖”—“余拏一小舟……独往湖心亭看雪”—“到亭上”—“及下船”。根据其“游”之路线来看，每换一个角度所看到的景物也是不一样的。如作者独自去湖心亭看雪的路上看到的景是“雾凇沆砀……舟中人两三粒而已”[1]。作者看到的这些景又采用了中国画的描法（即白描手法）对其描述，不以渲染，不以烘托。“到亭上”看到的又是“有两人铺毡对坐”。作者这一路看到的景物都是为了抒发自己心中的情感，即文章最后的“痴”。作者为什么“痴”？哪里能看出作者“痴”？这些都可以从文本中找到答案。如不寻常的环境——天寒地冻，万籁俱寂；不寻常的时间——“更定”，即晚上八点左右；不寻常的举止——即独自一个人去湖心亭看雪；等等。

文各有体，体又不同。每一类文体都有独特的创作技巧与审美特征，创作文章时必须根据这一艺术规律进行思索，但不合文体的现象早已存在。宋代以后，文学创作上便出现两种对立倾向：辨体和破体。“破体”现象在宋代尤为突出，“破体”即打破各种文体的界限，将多种文体融为一体。“辨体”始终坚持的主张是文各有体。笔者以为，每一文体都有被发展、被突破的时候，但必须要了解该文体风格的形成与文体互为一体的内在因素，才能准确把握“破体”与“辨体”的含义与意义，也就能对这两种观点做出恰当的评价。风靡一时的“破体为记”在宋代尤为推崇。宋代以前，记体文主要是以叙事为主，但在宋朝人的手里，记体文创作风格被打破，创作上好议论，兼杂有记叙、抒情、描写等表达方式，且采用对比、烘托的手法，还多引用典故作比。如在《岳阳楼记》一文中，仅仅开头记述了重修岳阳楼的经过；第二段则重在写景；

[1] 温儒敏．义务教育教科书语文九年级上册[Z]．北京：人民教育出版社，2018：51．

而第三、四段（“若夫淫雨霏霏……其喜洋洋者也。”）大量运用骈文的句法进行抒情，在散文中忽然插入人段骈文，这是极其罕见的；第五段（“予尝求古仁人之心”）又在发表议论，从这看便是论说文的体裁。实质，这篇文章中的记叙、骈文、议论以及抒情是其中的表达方式，是作者创作时运用的手法。这些手法的运用以及在文中的作用等，都是教学内容选取时不可缺少的知识点。

归有光《项脊轩志》中“以细感人”的表现手法处理得相当好，给文章增添了不少韵味。它虽既写景又记人，但并没有浓彩重墨，而是抓住富有特征性的细节，把要写的东西形象生动地表现出来。在写景的时候，他以动衬静；如修葺之后的项脊轩，作者想要表现的是它的静，但却请来一只“小鸟”。小鸟时常来这里找吃的，可见这里非常地安静，而“人至不去”除了环境的宁静之外，亦写出了人的宁静，更体现人与自然和谐相处的那份宁静。即使是任何“活物”也没有的环境，作者也能写得生意盎然。柔和的月光，斑驳的树影，被清风一吹，全都“活”了。在记人的时候，他以事传神。老妪忆母一事，既可见嘘寒问暖的慈母，亦可见忠心念旧的老仆。其中“大类女郎”之语，似怨实喜；“以手阖门”的动作，关切爱护尽在其中；“持一象笏至”的举动，则把鼓励和期待和盘托出。妻子归宁一事，絮絮闺阁语亦转述于丈夫，夫妻间无话不谈的亲切如在眼前。这些细节的刻画是教师选择教学内容的关键，在写作中也是值得学生学习借鉴的。

（三）依据“记”之结构赏布局

“结构”一词，原本的意思是指建筑者修筑房屋所搭建的框架，后来借用它比喻文章创作的结构形式。吴承学认为：“‘体’又可以指作品的章法结构与表现形式。”[1]即一篇文章先写什么、再写什么、最后写什么以及怎么安排开头、怎么结尾、如何过渡、是否需要详写以及略写等，都是创作文章时要考虑的因素。张寿康先生说：“关于文章材料的组织安排，包括起、承、转、接、伏、应、断、续等都属于结构方面的问题。”[2]任何一篇完整的文章都是由主题、材料和结构组成，文章的内容包括主题和材料，而文章的形式即文章结构形式。文章的内容和结构形式都是教学时必须涉及的重点。

文体不同，文章的结构（即谋篇布局）也不同。古代论说文在结构上主要以中心论点开篇，接着以不同的论证角度、方式来展开全文。例如，韩愈的《师说》就是围绕“古之学者必有师”这个中心论点开篇，接着从教师的职能、从师的必要性、择师的标准、从师的原则等几方面展开论述。传状文则以故事情节的发展来组织文章，如《鸿门宴》主要围绕“宴前”“宴中”“宴后”来记述内容。文言记体文原是一种应用性文体，主要是为了记录一些事情不被忘记，因而在结构上都会交代时间、地点、人物。如《游褒禅山记》开篇交代游的地点，最后则点明同游的人、时间以及作记的人。

[1] 吴承学．文体与得体[J]．古典文学知识，2013（1）：126-131．

[2] 张寿康等．古代文章学概论[M]．武汉：武汉大学出版社，1983：65．

《游褒禅山记》在谋篇布局上除了显而易见的标志以外，其脉络周严缜密（预伏、照应、衔接、过渡）、曲折、详略以及首尾等都是语文教学内容选取的重点。如果学生懂得了一篇文章在谋篇布局上的技巧，对他们写作会有很大帮助。因而教学文言记体文，谋篇布局同样重要。《游褒禅山记》与一般的游记不同，一般的游记都重在描述景观，如《小石潭记》，而《游褒禅山记》重在阐释治学的道理，却不注重其中景物的描绘，文章的记游只是为下文的说理部分作铺垫。

文章第一段写“距洞百余步……盖音谬也”为后面的“余于仆碑……此所以学者不可以不深思而慎取之也”作铺垫，前文提到的后文又提，在结构上称为前后呼应，行文缜密，结构严谨，这些都是作者为了阐述治学之道精心安排的。在叙述完游洞的经过之后，一句“于是余有叹焉”立马过渡到文章的说理部分，衔接非常巧妙，并且记叙与议论的结合也紧密而自然，有条不紊，互相补充。

文章的选材与详略部分的描写，也都是作者紧扣“有志和尽吾志”与“深思慎取”这两个观点精心制定的。文章开篇在记游部分，从写景方面来看似乎有些平淡，实质是作者刻意而为之。第一段介绍褒禅山，并没有用多少笔墨，这是在略写褒禅山；而在写仆碑上出现的文字时又比较详细。第二段记游华山洞的经过比较详细，其余的则略；介绍前后洞寥寥几笔，而写游后洞的经过又十分详细；记游后洞时，叙写游的经过较略，补叙经过以及写“悔”之心情又比较详尽。记叙部分与议论部分的描写也有所侧重，记叙部分略写，议论部分则详写。记游华山洞的心情部分非常详细，而借仆碑抒发的感慨部分却又有些简略；在议论“志”这部分甚详，而议论“力”与“物”时则相当之略。这一详一略，相得益彰。

归有光《项脊轩志》中“以心为序”的结构是选取教学内容的重点。《项脊轩志》这篇课文在结构上是非常灵活、自由的。然而，有个别教师在教学时，用时间（项脊轩“修葺前”与“修葺后”）和空间（“项脊轩内”与“项脊轩外”）这两条线索来教学这篇文章，笔者以为这是比较勉强的说法。如果说是以项脊轩“修葺前”和“修葺后”为顺序，那么，像文中记叙“先是，庭中通南北为一”之类的话语，是在项脊轩“修葺前”还是“修葺后”？如果说是以“项脊轩里”和“项脊轩外”为序，那么，“吾妻来归……或凭几学书”等又是在“项脊轩里”还是“项脊轩外”呢？细致地考究，便会发现文章既没有以时间和空间为顺序，也没有专门记某一人物或某一事件来贯穿全文。作者是任由其思绪所至，任意发挥，情之所处，文亦之所处也。文章的结构顺序也就是作者内心情感的变化顺序。

归有光在文章的第一段写“项脊轩”从修葺前一直写到修葺后，基本上看得出是按时间顺序来写的。但第二段如果再按时间顺序来讲解，就不符合实际了。因为作者可以把时间一下子跳到十多年前，把几代人的变化娓娓道来；也可以随意把几件发生在不同时间的事一并叙述出来；可以不厌其烦地叙述一些小事，也可以简而又简地带过一些大事（比如项脊轩遭遇火灾）；甚至可以在文章结束之后再补叙一大段在最后。因为作者的内心情感就是这样体现的，他所表达的就是他想要说的，即心之所向，情之所终。因而有王世贞赞许《项脊轩志》：不事雕琢而自有风味，超然当名家矣。

文言记体文文章结构上的特点，是教学内容选取时不可小觑的重点，也是学生在学习时必须掌握的知识点。知晓了文章的行文结构、谋篇布局等要点后，对学生的写作大有裨益。

（四）依据"记"之选材悟文化

刘大櫆在《论文偶记》中提到："理不可以直也，故即物以明理；情不可以显出也，故即事以寓情。"[1]意思是说道理不能直接指明，因此就需要事物来阐述其道理；情感不能明显地表达，因此就需要借助事物来寄托情感。宋朝葛立方在《韵语阳秋》[2]中记载了一则故事，大意是说东坡被贬儋州，葛延之从江阴行万里到达儋州，向苏东坡请教作文章的秘诀。苏东坡回答："文意"足矣，作文的材料都散见于经史子集中，只有"文意"能将这些材料组合起来。刘大櫆与苏东坡所说的"物"都是指文章写作的材料。笔者认为，教学一篇课文，除了文章的语言、技法、结构以外，选材也是必不可少的。

文言记体文的选材十分丰富，林纾在《春觉斋论文》中对文言记体文的分类较为细致。本书中的文言记体文在选材上主要包括山水游记、亭台楼阁记、书画记和人事杂物记等，教师在选取教学内容时，可以从选材的角度学习"一体四面"中的"文化"。尤其是 2017 年版语文课程标准中提到的"学科核心素养"，其中"文化传承与理解"重点强调增强"文化自觉"，可见"文化"的学习是文言文的教学的重中之重。无论是文言文还是文言记体文，最终的落点都在文化上。王荣生在《文言文教学教什么》中提到："文言文所传达的中国古代仁人贤士的情意与思想，即所言志所载道。这是中国传统文化的直接体现，也是中学生文言文学习的主要方面。"[3]

山水游记类文章，作者不仅仅只是游山玩水，更是为了将自己的情感寄托在游山玩水这个过程中。例如，王安石在《游褒禅山记》一文中，游山主要是为了影射治学的道理；柳宗元的《小石潭记》，虽然文章大量篇幅都在写景物，但从中也可以看出作者被贬之后旷达的胸襟。苏轼在《记承天寺夜游》中，有大量对"月"的描绘，主要体现了作者与张怀民的深厚友谊，表达了作者对知音甚少的无限感慨，同时更是寄托了苏东坡壮志难酬的苦闷及自我排遣。虽然作者当时被贬黄州，但他并没有自暴自弃，而是表现了他旷达乐观的人生态度。

选入中学语文教材中的"亭台楼阁记"有范仲淹的《岳阳楼记》、欧阳修的《醉翁

[1] 刘大櫆，吴德旋，林纾．论文偶记、初月楼古文绪论、春觉斋论文[M]．北京：人民文学出版社，1959：12．

[2] 葛立方《韵语阳秋》：东坡在儋耳时，余三从兄讳延之，自江阴担簦万里，绝海往见，留一月。坡尝诲以作文之法曰："儋州虽数百家之聚，州人之所须，取之市而足，然不可徒得也，必有一物以摄之，然后为己用。所谓一物者，钱是也。作文亦然，天下之事，散在经子史中，不可徒使，必得一物以摄之，然后为己用。所谓一物者，意是也。不得钱不可以取物，不得意不可以用（《历代诗话》本作"明"）事，此作文之要也。"

[3] 王荣生．文言文教学教什么[M]．上海：华东师范大学出版社，2014：6．

亭记》。这类文章主要借助“亭台楼阁”来抒发作者的情怀。《岳阳楼记》全文对“岳阳楼”的描写甚少，而对其周围景物的描写较多。究其原因，主要在于作者想要表达自己与友人滕子京“异”于他人的思想情感，即“不以物喜，不以己悲”以及“先忧后乐”的爱国情怀。《醉翁亭记》是作者被贬滁州时所作，作者对“醉翁亭”的描写主要为了表达自己“与民同乐”的情感。

“书画记”是文言记体文的一种选材类型。选入中学语文教材中的“书画记”主要有苏轼的《文与可画筼筜谷偃竹记》，这篇文章最大的特点在于因“画”立论，借“画”抒怀。文章开篇写到文与可作画的理论，即画竹之前，心中要先有竹子完整的形象（重议论）。由画竹理论而引发出“夫既心识其所以然……不学之过也”[1]。其意是既然心里知道应该怎么做，却做不到，知与行、内与外不和谐、不统一，心里想的和实际做的不一致，这都是不学习的过错。这一部分主要阐述了文与可的绘画理论，同时作者谈“自我实践”的体会。文章第二段重在记叙，主要是追述自己在和文与可交往过程中与“画竹”相关的三件事情。其中，第一件是来文与可这里求画的人都带着丝织品（即绢），文与可将这些绢扔在地上，并说把它们当作袜子来穿，这被传为笑话；第二件是书信的来往，两人各自表述在艺术创作中“神似重于形似”的观点；第三件是追述自己作的一首《筼筜谷》诗让文与可夫妇为之笑喷。这三件趣事的追述都在为第三段的抒情作铺垫。而第三段描写作者在晾晒“筼筜谷”这幅画时，触景生情，便失声痛哭起来。实际上苏东坡写前面的两段文字主要是为了抒发自己与文与可之间的感情，即借“筼筜谷竹画”抒发与文同（即文与可）之间深厚的情谊。

“人事杂物记”中，归有光的《项脊轩志》在选材上的“以微寓情”是值得语文教师探究的。其中写母亲、祖母和亡妻三人时，笔墨不多，淡而传神，栩栩如生。作者在文中写的不是山川大河，亦不是名胜古迹，而是一间坐南朝北的小阁子。他写的完全是一般作家不屑于入文的琐碎小事。他写的人物既不是堂堂七尺的须眉汉子，也不是倾国倾城的妙龄女子，而是一些龙钟老态的妇人们。作者所选材料是修葺项脊轩前后的零碎的回忆，没有一件是大事情，但作者却在这桩桩件件的小事情中寄寓了自己的真情和感慨。文章主要借“项脊轩”来抒发对故人（祖母、母亲、妻子）的怀念之情。第二段通过老妪的话语“而母立于兹”道出作者的母亲常站在“项脊轩”的位置，母亲“叩”这一动作，以及祖母来轩内看“我”时说的“大类女郎也”等话，表达了作者对她们的怀念之情。文章最后写妻子归宁后述诸妹妹问“项脊轩”话语，可以看出夫妻之间无话不说的深厚情感，以及结尾处写到妻子种的枇杷树，都可看出作者对亡妻深深的怀念之情。

文言记体文的教学内容从“记”之字词、技法、结构、选材四个方面来选取，主要是从文言记体文的原生价值方面来考虑的。文选型教材具有双重价值，即语文教材

[1] 人民教育出版社等．普通高中课程标准实验教科书语文选修中国古代诗歌散文欣赏[Z]．北京：人民教育出版社，2006：94．

具有原生价值与教学价值。我们现在所看到的教材呈现形式都是文选型，每一篇选文在未选进课本之前都有原生的价值，或传达某种信息，或表现某种情意，但在被选进课本之后就产生了教学价值。“从语文教学的目标取向来看，语文教材的教学价值处在语文教学的最高层次，而语文教材的原生价值则是为实现语文教材的教学价值服务的，是为实现语文教材的教学价值铺路搭桥的。”[1]即文本内容的原生价值都是在教师重新“编排、加工、重构”的基础上来确定的教学内容。文言记体文教学内容的选取除了考虑以上因素以外，还要考虑语文新课标、学情、教材编者的意图以及教师自身的个性风格等因素来确定教学内容。

二、记体文教学结构的组织

组织教学结构，就是在课堂上按一条线索将教学内容串联起来的结构。其实就是在课堂上将教学内容的各个片段、各个环节串联起来的一项工程，即教学过程的流畅与否。包建新认为：“讨论教学结构的问题即是讨论教学过程问题。”[2]任何一堂课或一篇课文，首先要确定教学内容。教学内容确定之后，就需要按照一条线索组织串讲，以保证教学环节（教学过程）的顺畅与教学内容意义的流动。中学文言记体文教学结构的组织，可以采取以下方式。

（一）以“题目”为主线引出教学内容

题有题眼，诗有诗眼，那么一篇课文的题目便是它的“眼睛”。每一类文体的教学都可以从课文的题目入手，但不同文体从文章的题目着手，其教学结构的组织是不同的。课文的题目常常包含着教学思路与教学结构，有很多老师就利用这一特点组织教学结构。但值得注意的是，并不是每一篇课文都可以从题目着手来组织教学结构的，有些特殊情况还需特殊处理。笔者在实习期间，执教陶潜的《归园田居》，设计教学时，便从诗的题目入手，抓住“归”字引出几个问题：从何而“归”？为何而“归”？“归”向何处？“归”去如何？学生便根据这四个问题在文本中找答案。整堂课下来，学生很积极，教学效果也较佳。

文言记体文中《记承天寺夜游》《游褒禅山记》《游沙湖》《苦斋记》都可以从题目入手引出教学内容。《游褒禅山记》紧扣“游”字可以提出的问题有：“游”的地方（介绍褒禅山的概括及名称的由来），“游”的经过（游华山洞的所见、所闻、所历），“游”的结果（发出感叹：学者不可以不深思而慎取）。《记承天寺夜游》抓住“游”字可以提出这样几个问题：为何“游”（月色入户）？和谁“游”（张怀民）？“游”的心情如何（心情是比较失落的，文中最后一句“但少闲人如吾两人者耳”中的“但”字可以看出作者的失落之感）？这几个问题便可以将这篇文章的内容串联起来。《游沙湖》

[1] 王荣生．新课标与“语文教学内容”[M]．南宁：广西教育出版社，2004：100．

[2] 包建新．语文教学设计与案例分析[M]．杭州：浙江大学出版社，2012：95．

这篇课文虽然不以“记游”为主，但却以“记游”这样的形式来抒发作者心中的情感。也可以抓住“游”字组织教学，与谁“游”？（“闻麻桥人庞安常……与之同游清泉寺。”从中还可以看出庞安常之“异”，也衬托出苏轼之“异”。）“游”之所见？（“溪水西流”，我国地势基本西边高东边低，一般情况下，水流态势都是自西向东，而这里的水却是向西边流，可见作者不仅仅是所见之人“异”，所见之景也“异”。）“游”后情感怎么样？（从文章最后引用的诗句可以看出苏轼豪迈、乐观的心态。）《苦斋记》全文围绕一个“苦”字展开，即可以围绕“苦”字展开教学结构。

这种抓住题目中关键词引出教学内容的教学，很值得教师探究。如果学生学会这一方法，在以后考试中，遇到偏难的文言文阅读，就可以思考是否能从题目入手。如果能，那就可以找到贯穿全文的线索了。

（二）以“活动”为载体实现教学内容

近年来，“活动”一词频频被老师引入语文课堂，这些看似与语文教学无关的活动其实质都是间接指向教学内容的。包建新认为：“教学活动可以直接指向教学内容，也可以直接指向某项活动，间接指向教学内容。”[1]教学活动本身并不是目的，是期望通过这个活动能够更好地达到目的，让学生在活动中得到文化的熏陶。

（三）以“导游”为载体实现教学内容

有教师在教学《林黛玉进贾府》之前，给了学生一条预习的线索，即让学生给林黛玉当一次“导游”。第二天上课时，这位老师说，请以林黛玉的“行踪”为线索，以她的视角来观看贾府的人物、环境以及建筑（也就是通过林黛玉的所见，你来给她当一次“导游”）。这种看似让学生当“导游”的活动，其实质是让学生在这个过程中用自己的话介绍及概括贾府里的人、事以及建筑等特点，是让学生学习作者在典型环境下塑造典型人物、典型性格的手法。也有老师在教学这篇课文时，直接提出一个问题：请同学们找出“林黛玉眼中的贾府”的句子。这一指令本身没有问题，但这一指令所带给学生的距离感使教与学不协调。学生都喜欢做一些比较活动化、生活化的事情，课堂上也是如此。因此，在设计教学时，应多考虑把生活中一些有趣的活动与教学中这些枯燥的内容结合起来，这样不仅能激发学生学习的兴趣，还能提高教学效率。

虽然不是每一篇课文都可以以“活动”为载体来实现教学内容，但文言记体文中的山水游记可以以“游踪”这一线索来搭建活动，请学生给大家当“导游”。例如，教学苏东坡的《记承天寺夜游》，对于八年级的学生来说，可以让他们给大家当一次“导游”，要求用自己的话来叙述苏东坡的夜游路线，并且在课堂上展示出来。这里的“导游词”需要添加一些课外知识，比如当时的社会背景、张怀民的遭遇等内容。这样的教学设计是契合学生心理发展的，是让学生在快乐中学习，让他们在老师精心准备的

[1] 包建新．语文教学设计与案例分析[M]．杭州：浙江大学出版社，2012：110．

活动中完成学习任务。让学生当导游查资料，比直接给学生一个“死命题”合适。

教学《游褒禅山记》，以这种“导游”活动为载体来展开教学内容是最合适的。《游褒禅山记》形式上是“记游”，实质却是说理。要让学生在“记游”的过程中来感悟“理”，可以搭建相关的学习活动。让学生跟着王安石的脚步一起来领略褒禅山之不同。同样是请学生起来当“导游”，这一次的导游不仅仅要说出游之路线、游之景观，更要谈谈游之情感。文章开篇介绍了褒禅山概况、名称由来以及石碑上残存的文字；接着便是游华山洞的经过，先是前洞，再是后洞，进入洞后是“人之愈深……而其见愈奇”，作者跟着同游的人退出来后非常后悔，进而发出“于是余有叹焉”这样一句感叹，感慨游华山洞的心情。作者是在积极肯定古代人敢于“求思”的精神后，再阐述志、物、力三方面内在的联系的；这时作者又想到了仆碑，于是借助仆碑抒发感慨，提出治学应坚持的态度——“学者不可以不深思而慎取之也”；最后便交代了此次同游的人与作记的时间。

（四）以“表演”为载体实现教学内容

将“表演”活动引入文言文的教学，不是为了课堂的热闹，也不只是为了表演而表演，而是让学生能够更好地理解课文内容，以实现教学内容意义的流动。“表演”的形式多种多样，有“默演”“演读”等方式。

有教师执教苏轼的《记承天寺夜游》一文时，采取了“默演”的形式让学生把握课文内容。“默演”可以在一篇课文没有讲解之前进行，也可以在文章结束之后进行。这位教师采取了前一种方式的“默演”，也就是还没有教学这篇课文之前，他让学生预习时便说，《记承天寺夜游》一文的学习会请同学起来“表演”（即“默演”文中作者的一举一动），以便检查同学们是否预习。上课之前，老师请了两名同学起来“默演”文中苏东坡和张怀民的举动。如文中的“解衣欲睡”“欣然起行”“寻张怀民”“相与步于中庭”等动作都需要学生“演”出来。由于这篇课文还没有讲解，学生在演的过程中虽然不尽如人意，但能看出同学们下去预习了。接着，这位老师带着两位同学的“默演”结果进入课文。如，在讲到“欣然起行”时，会提到刚刚表演的同学做得好的地方，表演不到位的地方也能及时提出来，以便在课文结束后再次表演时提高其效果。这篇课文结束之后，这位教师又请了几位同学起来“默演”。这一次的“默演”是为了测试同学们是否掌握了这篇课文的内容。当然，这一次的表演比没有教学这篇课文时的表演进步了很多。虽然《记承天寺夜游》篇幅短小，但“默演”对八年级的学生来说难度是比较大的。该教师抓住同学们的“表演”过程来组织这篇课文的教学结构是值得肯定的。

还有教师在教学魏学洢的《核舟记》第三段中“苏东坡、佛印、鲁直”三人的动作时，也请了同学起来“表演”，即“演读”（边演边读）。特别是在左右手与左右脚的区分上，学生容易混乱。通过学生的“演读”，其他学生对此处的疑惑也豁然开朗。当然，并不是每一篇课文都适合“演读”，必要之处进行“演读”，有利于学生更好地理解课文。

如果教师在教学文言记体文具体篇目之前，都以搭建某一具体“活动”的思路来设计教学过程，一定程度上能激发学生学习文言记体文的兴趣，同时更具时效性，对学生也更具有吸引力。

（五）以“朗读”为主线组织教学内容

要实现教学内容意义的流动，关键是要关注、分析教学内容的潜在走向，用一种或多种方式将这些内容串联起来。[1]笔者以为，最好的方法是“朗读”。

每一类文体的文章都可以用“朗读”这一方法来教学，但并非所有文章都适合朗读。散文需要朗读，诗歌更需要朗读，但像小说这样篇幅较长的文章，如果放在课堂上来读，就会浪费宝贵的课堂时间。朗读并不是单指全班学生一起朗读，还有分小组朗读、分角色朗读、单个朗读、男读、女读等形式。有教师在教授《烛之武退秦师》第二段时，便采用了分角色朗读的形式进行教学。这位老师首先请了三位同学分别读佚之狐、烛之武和郑伯说的话，老师读旁白，并要求读的时候要读出该人物所说的话的“味道”。读完过后，请其他同学起来评说，如果有同学认为有读得不到位的地方，就可以按照自己的理解给大家再次示范朗读。通过这样分角色的朗读形式，一定程度上提高了学生学习这篇文章的积极性与兴趣，自然推进了第三段高潮部分的朗读和情绪理解。

中学语文教材中的记体文篇目大多短小，而且也都要求背诵，为了将这些内容串联起来讲解，朗读是一种较好的方法。在传统的教学中，朗读是一种教学方法，亦是一种阅读方法。多诵读不仅可以增强学生学习语文的语感，还可以促进表达，更能加深对内容的理解，提高感悟力。在语文教学中，朗读更是可以作为一条主线来实现教学内容意义的流动。如《记承天寺夜游》《湖心亭看雪》《岳阳楼记》《桃花源记》《小石潭记》《醉翁亭记》《游沙湖》等都可以采取朗读这一方法贯穿全文。

教学张岱的《湖心亭看雪》，可以采取音读、意读、情读、美读这“四读”来设计课堂教学。音读，是指读音无误、字正腔圆的朗读。这篇课文中需要注意的字音有崇祯（chóngzhēn）、更（gēng）定、毳（cuì）衣、雾凇（sōng）沆（hàng）砀（dàng）、铺毡（zhān）、更（gèng）有等。音读环节完成后，接下来就是意读。意读，是指能流畅且语意传达准确的朗读，同时在停顿、重音、拖音方面要合理、科学。这个环节主要是让学生知道意思（即翻译），意思明白后，读起来便流畅，停顿、拖音就容易了。情读，是指能生动地读出文中作者所表达的情感的朗读。这个层次的朗读主要理解作者在文章中所要表达的情感，即理解张岱之“痴”。只有理解了张岱的“痴”，才能深入理解作者的情感。美读，是在情读的基础上，能自如地运用音变等朗读技巧，把文章中所蕴含的作者的情感与学生对文章情感的理解结合起来的朗读。这个层次的朗读更要读出张岱的“痴”味，也就是学生要把自己的一己之情与作者的情感融合起来的

[1] 包建新．语文教学设计与案例分析[M]．杭州：浙江大学出版社，2012：99．

朗读，这对教师和学生的要求也较高。很多教师都认为在这“四读”中，情读和美读很难区分清楚，也很难把握，因而都采用初读感知、再读理解、三读品情这三个环节来组织一篇课文的教学结构。

笔者在实习期间，校外导师在教学现代散文、诗歌以及篇幅短小的文言文时都是采用音读、意读、情读、美读这四个层次的朗读进行教学。她说任何一篇文章，只要把握其中的感情基调，就可以采用这“四读”进行教学。

文言记体文教学结构的组织，需紧扣其文体特点，以“题目”“活动”“朗读”为载体来实现教学内容意义的流动。除以上提到的三个方面外，还有很多串联教学结构的方式值得语文教师探究。

三、记体文教学方法的运用

教无定法，贵在得法。任何一篇课文的教学，教师首先要考虑的问题是如何确定教学内容，接着再探讨教学方法，即“教什么”决定“怎么教”。在上一堂课之前，教师心中要先有“先教什么、再教什么、后教什么”的内容，后考虑“先怎么教、再怎么教、后怎么教”的方法。教学内容确定之后，如何选择教学方法？这与文章的文体特点密不可分，即抓住文章的特点来选择适宜的教学方法。当然，与教师自身的文言记体文知识以及教师的个性风格也有关。教学方法多种多样，只有最合适的方法才是最好的教学方法。根据文言记体文的特点，可采取因言悟文法、反复诵读法、知人论世法、比较教学法来展开教学内容。

（一）因言悟文法

“因言悟文”是指在学“言”中悟“文”，即在落实文言文重点字词句的基础上，深层次地领悟文本的文化内涵。因而，文言文教学需“言”“文”并重，即注重“言”与“文”的融合。在“品言”的过程中，注重炼字炼句，继而达到“悟文”。虽然“因言悟文”是学习文言文通用的方法，但最终落到“文化”上的情况却不相同。王荣生教授在《文言文教学教什么》中说过，对章法的考究和炼字炼句的考查是文言文的基本功，这些考究与炼字炼句之处往往是作者的情、志所在之处。[1]2011 年版语文课标中也提到，阅读一篇文章要注重体味和推敲重要词句在语言环境中的意义和作用。不同文体，“因言悟文”这一具体操作不同，这就需要教师抓住文章的文体特点进行教学。

陶渊明的《归去来兮辞》划分在高中语文必修五的古代抒情散文单元中，而根据古代文体划分则属于“辞赋”（汉代常常把“辞”与“赋”并称“辞赋”）。实质“辞”与“赋”还是有区别的。“辞”重言情，“赋”重铺陈，因而《归去来兮辞》的抒情之处值得教师探究。特别是文中重点字词的运用与作者抒发的情感有着直接联系，有的字词直接表达作者的情感，有的间接表达作者的情感，有的体现作者的情感起伏变化，

[1] 王荣生．文言文教学教什么[M]．上海：华东师范大学出版社，2014：5．

还有的甚至是作者情感的直接宣泄。要领悟古代抒情散文带来的抒情效果，品味作者细腻的语言表达是必不可少的。例如，教学陶渊明的《归去来兮辞》，文中重点字词的学习是不可或缺的。其中，“乃瞻衡宇，载欣载奔”“问征夫以前路，恨晨光之熹微”“携幼入室……时矫首而遐观”。在这些句子中作者运用了一系列动词，如“奔”“问”“携”“引”“眄”“倚”“憩”“矫”“观”等词，将自己回归田园、脱离樊笼的喜悦之情形象生动地描绘出来。虽然在作者泛舟途中有着“风飘飘”“舟遥遥”的景致，但作者却根本没有心思欣赏与留恋，这无不体现作者归心似箭的心情。“奔”字则生动地写出自己进家门时的欢欣雀跃之态，像极了小孩儿的天真与可爱；“问”字则将作者归隐田园急切的心情表现得淋漓尽致；“携”着幼儿入室反映出作者享有天伦之乐的美好与幸福；“引”觞自酌，这是一种放松的心态，“眄”柯怡颜又是一种愉悦的心态，“倚”窗流“憩”是一种惬意的表现；“矫”首遐“观”则更是体现出作者回归田园的闲适心情。这一连串动词的运用，将作者回归田园的愉悦心情勾勒出来。

文言记体文在文言字词的表达上，确实有其特殊性。例如，教学陶渊明的《桃花源记》，从“炼字炼句”处着手恰到好处。当教师讲到“此人一一为具言所闻，皆叹惋”中的“叹惋”一词时，可以提问学生：这个渔人到底说了什么，会让其他人如此“叹惋”？这就需要学生进行一定的思考。接着后文“桃花源”的人说“不足为外人道也”，为何又有“太守即遣人随其往”与“南洋刘子骥……欣然规往”。“太守即遣人随其往”中的“即”是“马上”的意思，这里需要让学生高度关注，从“即”字可以看出太守当时的心情和心境。如果学生体会不到这个词的含义，那么也很难体会太守当时急切的心理。太守听了很急切地想要去找到“桃花源”，还有刘子骥听到后便“欣然规往”这都说明了什么？说明在当时这个社会，无论何种阶层的人，都希望找到“桃花源”这样的社会。其中的“欣然归往”中的“欣然”，有老师翻译成“高兴”。笔者认为，刘子骥不仅仅是高兴，是比“高兴”更上升了一个层次，而是“兴奋、激动”。“规往”的“规”说明刘子骥是有规划、有筹谋地去做这件事情。但太守与刘子骥寻的结果都是没有找到“桃花源”，为何一个捕鱼的渔夫却进入了“桃花源”呢？如果教师在教学时，提出这样一个问题，学生就很容易理解“桃花源”这个社会在现实中并不存在，它是作者虚构想象出来的世界，是一个人人都向往的理想世界。这样“炼字炼句”的教学，不仅让学生掌握了文本的内容，更让学生在不知不觉中感受文章语言之美与文本的魅力。

教学张岱的《湖心亭看雪》，抓住文章结尾处“痴”字便可以抓住全文的主旨；教学苏轼的《记承天寺夜游》，如果紧扣“闲人”二字进行讲解，作者所要表达的情感便呼之欲出；教学范仲淹的《岳阳楼记》，文中两个“异”字等都值得教师推敲。这些都是教学的重点，也是学生把握文本情感的突破点。

（二）反复诵读法

无论是 2011 年版语文课标还是 2017 年版语文课标，都强调培养学生的诵读习惯。

实验版语文课标明确要求:"教师应激发学生的诵读兴趣,培养学生诵读习惯。"[1]可见,诵读在语文学习中的重要作用。

桐城派"三祖"之一的刘大櫆提出"因声求气"说,他在《论文偶记》中提出:"行文之道,神为主,气辅之。"[2]这里的"神"指文章的精神(即文章的主旨),"气"指文章气韵(即文章的节奏)。这句话的大意是说,创作文章的方法主要以精神为主,以气韵为辅。"由字句以求音节,再由音节以求声气,音节是行文的关键,诵读能体会文章的'神''气'。"[3]因而,"因声求气"说强调在诵读中体会文章的"神"和"气",即体会作者的精神气质,也就是领会作者所要表达的情感。古人写文章,都很讲究声律,也很注重文章的"气韵"。特别是在诗歌中,这种要求尤为突出。虽然"诵读法"是文言文教学常用的方法,但不同文体"诵读"所要领悟的情感不同。无论何种文体的文章,只要多读,便能逐步地领会文章所要表达的情感。

古代论说文重在说理,其中推理分析的逻辑思维较强,对于学生来说学习难度较大。例如,教师在教学《劝学》一文时,可以让学生多次朗读,并且每一次朗读都要提出不同的要求。一读抓住中心论点,即"学不可以已";二读找到论据论证,即学习的重要性(意义与作用)、学习的态度(正确与否)、学习的内容和方法等方面,有条理地加以阐述,全面、深刻地说明了有关学习的问题;三读品味语言的魅力,即读中品味作品严谨的论证结构与细腻的语言描写。笔者认为,教师在教学这类文章时,让学生反复诵读课文,无疑是一种较好的方法。

教学文言记体文如何通过"神"来达到"气"呢?笔者以为"诵读"是最佳的方法。书读百遍,其义自见,这是古人读书常用的方法。例如,教学《醉翁亭记》,应重在诵读。《醉翁亭记》这篇课文读起来朗朗上口,错落有致,极富韵律美。美就体现在文章的句式及语言上,如文中"……者,……也"句式的运用,不仅看起来非常地整齐,读起来节奏感也很强;作者精心安排在文中的25个"而"字,21个"也"字,循环往复,韵律独特;其中骈散的结合等都使得文章读起来朗朗上口,给人一种情感美。因而后人对此文的评价非常之高,不但文质兼美,而且景美、情美、人美、语言美、风俗美、思想更美。要体会这篇课文的精神实质,就需要多诵读。只要读出《醉翁亭记》的这些美,欧阳修"与民同乐"的伟大理想和旷达胸襟就显而易见了。

教学归有光的《项脊轩志》,同样需要通过反复诵读来体会课文"以情为线,事细情深,细节传神,悲欢交集"的特点;教学柳宗元的《小石潭记》,以诵读法来理解文中"寓情于景、以情造境"的艺术特色以及语言技巧;教学陶渊明的《桃花源记》主语省略这一段时,运用反复诵读补充省略的主语,这是一种极高效的阅读方法。

[1] 中华人民共和国教育部制订. 普通高中语文课程标准(实验)[S]. 北京:人民教育出版社,2003:17.
[2] 刘大櫆,吴德旋,林纾. 论文偶记、初月楼古文绪论、春觉斋论文[M]. 北京:人民文学出版社,1959:3.
[3] 袁行霈. 中国文学史第四卷[M]. 北京:高等教育出版社,2005:326.

（三）知人论世法

《孟子·万章章句》中提到："颂其诗，读其书，不知其人，可乎？是以论其世也。是尚友也。"大意是我们在吟咏、欣赏古人的诗歌与作品时，不知道他们是什么样的人，可以吗？我们应该深入了解他们的为人和生平，再探究他们所生活的时代背景，然后与作者成为心灵相通的好朋友。也就是在学习一篇文章之前，要先了解作者的背景，即所谓的"知人论世"。虽然这是文言文教学通用的教学方法，但在不同文体中的操作是不一样的。

任何一篇文章都有其创作背景，而这种创作背景正是作者写作这篇文章的动机。创作背景大多与这一时期的社会现实或作者自身的经历有关。因而，教师教学任何一篇课文都应该深入了解作者，从作者的背景着手，让学生能够更好地理解课文内容。但并非每一篇课文的作者介绍都是在讲解文章之前进行，可以穿插在文中进行讲解，也可以让学生介绍。当然，不同文体作者的写作心态是不一样的。

中学语文教材中的古代人物传记，基本都是从作者笔下的人物言行或故事情节等多角度来刻画人物形象，也蕴含着作者对该人物比较浓厚的情感。例如，古代人物传记《廉颇蔺相如列传》《苏武传》《张衡传》等都是作者为别人写的传记，而写的这些人都是有一定成就的、正面的形象。

文言记体文大多都是作者失意（被贬）时而创作的文章，或是因为触景生情而抒发的感伤之情等。中学语文教材中，文言记体文篇目一共有 15 篇，其中《醉翁亭记》《小石潭记》《岳阳楼记》《过小孤山大孤山》《记承天寺夜游》《游沙湖》《湖心亭看雪》都是作者被贬之时创作的文章，从作者的遭遇可以看出其创作心态。《岳阳楼记》开篇说到该作品是应被贬的朋友滕子京之请而作，实质上范仲淹创作这一篇文章时，也正好被贬至邓州。写岳阳楼，正好抒发自己心中的一腔爱国情怀。《项脊轩志》是归有光为自己的书斋"项脊轩"前后的变化所作的一篇记；《苦斋记》是书斋的主人章溢请刘基作的一篇记；《文与可画筼筜谷偃竹记》主要写了作者自己任湖州知州，在晾晒书画时，发现已故的文与可送给自己的一幅"筼筜谷竹画"，不禁失声痛哭。回想起两人之间与画竹的许多往事，便写下这篇文章。《狱中杂记》是方苞出狱后，将自己在狱中的亲身体验和所见所感记述下来，主要是为了揭露、批判狱吏贪赃枉法与滥施刑法的罪恶本质。《游褒禅山记》是王安石在辞官归家途中游览褒禅山而写下的一篇游记，他写这篇游记主要是为了追求一种"深思而慎取"的治学态度；《桃花源记》更是体现出陶渊明对这种大同社会的追求，对这种理想社会的向往，因而虚构出"桃花源"这样一个社会。

笔者以为在教学文言记体文时，作者与作品介绍是学生必须要了解的。例如，柳宗元的《小石潭记》，如果学生了解了柳宗元此时已被贬官永州，因为心情比较苦闷而创作此文，那就很好理解"似与游者相乐"的"乐"了。同时也可以看出作者并没有因为被贬官而备受打击，相反更能看出作者的豁达心态。这些知识点的学习，对学生的成长也有一定助力。

（四）比较分析法

比较分析法是利用教学内容的联系和区别，在教学中为了促进学生掌握教学内容和达成教学目标所采用的一种方法。比较分析法已被一些教师引入文言文课堂，文言文教学采用这一方法，对学生的学习具有一定吸引力。

比较分析法既可以从文言记体文自身的特点进行分析，也可以将文言记体文与其他文体的文言文结合起来分析研究。例如，部编版九年级语文教材上册第三单元主要以“游目骋怀”为单元主题，具体篇目包括范仲淹的《岳阳楼记》、张岱的《湖心亭看雪》、欧阳修的《醉翁亭记》以及《诗词三首》。其中前三篇属于文言记体文，在内容上有共通之处。在教学时，可以抓住文章的异同进行分析。例如，教学《醉翁亭记》，可以将其中“与民同乐”的思想与《岳阳楼记》中“先忧后乐”的思想进行对比分析。虽然两篇课文的作者不同，但都是他们被贬时创作的文章，情感上或多或少有着相似之处。如果教师在教学时能将这一相同之处提取出来，那么学生也会带着探究的精神去学习。不仅如此，还可以联系学过的《小石潭记》《记承天寺夜游》等课文进行对比分析。这样不仅复习了旧知识，更拓宽了学生的知识面。新知识与旧知识的联系，有助于学生形成系统的知识体系，进而提高学生学习文言记体文甚至文言文的兴趣。

在教学高中选修教材中的文言记体文时，如教学《过小孤山大孤山》或《游沙湖》，便可以结合学生初中学过的《醉翁亭记》《小石潭记》《岳阳楼记》《记承天寺夜游》《湖心亭看雪》等课文进行教学，让学生找出这些课文的共同之处和不同之处。这样的教学不但让学生掌握了该篇课文的特点，还让学生知晓了其他课文较之的共性与特性，更让学生了解了文言记体文篇目之间的联系。

课文中重点字词的教学，也可以采用比较分析法进行引导。欧阳修在《醉翁亭记》一文中，“而”字除了“已而、然而”以外，一共用了 23 次，“也”字用了 21 次，还运用了“者”“之”等虚词。“而”“也”“者”“之”在不同的位置，其用法也不同。在教学“而”“也”“者”“之”字的用法时，可以借鉴王荣生教授提出的“例文型”（传授语文知识）文言文来讲解。并且对于这些虚词的归纳、总结，不仅可以将文言记体文篇目中这些虚词进行比较分析，还可以结合其他文体中的文言虚词进行比较分析。这样既能让学生的知识系统化，也能让学生掌握同一字词在不同位置的用法及意义，使学生学会推测在不同语境下同一字词的用法及意义。

文言记体文的教学方法多种多样，虽然文中所运用的因言悟文法、反复诵读法、知人论世法、比较分析法都是文言文教学常用的方法，但在不同文体的文言文中，每一方法的运用都各具特色。

四、记体文教学评价的方式

文言文是中学语文教学内容的重要组成部分，文言文知识的考查在中高考试题中也占有一席之地。多年以来，语文教师一直挣扎于提高中高考的考试分数与培养学生的语文素养这两个方面。无论是2011年版语文课程标准还是2017年版语文课程标准，都强调学生语文素养的培养。因而语文教师必须在提高考试分数与培养语文素养上找到两者的平衡点。基于此，通过对贵州省所有地区近五年中考语文文言文阅读试题进行比较分析，现选取贵阳市、遵义市、六盘水市、黔南州这四个地区比较有代表性的文言文阅读题型进行了统计分析；同时，对贵州省近六年来语文高考试卷中的文言文阅读题型进行分析，以期对中学文言记体文甚至文言文在教学内容的选取和教学方法的选择上产生一定指示作用。

（一）贵州省中考文言文题型分析

“初中毕业生（升学）统一考试”即中考。全国各个省甚至各个地区对中考的要求都不尽相同，因而在中考考题的要求上也有不同之处。笔者以为，研究中考语文试卷中文言文阅读题型的特点，对教师教学文言记体文甚至文言文都有一定帮助，特别是对教学内容的选取以及教学方法的选择都有一定启示。虽然文体不同，但文言文的很多知识点是相通的，如实词、虚词、词类活用、古今异义等。现笔者对贵州省贵阳市、遵义市、六盘水市、黔南州这四个地区的中考语文文言文阅读题型进行了如下分析，以期对文言记体文甚至文言文的教学有一定指示。

表1.3　2014年—2018年贵阳市中考语文文言文题型分析

年份	考查篇目	总分值	各题型分值			
			字词	句子翻译	文章内容分析	主观题型
2018	《鱼我所欲也》	12	2	2	8	0
2017	《公输》	12	2	2	8	0
2016	《得道多助，失道寡助》	10	4	2	4	0
2015	《曹刿论战》	12	4	2	6	0
2014	《唐雎不辱使命》	13	4	2	4	3

由表1.3可以看出，贵阳市2014年—2018年考查题型的分值基本在10～13分之间。考查的内容主要是加点字词、句子的翻译、文章内容的分析以及谈谈自己的想法这样一些题型。这些题型重在考查学生的识记能力、理解能力、分析与综合能力等。其中，对重点字词的解释分值在降低，翻译分值基本稳定，对文章内容的分析分值比例越来越高。由此可看出，在文言文的教学中，无论是“文”的学习还是“言”的学习，都需要高度重视，不能单一地只重“文”的学习或只重“言”的学习。2017年考查《公输》节选，其中第一题就是考查学生对重点字词的意义与用法的理解，而且还结合其他课文中的重点实词、虚词进行考查。如将《公输》中“今有人于此”中的“于”与《鱼我所欲也》中“所欲有甚于生者”的“于”进行对比考查。因而，教师在教学同一类文体或是不同类文体时，可以将其中重点字词句对比串联起来讲解。这样既能

让学生掌握“这一课”的知识，也能让学生掌握“那一篇”的内容。同时，每一篇课文讲解结束后，应该给学生布置相应的作业，如结合某一篇课文的学习，写一篇300字左右的感想等作业，像这种形式的作业主要为了让学生有一定的主观判断力，以便在中高考中遇到这样的题型能迎刃而解。

表1.4 2014年—2018年遵义市中考语文文言文题型分析

年份	考查篇目	总分值	各题型分值			
			字词	句子翻译	文章内容分析	主观题型
2018	《爱莲说》	11	4	4	3	0
2017	《出师表》	12	4	4	4	0
2016	《四知》	10	4	4	2	0
2015	《满井游记》	12	4	4	4	0
2014	《捕蛇者说》	11	4	4	3	0

由表1.4可以看出，2014年—2018年遵义市中考语文文言文阅读试题的分值基本稳定。其中对加点字词的解释和翻译题的分值占比相对较高，但对文章内容的分析也不能忽视。2015年考查了明代袁宏道的《满井游记》，这是文言记体文中的“山水游记”。其中，有一题是这样考查的：本文抒发了作者怎样的情怀？从题目我们可以知道，该题主要是问作者的情感问题。我们知道“山水游记”的三要素：游踪、景观、情感，无论是游踪还是景观，最终都要落实到情感这一要素上来。因而，从中考文言文阅读试题也可以得出，教师在教学文言文时，不仅要注重文言字词的学习，更要关注其中“文化”的学习。

表1.5 2014年—2018年六盘水市中考语文文言文题型分析

年份	考查篇目	总分值	各题型分值			
			字词	句子翻译	文章内容分析	主观题型
2018	试题未公布					
2017	甲：《虽有佳肴》 乙：《劝学》节选	16	6	4	2	4
2016	甲：《愚公移山》 乙：《蜀之鄙有二僧》	16	6	4	2	4
2015	甲：《三峡》 乙：《湖心亭看雪》	14	4	4	6	0
2014	甲：《得道多助，失道寡助》 乙：《生于忧患，死于安乐》	13	4	4	2	3

由表 1.5 可以看出，六盘水市近几年中考文言文阅读试题都是两篇文章放在一起考查，这是比较新颖的，这样的考查方式是让学生在两篇文章的对比分析中完成试题。例如，2015 年考查的《三峡》和《湖心亭看雪》，其中有这样一个问题：甲、乙两文在写景中，都融入了作者的情感，试着比较两文在情感的表达上有什么不同。回答这一问题，学生首先要知道这两篇文章分别表达了作者怎样的情感，接着再来分析情感的不同。这也是笔者在上文提到的教学文言记体文，可以采用对比分析法来教授。例如，教学同一类文体或不同类的文章时，都可以让学生在课堂中比较两文的不同，老师稍加点拨即可。2017 年考查的两篇文章中，其中《劝学》节选相当于是对课外文言文的考查，《劝学》是人教版高中语文必修 3 的课文，对学生来说有一定的难度。两篇课文在文体上都属于论说文，因而考查时有这样一个题目：请联系你的学习生活，谈谈你读了这两篇文章的感受。这个题型虽然是开放类的，但在答题时必须紧扣两篇文章所述的道理进行解答。像这样考查课内与课外相结合的题目在贵州省其他各个地区的中考试题中是少见的，有些地区的中考文言文阅读试题是结合古诗词来考查的，这也很具有代表性。既然中考考查了课外文言文，命题的专家也是在暗示语文教师，不能只注重课内的学习，应结合课外文言文进行教学，让学生多看一些课外的文言文书籍。

表 1.6　2014 年—2018 年黔南州中考语文文言文题型分析

年份	考查篇目	总分值	各题型分值			
			字词	句子翻译	内容分析	主观题型
2018	《大道之行》	15	4	4	4	3
2017	甲:《鱼我所欲也》 乙:《生于忧患，死于安乐》	13	4	4	5	0
2016	《公输》	13	6	4	3	0
2015	《醉翁亭记》	14	3	4	5	2
2014	《公输》	13	6	4	3	0

由表 1.6 可以看出，2015 年黔南州的中考语文试题中出现了欧阳修的《醉翁亭记》，它属于文言记体文中“台阁名胜记”一类。在题型上除了考查重点字词句的解释、翻译以外，还考查学生的概括分析能力。其中有一个题是：作者在第二段中是按照什么顺序来描写琅琊山的景色的？文中的“早晚”和“四季”点出了答案，即按照时间顺序来描写。最后一个题同样是考查情感。因而，教师在教学时，要让学生自己去体会作者所表达的情感，而不是教师替代学生的理解。

通过对以上四个表的分析，对文言记体文或其他文体类型的文言文在教学上都有一定启示。教师在选取教学内容时，可以根据往年的中考文言文阅读试题的题型来选择，即“考什么教什么”。但“考什么教什么”并不是说考重点字词就只讲解文中的重点字词，而是要结合“文”来讲解“言”，在“言”中悟“文”，从而达到“言”“文”

的统一与融合。其中，对比分析法在文言文教学中的运用，是可以在中考文言文阅读试题中找到根源的。

（二）贵州省高考文言文题型分析

在高考语文试题中，文言文阅读试题是重要的组成部分。现笔者将贵州省近六年高考语文试题中所考查的文言文试题类型进行分析，以期对文言记体文乃至文言文教学内容的选取以及教学方法的选择有一定的引导作用。现将2013年—2018年贵州省高考语文文言文试题题型分析、汇总如下：

表1.7　2013年—2018年贵州省高考语文文言文试题题型分析

年份	考查篇目	总分值	各题型分值				
			断句（理解层次）	文化常识（识记层次）	内容分析和概括（分析综合）	字词句翻译（理解层次）	筛选文中信息（分析综合）
2018	《宋史·范纯礼传》	19	3	3	3	10	0
2017	《宋史·许将传》	19	3	3	3	10	0
2016	《明史·傅珪传》	19	3	3	3	10	0
2015	《北史·来护儿传》	19	3	3	3	10	0
2014	《明史·韩文传》	19	0	0	3	13	3
2013	《旧唐书·李揆传》	19	0	0	3	13	3

注：由于贵州省高考使用全国卷（三）是在2016年开始实施的，因而2016年—2018年贵州省使用的高考试卷是全国卷（三），2013年—2015年则是全国卷（二）。因此，下文中分析贵州省高考文言文阅读题型，不再细分全国卷（三）或全国卷（二）。使用全国卷（三）的不仅仅有贵州省，还有其他省份，如广西、云南等。全国卷（三）也代表了一些省份，因而本文对全国卷（三）进行分析有一定意义，在表述中谈及贵州省的高考试卷也具有一定代表性。

从表1.7可以看出，贵州省2013年—2018年高考语文试卷中的文言文阅读篇目都选自“古代人物传记”这一类别，且都是课外读本中的文章，分值都是19分。考查题型有断句、文化常识、课文内容概括和分析、字词句翻译以及对文中信息的筛选，即考查学生理解、识记、分析综合等方面和层次的能力。其中，字词句翻译分值最高，基本在10分以上，且近几年分值基本稳定（10分）；内容的概括和分析在分值上基本稳定（3分）。考点每年都有细微变化，现将考点进行如下分析。

1. 断句

2015年开始对断句有了一定考查，这个层次的考查属于理解层面。要解决这个问题，首先要知道这句话的意思，然后根据意思来断句。从某种层面来讲，是对学生文言语感与理解句子能力的考查。文言语感能力的培养是一个长期积累的过程，平时需要多读相关文言文课文。理解句子的能力，需要平时多加训练，同时还需要学生具备迁移知识的技能。例如，2018 年的断句一题，其中“荫”是恩荫的意思，即因为祖辈的官职或功劳而受封做官。如果学生知晓了“荫”的意思，就能理解“以父仲淹荫”的意思，也就明白需要在“荫”后面断句。有人认为，要考查学生的文言文知识，断句足矣。可见文言文断句的重要性。因而，教师教学文言文时，一定要重视断句，教给学生断句的方法。最重要的还是要多读文言文课文，培养文言语感。

2. 文化常识

文化常识是学习文言文必须要重视的知识点，它属于识记层面，考查学生的识记能力。2015 年考查对加点字词相关内容的理解一题，实质是在考查学生对古代一些特定的词的含义的识记。例如，对“字”“谥号”“嗣位”“阙”的考查，2017 年考查的“状元”“上元”“近侍”“告老”等词，2018 年考查的“陵寝”“株”“前尹”“御名”等词。如果学生记住此类词的意思，在做选择题时就容易多了。文言文中的文化常识比较多，这些知识点的积累应从高一阶段就开始进行，教师在平时的课堂中要提醒学生积累，以便识记。

3. 内容分析和概括

这类题型基本是对原文有关内容的分析与概括，其中有对学生理解能力、分析概括能力的考查。而且都是以选择题的形式出现，题干往往都是选择不正确的一项。因而解题时，需要抓住文章细节之处。在做此类题型时，有一个技巧就是先看题干，然后带着题目中的信息快速浏览全文，找到题干中信息的出处，对比文中的信息，答案就明显了。做这一类题目，除了能解答本题以外，还能解答其他题目，比如把握作者情感或启示类题型。这种借助题中信息解决本题的情况，我们称为“以题解题”，解决其他题目的叫做“借题解题”。这是笔者在求学阶段以及在实习期间老师们常用的解题方法。在平时的教学中，教师应多让学生分析、提炼、归纳文章内容，教给学生做题的技巧和方法。

4. 字词句翻译

这类题型属于理解层次的考查，且分值最高。每年的文言文阅读考题中，会有两个句子让学生翻译，每个句子 5 分。通过笔者自己做题的经验以及对一线语文教师的访问，发现这类题型的得分点一般在文言实词、虚词、疑难字词及其特殊句式上。翻译时基本是直译，如果直译不通，可能就是特殊句式。例如 2014 年的考题：“下列加点词的解释，不正确的一项是（ ）。”即“振”“当”“临”“著”的解释，都是对文言实词的考查。结合本句与上下文内容，不难得出答案。因而教师在教学时，抓住字词句、特殊句式的讲解是必要的，其中要求翻译达到“信、达、雅”三个标准。遇到一些疑难字词时，教师可以告诉学生通过上下文对该词进行推测，这样的方法也是可行的。

5. 文中信息筛选

近年来这类题型基本没考查，但 2013 年、2014 年的考题中有此类题型。2013 年考查的《旧唐书·李揆传》，其中有一个选择题是这样的：“下列各组句子中，表明李揆深受朝廷器重的一项是（ ）。”这要求学生对文中信息进行准确的筛选。教师教学文言文时，也可以设计一个这样的题目，让学生在文中筛选信息，而筛选信息的前提是必须把握全文，然后在文中细节处寻找答案。因而，无论何种文体的文言文，多进行这种筛选练习，对提高分数是有效的。

以上对高考语文文言文阅读题型以及考点的分析与总结，对文言文或文言记体文在教学内容的选取与教学方法的选择上都有一定启发。例如，在断句上，就需要学生多诵读各种文体的文言文，这样既能培养学生的文言语感，也能帮助学生提高考试分数。文化常识部分必须落到实处，让学生提前积累，等到高三总复习时，才能系统地掌握此类知识点。

（三）文言文题型对文言记体文教学的指示

贵州省各个地区中考语文对文言文阅读的考查，其文体类型多样，包括论说文、文言记体文、史传文、表文等。而对高考语文文言文阅读部分的考查，文体类型基本都是古代人物传记。无论中高考考查何种文体的文言文，对教师选取教学内容和选择教学方法都有一定指导及启发。通过对中高考文言文阅读题型的分析，在文言记体文的教学上有如下指示。

1. 选取教学内容的指示

（1）重视文言字词句，落实中高考得分点

中高考对文言字词句的考查，基本以翻译为主。虽然考查的篇目不一定是文言记体文，但很多文言知识点是相通的。文言文中实词、虚词、特殊句式这些考点，在其他文体的文言文中也有所涉及。比如特殊句式在论说文中涉及，在记体文中也会有所包含。教学《岳阳楼记》中的判断句时，要教会学生识别判断句的符号、标志等。如常见的有“……者，……也”“……者，……”“……，……也”等句式，还有一些判断句没有任何标志性的符号，这就需要根据句意来判断。在中高考中，常常有被动句的考查。教学时，也需要学生掌握被动句的标志，常见的标志性字句有“见”“于”“被”“为……所”等。高考中的人物传记阅读部分，一般文章第一句在介绍人物时，采用的都是判断句，且都是“……者，……也”句式。

（2）把握内容整体，着手考点细节

文言文阅读部分的考查，多数都需要从文章内容的细节处着手，这是中高考试题中常见的题型。这一点旨在启示教师，教学时可以从文章的细节处着手。例如，教学《桃花源记》时，可以从文章中的“叹惋”一词入手。其中是谁“叹惋”？一个“皆”字可以看出是“桃花源”里的人们“叹惋”。这里的人们到底是指几个人？有人说，指“桃花源”的所有人；也有人说，是指“桃花源”里的一个人，这里的一个人是把“桃花源”的所有人看成了一个整体。接着，“桃花源”里的人“叹惋”的又是什么？这时就需要从渔人所说的话着手了，渔人到底说了什么让“桃花源”里的人都“叹惋”？还有“桃花源”的人对渔人说不要把这里的情况告诉外人，渔人出来后为何还是告诉了太守以及刘子骥？有学生可能会说渔人不守信用，虽然这篇文章并不涉及“诚信”的问题，但学生能读出这样的观点，也是值得鼓励的。教师这时需要把学生从这一思考角度中拉回本文的主旨上来，即太守和刘子骥去寻“桃花源”之所以没有找到，是作者精心安排的，主要是为了突出“桃花源”是一个理想的社会，是人人都向往的社会。这些知识点往往都是考点，因而在课堂上，教师可以与学生一起来探讨这些问题，让学生逐渐具备从小处着手把握整体的意识。

2. 选择教学方法的指示

（1）归纳文言词汇，对比分析内容

归纳法在语文课堂教学中似乎很枯燥、乏味，在文言文的教学中更是如此。但在学习文言文实词、虚词、古今异义、词类活用等文言知识的过程中运用归纳法，是很多中学语文教师的首选。实质上，这一方法的运用在中高考文言文阅读试题中能找到其依据。每一年的中高考都会考查实词或虚词，并且都是选取几篇课文中的词汇进行考查。因此，在教学文言记体文时，归纳法可以结合其他方法运用。

对比分析内容在中高考文言文阅读试题中也能找到依据，也就是将两篇相同文体或不同文体的文章放在一起考查。考查时，有对两篇文章内容的分析，还有对文章中情感异同之处的分析。因而在文言记体文的教学中，可以将情感类似的课文放在一起讲解，还可以将同一作者的课文放在一起教学。例如，将苏轼的《记承天寺夜游》和《游沙湖》放在一起进行对比教学，引导学生分析其内容与情感的不同之处。同时，还可以将同一题材类型的课文进行比较分析。例如，“台阁名胜记”中的《醉翁亭记》与《岳阳楼记》，同样是写亭台楼阁，但作者表达的情感却不同。

（2）明析文言句读，加强文言朗读

古人读文章，是没有“句读”可言的，而现今文言句读却成了文言文考查的重要方式之一，也是衡量学生文言文阅读水平高低的标准。2017 年版高中语文课标提出：“尝试阅读未加标点的文言文。”[1]由此可知，学生文言文是否学得好，只要给一篇没有“句读”的文章便可测出。因而，在现今的中高考文言文阅读试题中，断句便成为一种重要的考查方式。

如何提高学生的“断句”能力？笔者认为只有平时多积累、多阅读课内外文言文篇目，才能有效提高学生的断句能力。朗读是培养学生语感最好的方法。当然，进行文言文“句读”的专题训练，一定程度上能提高学生的文言文断句能力。在文言记体文的教学中，教师可以给出一些文体相同的课外文言文篇目，让学生断句。除了学生

[1] 中华人民共和国教育部制定．普通高中语文课程标准（2017 年版）[S]．北京：人民教育出版社，2018：27．

做题以外，教师也要大量地做断句题型，并总结文言断句的规律。在课堂上将自己做题总结的规律教给学生，让他们在做此类题型时，注意其中的规律。例如，教学《醉翁亭记》时，可以告诉学生一些容易放在句子开头的字词，有“若夫”“至于”“已而”“然而”等，放在句子结尾的有“……者，……也”“也”等。其他文章中的语气助词“盖”“唉”“罢了”“曰”等都是断句的标志。长此以往的训练、总结，能提高学生的文言断句能力。

“教什么”决定“怎么教”，即教学内容决定教学方法。通过分析中高考文言文阅读题型，对文言记体文教学的指示主要有两个方面：一是选取教学内容的指示；二是选择教学方法的指示。因此，分析中高考文言文阅读题型，对教学文言记体文有很大帮助。当然，文言记体文教学内容的选取与教学方法的选择对提高中高考文言文阅读能力也有很大帮助。

第四节　记体文案例分析

案例一：《桃花源记》教学实录

……

师：刚才有两位同学关注到了这个动词的意味。其中，“设酒杀鸡作食”能看出桃源人的热情好客，热情是人与人之间交往的一种温度及态度，更体现的是桃源人的人情味，在这个段落里还有哪些词能让我们感受到桃源人的人情味呢？

生：我觉得“余人各复延至其家，皆出酒食”能体现桃源人的热情好客。

师：具体落实到哪一个字或词上呢？

生：“皆”字。因为渔人到桃花源的时候，不是只有一家人邀请渔人去他们家做客，是整个村的人都邀请渔人去各自的家里做客。

师：很好，这位同学抓住了“皆”字来谈自己的感受。还有其他同学能像这位同学一样抓住关键字词谈感受的吗？

生：“村人闻有此人，咸来问讯”里的“咸”字，说明村民对渔人十分热情，一听到有渔人这个人，都来问消息。

师：很好，你抓住了一个“咸”字。

生：我选的是“黄发垂髫并怡然自乐”，这句话把桃源中的环境与当时的社会现状形成非常鲜明的对比，渔人由战乱不断的社会来到这个安宁祥和的地方，惊讶在世界的某个角落还有如此美丽的地方，希望自己像他们一样幸福地生活。

师：你的表达很有条理，能不能学一学刚才的方法，抓一抓关键字或关键词呢？

生：“黄发垂髫”说明老少都是很幸福的，“怡然自乐”说明他们的生活幸福，安适愉快。

师："并"字是什么意思？

生："都"的意思。

师：原文中有很多个词表示"都"的意思，请大家找一找。

生：有"咸、皆、悉"。

师：是的，那我们能不能把"黄发垂髫并怡然自乐"中的"并"换成"皆"呢？可以吗？试着读读看，可能秘密就藏在我们的朗读之中。

生：我觉得应该是不能的，黄发垂髫就是老人、小孩，没有青年和壮年的，而"悉、咸"都是指全部的人，所以我觉得不能换。

生：我同意他的看法，好像是人人都是怡然自乐的，不仅是老人和小孩。

师：人人，他比你的范围大了，还有吗？

生：从文字上看出他们手牵着手，就好像是他们和睦相处。

师：在这个地方，你发现，他们立刻把陌生人邀请到自己的家里，什么样的感觉啊？如果你是桃源人，你会这样做吗？

生：感觉到村中人的热情好客。如果我是桃源人，可能也会这样做。但是，生活在当今社会的我们，人手一部手机，缺乏人与人之间的交流。

师：很好，你能结合实际生活谈自己的感受，值得肯定。除此之外，我们还感觉到了村人对外人的信任，在这里我发现陶渊明先生把所有表示人称的词都省略了，不知道大家发现没？接下来，我们试试给他填进去，能填吗？

师生共同填空。（ ）见渔人，乃大惊，问（ ）所从来。（ ）具答之。（ ）便要（ ）还家，设酒杀鸡作食。

师：为了我们初学者方便，我们把这些词都填进去，可以吗？

生：可以。（村中人）见渔人，乃大惊，问（渔人）所从来。（渔人）具答之。（村中人）便要（渔人）还家，设酒杀鸡作食。

师：读读看，想一想，我们可以保留这些词吗？

生：不可以，如果把这些省略的词都加进去的话，会显得多余。

生：我也觉得不可以，主人和宾客分的太远了，没有一种融洽的感觉了。所以，还是像课文中的表达好。

师：看来省略不仅是简洁，还有这样的妙处啊！一起来把原句读一读看。生读第三段。

师：重读这两段文字，再次品味桃源的风光，我们发现，渔人在这里得到的不仅仅是乱世当中的一种安宁与安乐，我们还发现属于陶渊明在语言上新的感受，说说你们的收获吗？

生：语言上可以看出陶渊明简洁明了，不拖泥带水。

师：陶渊明用这样的语言为我们描述了一个令人向往的世外桃源，可是，这个桃源到底有没有呢？

生：我觉得这个桃源并不存在。从“太守即遣人随其往，寻向所志，遂迷，不复得路”可看出太守派人去寻找并没有找到。还有刘子骥去也没有找到。

师：大家有没有注意“即”字，这里是马上的意思，说明太守很渴望找到这个地方。因而感觉这个地方应该存在的，渔人都去过了。

生：我觉得不一定，既然说不存在，渔人是如何进去的？

师：奇怪了，到底有还是没有呢？或许这就是桃源的魅力所在。但陶渊明却在文章的最后留下了淡淡的六个字，说“后遂无问津者”，我们该怎么样理解呢？大家一起来思索一下。

……

【评析】这是课堂教学的一个小片段，从中可以看出这位教师整个过程都采用了“以文带言”进而“因言悟文”的方法进行教学，突破了传统逐字逐句翻译的文言文教学方法。在此过程中，教师通过让学生找出相关的句子进行引导。关键之处注重炼字炼句，如“即”“皆”“咸”等字的讲解。当问到一个问题，学生回答比较空泛时，这位老师便会引导他们抓具体的字词句，如“黄发垂髫”等句的引导。特别是在讲课文第三段的主语省略时，该教师采用填空的方法，让学生掌握主语的转换，并结合朗读的方法，在此提到这篇课文语言上的特性。这样讲解文言记体文，不仅提高了学生学习文言文的兴趣，而且还提高了文言记体文的教学效率与教学效果。

案例二:《项脊轩志》教学实录

一、导入

（略）

二、解题

师：请大家看一看这个题目，哪一个字为我们点明了文体？

生：“志”。

师：对。“志”是古代记叙事物、抒发感情的一种文体。那作者所记“项脊轩”能让你联想到什么事物？

生：可能跟作者的字号、籍贯、书斋等有关吧？

师：是的。作者远祖曾居江苏太仓项脊泾，作者因此自号项脊生，定书斋名为项脊轩。那么，作者以此定名，透露出一种怎样的心态？

生：怀念先祖，回忆旧事。

三、整理线索

师：我们先请几位同学朗读课文。（三名学生分段朗读，师生共同正音正读。）

师：下面请大家看课后思考练习第一题，我们借助此题列一下这篇文章的写作提纲。（展示投影并由学生概括空白处内容）

师：从提纲中可以看出，文章真正写小轩的内容并不多，占据大量篇幅的是作者心灵深处有关至爱亲人的几朵记忆的小花，那文章为什么还要以“项脊轩”为题呢？

生：因为这几件事都和它有关，项脊轩牵系着作者魂牵梦萦的三位亲人，折射着作者家族命运变迁的轨迹，见证着作者的希望和梦想、喜悦与悲哀。

师：对。小轩是回忆的承载物、感情的触发点，项脊轩的兴废成为行文的物线。那么，这么多事情都与小轩有关：一间小屋，两种情感，三代变迁，四个人物，多件琐事……本文所记可谓多矣，有没有给人松散杂乱之感？为什么？

生：没有。因为“然余居于此，多可喜，亦多可悲”这句话引领着我们呢。

师：对。这句话就是文脉，它把散乱的珍珠串成了闪光的珠链。请大家按照这条线索，把本文写到的琐事分别归入可喜或可悲之列，并体会文章感情的主旋律。

生：可喜之事有对小屋修缮后环境的描写以及对婚后幸福生活的叙写，可悲之事是诸父分家、回忆慈母、怀念祖母、妻亡屋空四处。所以主旋律是悲的。

师：正确。本文就是借项脊轩的兴废，记述与之有关的家庭琐事，表达物在人亡、三世变迁的感慨，抒发对祖母、母亲和妻子久远的怀念。

四、鉴赏抒情艺术

师：下面我们请各小组自主选择自己最喜爱的描写片段，研讨其成功之处，准备时间为 5 分钟，然后选派代表陈述理由。（准备部分略）

生：我们选择小轩修缮后的美景。它写月白风清，桂影珊珊；静中有动，动中有静，突出的是静，却静得富有生机。我们可以感受到轩中人的喜悦、悠闲、恬然自得之情以及他的沉静、淡泊、勤奋之性。景可爱，情可喜，情景交融。

生：“妪述母事”一节让我们感动。我曾从网上查到过一段材料，说归有光母亲去世后，画遗像时，鼻子以上照着 8 岁的有光画，鼻子以下照着 9 岁的有光姐姐画。所以，少年丧母的有光，对母亲应该并无太深的印象，但对母爱却有着强烈的渴望，老妪述说的轻轻叩门、关切询问、问饥寒饱暖，使他如见其人，如闻其声，如临其境，触景伤情。

师：是的，这些琐事是不分古今、不分地域的普天下慈母随时随地都在做的呀，所以它自然激起我们强烈的共鸣。

生：我们点评祖母遗事。一句幽默的玩笑，是老祖母的亲切诙谐、疼爱欣慰；一个关门的细节，折射着老祖母的细心、体贴、殷殷期待；喃喃自语，赠笏再返——平和的背后是灼热烫人的情感。

师：我提示，大家还可以联系诸父分家一节所表达的感情来理解这一处。

生：老师，我懂了，那种隔膜、杂乱，那种人世沧桑、世态炎凉，让老祖母对由小康坠入困顿的封建大家庭的零落衰败非常痛心，而她对有光的期待也更强烈了。

生：我们最喜欢“枇杷如盖”的描写。

师：它好在哪里呢？请陈述理由。

生：我要是制片人，就把它拍成特写镜头，而且不给张艺谋，不给卡梅隆，我想请斯皮尔伯格来设计。

师：哦？他们的导演风格有什么不一样吗？能用一句话概括吗？

生：当然，张艺谋的渲染、煽情本事自不用说，您看《泰坦尼克号》的艺术处理和《拯救大兵瑞恩》的纪录片风格一样吗？

师：那咱们的“枇杷如盖”呢？

生：应该是白描。我们就给它一个特写——简简单单地摆在那儿，树长，人亡，物是，人非。我们相信越朴素平淡越震撼人心。

师：你是个好导演，处理得不错。是这样的。经历了科考的坎坷，淡泊了功名之心，磨平了少年的锐气，中年归有光更珍重人世间最深挚的亲情；可是，妻子却离他而去。这里描写越朴素，传递的东西就越丰富。其实中国古典诗词中这样看似简单但却含蓄隽永、极富深情的描写有很多，大家能不能举出几个实例来？我先抛砖引玉，唐代诗人崔护就有一首《题都城南庄》——

生：去年今日此门中，人面桃花相映红。人面不知何处去，桃花依旧笑春风。

生：（急忙站起）还有苏轼的《江城子》：“十年生死两茫茫，不思量，自难忘。千里孤坟，无处话凄凉。纵使相逢应不识，尘满面，鬓如霜。夜来幽梦忽还乡，小轩窗，正梳妆。相顾无言，唯有泪千行。料得年年肠断处，明月夜，短松冈。”你们看啊，本来感情到高潮了，人家就一句“明月夜，短松冈”，此时无声胜有声，自己品去吧。

生：还有辛弃疾的“少年不识愁滋味，爱上层楼，爱上层楼，为赋新词强说愁。而今尝尽愁滋味，欲说还休，欲说还休，却道天凉好个秋”。

五、总结课堂收获

师：同学们，古人云：人生有三大不幸，少年丧母，中年丧妻，老年丧子。归有光一人就占据了两项，但他心中被生活的磨难煎熬到极点的这些情愫，并没有像火山般喷发出来，作者只选取了最平常、最琐碎的小事娓娓道来。这些小事，绝非信手拈来，它是从生活这棵大树上采撷下来的最光彩的枝叶，是从生命长河中摄取的最动人的镜头，它能以小见大，它是浓缩的生活。行文时，作者只把难言的伤痛、不老的亲情，寄托在景、事、物上，使得一枝一叶，总关乎情，不着一字，尽得风流。文章看似平淡，无意于感人，其实欢愉惨恻之情，处处溢于言语之中。

【评析】原载于《语文建设》2005 年 11 月刊，这是河北省沧州市第一中学呼君老师教学《项脊轩志》的实录。呼君老师开篇就问这篇课文的文体——“志”是古代记叙事物、抒发感情的一种文体。呼君老师注意到了文体的重要性，让学生了解文体。整理线索之处，主要围绕课后思考练习第一题进行内容的选取。“项脊轩”是回忆的承载物、感情的触发点，“项脊轩”的兴废成为行文的“物线”。而与“项脊轩”有关的内容便是文章的“情线”，即一间小屋，两种情感，三代变迁，四个人物，多件琐事。两条线索贯穿文章始终，同时，点明文章的文脉是“然余居于此，多可喜，亦多可悲”。鉴赏抒情艺术部分，呼君老师把课堂交给学生自由发挥，他稍加点拨。最为重要的是呼君老师通过《项脊轩志》这篇课文联想到了中国古典诗词，这是课堂的一个拓展，不但让学生学习了课内知识，还拓宽了学生学习的视野。教学内容的选取上，呼君老师主要围绕文体、文章线索（即结构）、技法以及选材方面来确定内容，具有一定代表性。没有总结的课堂是不完美的，呼君老师的总结是将整堂课的主要内容都呈现出来，让学生知道这堂课主要教学了什么，且语言简洁、利落。

案例三：《醉翁亭记》教学设计

教材分析

《醉翁亭记》是部编版九年级上册第三单元的第二篇课文，这个单元主要学习"游目骋怀"这一主题。本单元一共有四篇课文，分别是《岳阳楼记》《醉翁亭记》《湖心亭看雪》《诗词三首》。其中《岳阳楼记》《醉翁亭记》是文言记体文中的"亭台楼阁记"，《湖心亭看雪》是文言记体文中的"山水游记"，《诗词三首》属于诗词文体。《醉翁亭记》是欧阳修任滁州太守时所作，当时他被贬滁州。而贯穿全文的主线是"乐"字，写"醉"就是为了写"乐"。因此在课堂上要牢牢抓住"乐"这条主线，引导学生体会课文是如何围绕"乐"层层展开记叙的脉络。抓住了作者感情发展的脉络，也就能顺利理清文章的结构层次，这样的学习也帮助学生理解了"醉"与"乐"之间的关系这一难点。

学情分析

本文的学习对象是九年级的学生，学习情况中偏上。在这之前，他们已经学习了一定量的文言实词、虚词，但这篇文章中也大量运用了"也"和"而"字，因而学生在学习时，应该反复诵读，体会文中语言的音韵美。同时，抓住文章中出现的"乐"字，找出相关语句，深入品析，体会欧阳修"与民同乐"的思想美。

教学目标

① 反复诵读，体会文中语言的音韵美，理解文中常见的文言实词、虚词、特殊句式等。

② 把握文章结构，学习本文写景与抒情结合的方法，理解文中景物描写的作用。

③ 感悟文意美，体会欧阳修"与民同乐"的思想。

教学重点

反复诵读，体会文中语言的音韵美。

教学难点

引导学生深入品悟欧阳修"与民同乐"的政治思想。

课时安排

2 课时。

教学过程

第一课时

一、课文导入

1. 多媒体显示：欧阳修图片

师问：知道他是谁吗？

明确：欧阳修。

师问：谁为大家介绍一下欧阳修？

多媒体显示：

（欧阳修：字永叔，号醉翁，又号六一居士，北宋文学家，史学家，24岁考取进士，官至枢密副使，参知政事。是北宋古文运动的领袖，“唐宋八大家”之首。）

2. 多媒体显示：醉翁亭图片

师：知道这个亭子的名字吗？

明确：醉翁亭。

师：那“记”是什么？

明确：是一种文体，可记叙、描写，也可以议论、抒情，属于散文范畴。

师：醉翁亭与欧阳修之间有什么关系吗？这节课就让我们一起走进欧阳修的《醉翁亭记》去探寻答案。

二、走近《醉翁亭记》

多媒体显示：我是小导游

1. 听读课文

要求：边听边提炼出醉翁亭的地理和人文信息。

活动：你来做导游，把醉翁亭介绍给游客。

要求：此环节在于引导学生通过听读全文，提炼醉翁亭的“位置”“造型”“建造者”“命名者”“命名的原因”“周围的环境”“当年的历史”等有效信息，既锻炼了学生的语言表达能力，又使学生对课文有了大致的了解。

（生答略。）

听了这几位同学的讲解，相信大家一定对醉翁亭有了初步的印象，那就让我们带着这些印象和了解再齐读一遍文章。

2. 齐读课文

要求：

（1）读准字音

（2）以情入读

以导游的身份，读出对风景名胜——醉翁亭的欣赏和赞美。

注：此环节的目的在于组织学生落实字音，并初步感受醉翁亭的自然美和人文美。

三、走进《醉翁亭记》

刚才同学们朗朗的读书声，让我想起了许多古文鉴赏家对《醉翁亭记》的评价，他们说：“《醉翁亭记》读起来，朗朗上口，错落有致，极富音韵美。”你们认为本文的音韵美表现在什么地方？

1. 自读课文

思考：

本文的音韵美表现在哪些地方？

明确：

①“……者……也”判断句式的运用，整齐而富有节奏。

② 21个“也”字，24个“而”字，回环往复，韵律独特。

③ 骈散结合，富有变化，摇曳多姿。

同学们，仅仅知道《醉翁亭记》的音韵美还不行，我们还要能够读出《醉翁亭记》的音韵美！下面就让我们一起再朗读课文。（生读）

2. 带有感情地朗读

要求：选择自己喜欢的语段，可以是判断句式；可以是骈散句；可以是“也”字句、“而”字句；也可以是千古名句……

要求：

大声朗读，读出节奏，读出变化，读出韵味，读出感情。

此处是学生的朗读表演，旨在通过反复诵读体会本文的音韵美，并随机给学生讲解字、词、句的含义。在学生朗读的过程中，教师应给予恰当的点拨和指导，引导学生体会本文的语言特点，积累文言字词。

3. 师生共读

要求：摇头晃脑，拖出长腔，仿效古人，读出古韵美。（此处应成为整堂课的朗读高潮，师生情感达到共鸣。）

四、研读品析

不知同学们注意了没有，本文除用了21个“也”字，24个“而”字，还有一个字，出现了10次之多，是哪个字？

明确：乐。

接下来请同学们为作者寻找快乐之源：

前后桌合作学习，找出文中包含“乐”字的句子，并给出翻译。

明确：

① 山水之乐得之心而寓之酒也。

——山水之乐

② 朝而往，暮而归，四时之景不同，而乐亦无穷也。

——山水之乐

③ 宴酣之乐非丝非竹，射者中，弈者胜，觥筹交错，起坐而喧哗者，众宾观也。

——宴酣之乐

④ 树林阴翳，鸣声上下，游人去而禽鸟乐也。

——禽鸟之乐

⑤ 然而禽鸟知山林之乐，而不知人之乐；人知从太守游而乐，而不知太守之乐其乐也。

——太守之乐

“山水之乐”“宴酣之乐”“禽鸟之乐”“游人之乐”“太守之乐”……这么多的乐趣

从何而来？因何而乐？

这个问题留给同学们课后思考，下节课我们继续探究。

第二课时

一、导入

上节课下课之前，老师留给大家一个问题，不知道大家思考得怎么样了？接下来，我们讨论留下的问题。

二、研读品析

1. 带头朗读

请一名男同学起来朗读全文，其他同学认真听读。

2. 交流思考

同桌两人交流学习，思考：

① 禽鸟因何而乐？

② 百姓因何而乐？

③ 太守因何而乐？

3. 明确

① 学生答出禽鸟因山林而乐后，老师可引导学生找出描写山林美景的句子，让学生借助工具书翻译、品读、体会禽鸟爱（乐）山林。

② 学生答出游人因“从太守游而乐”时，老师可引导学生找出表现百姓“游而乐”的句子，反复品读、翻译，体会百姓的安定富足，乐由心出。

③ 学生答出太守因百姓而“乐其乐”时，老师可以适时地补充材料，帮助学生体会欧阳修“与民同乐”的政治思想和旷达胸襟。

多媒体显示：

庆历六年（1046 年），欧阳修因支持范仲淹的政治改革，而被贬官至滁州做太守，当时的滁州偏僻贫穷，欧阳修为政以宽，以自己的政绩和才能，使滁州政通人和，人民乐于山野之间，欧阳修也常与民众同游。

（这一环节的关键在于，教师要组织学生探讨：欧阳修是被贬至滁州的，他的内心并不快乐，可本文却句句写“乐”，原因何在？答案是显而易见的：欧阳修并非“乐已之乐”，而是“乐民之乐”“与民同乐”，所以才可以抛下个人的悲喜得失，真正做到了“不以物喜，不以己悲。”）

4. 再读课文

请同学们再次朗读课文，体会作者“与民同乐”的思想。

三、走出《醉翁亭记》

1. 学后感言

同学们，今天我们游览了醉翁亭，也品读了欧阳修的《醉翁亭记》，我们深深地感受到：醉翁亭很美，《醉翁亭记》更美，醉翁这个人最美!难怪后人评价《醉翁亭记》说：

“此文是文质兼美的锦绣文章，景美、情美、人美、语言美、风俗美、思想更美!”你是怎样看待这篇文章的？请发表一下你的学后感言。

（生答略。）

好的文章是值得我们一读再读的，让我们再次齐声朗读这篇“文质兼美”的散文，感受它的诗意之美!

2. 齐声朗读，读出本文的“文质兼美”

结束语：

最后老师衷心希望在座的每一位同学都能像欧阳修一样，拥有一个伟大的理想和一份旷达的胸襟，拥有一个辉煌的人生。

四、总结文章结构，感悟文章构思的奇妙

1. 问题探究

你认为文章中的哪一句话有着提挈全篇的作用？简要分析。

明确：“醉翁之意不在酒，在乎山水之间也，山水之乐，得之心而寓之酒也。”

这句话从醉翁亭的命名巧妙地引出“乐”字，“醉”是表象，“乐”是实质，写“醉”就是为了写“乐”。到全文结尾处，更用“醉能同其乐”一句将“醉”和“乐”统一起来，画龙点睛般地勾出全文的主旨。所以山林之乐、宴酣之乐，禽鸟之乐、游人之乐最后都统一在太守之乐中，“乐”才是贯穿全文的主线。

2. 分析思考

太守一词全文出现了九次，在醉翁亭得名时就有“太守自谓也”但太守谓谁，暂且不表，直到全篇结句再点出，这样有何作用？

明确：使文章曲折有致，有着首尾照应之效。

板书设计：

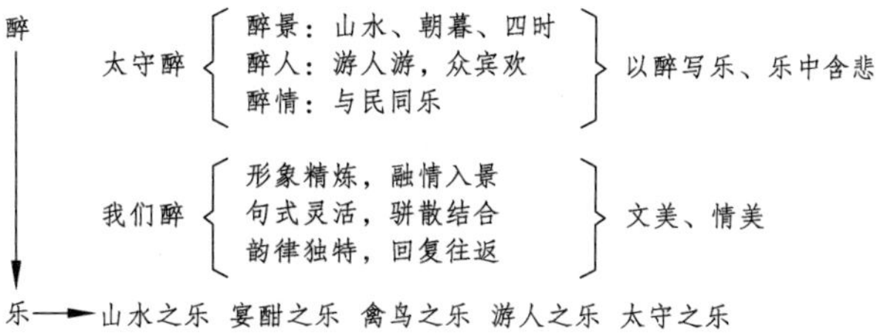

五、总结

【评析】首先，从教学内容的选取方面来看，这个教学设计主要从文体角度出发，主要涉及文言字词的积累（21个“也”字和24个“而”字的欣赏）、语言的品读欣赏（10处“乐”的欣赏）、骈散结合的句式、“……者……也”判断句式的运用等。其中，注重“言”“文”统一，避开了文言文逐字逐句翻译的传统教学模式。该教学设计在安排“言”与“文”上是合理的。

其次，从教学结构的组织来看，这个教学设计从解读课文的题目入手，抓住“醉翁亭”与“记”来引出教学内容。其中以教学活动“我是小导游”来展开教学过程，这也是笔者上文提到的组织教学结构的线索。还通过多次朗读实现对文章脉络的梳理，将文言字词的积累与语言品读的赏析串联起来，让学生更好地参与课堂。更为重要的是，文中10处“乐”的设计，便是贯穿文章的主要线索。抓住每一处“乐”的含义，便紧扣住了作者的情感线索。

再次，从教学方法的选择来看，这个教学设计十分注重朗读。在教学目标上就提出反复诵读，以感受音韵美与感悟文意美。当然，这两个“感”都是在朗读的基础上来实现的。同时，在读的方法上，该教学在设计不仅仅是让全班齐朗读，还请同学单个朗读课文。主要运用了“反复诵读”的方法来体会课文中文与质的美。

最后，这个教学设计也有不足之处，在体会“醉”与“乐”的关系上解释得不够恰当。贯穿全文的是“乐”字，而“乐”建立在“醉”的基础上，是在山水之间的“乐”，是在友人之间的“乐”，是在禽鸟之间的“乐”。因而，在教学时，这一点可加以考虑。

参考文献

一、著作类

[1] 包建新．语文教学设计与案例分析[M]．杭州：浙江大学出版社，2012.
[2] 褚斌杰．中国古代文体概论[M]．北京：北京大学出版社，1990.
[3] 刘大櫆，吴德旋，林纾．论文偶记、初月楼古文绪论、春觉斋论文[M]．北京：人民文学化版社，1959.
[4] 刘勰著．徐正英，罗家湘注译．文心雕龙[M]．郑州：中州古籍出版社，2008.
[5] 刘熙撰，毕沅疏．释名疏证[M]．北京：中华书局，1985.
[6] 梅新林，俞樟华．中国游记文学史[M]．上海：学林出版社，2004.
[7] 钱理群，孙绍振，王富仁．解读语文[M]．福州：福建人民出版社，2010.
[8] 孙绍振．孙绍振如是解读作品[M]．福州：福建教育出版社，2015.
[9] 王立群．中国古代山水游记研究[M]．北京：中国社会科学出版社，2008.
[10] 王荣生．听王荣生教授评课[M]．上海：华东师范大学出版社，2007.
[11] 王荣生．文言文教学教什么[M]．上海：华东师范大学出版社，2014.
[12] 王荣生．语文教学内容重构[M]．上海：上海教育出版社，2007.
[13] 王荣生．语文课程论基础[M]．上海：上海教育出版社，2003.
[14] 王意如．中国古代文学与语文教育[M]．上海：上海文艺出版社，2015.
[15] 吴纳著．于北山校点．文章辨体序说[M]．北京：人民文学出版社，1998.
[16] 许嘉璐．古代文体常识[M]．北京：中华书局，2013.
[17] 徐师曾著．罗根泽校点．文体明辨序说[M]．北京：人民文学出版社，1998.
[18] 许慎撰．徐铉校定．说文解字[M]．北京：中华书局，2013.
[19] 叶澜．教育学原理[M]．北京：人民教育出版社，2007.
[20] 袁行霈．中国文学史第四卷[M]．北京：高等教育出版社，2005.

[21] 钟启泉．课程与教学论[M]．上海：华东师范大学出版社，2008.
[22] 张寿康等．古代文章学概论[M]．武汉：武汉大学出版社，1983.
[23] 藏维熙．中国游记鉴赏辞典[M]．青岛：青岛出版社出版，1991.
[24] 文渊阁四库全书集部[M]．台北：台湾商务印书馆，1982.

二、学位论文类

[1] 程梦．高中语文文言文教学现状调查及策略研究[D]．西安：陕西师范大学，2013.
[2] 丁丽丽．高中文言文教学刍议[D]．长春：东北师范大学，2008.
[3] 郭凯．基于先行组织者的高中文言文教学策略研究[D]．兰州：西北师范大学，2014.
[4] 何李．唐代记体文研究[D]．上海：华东师范大学，2010.
[5] 纪彩霞．中学文言文文体教学研究[D]．济南：山东师范大学，2008.
[6] 姜丽丽．初中文言文教学实践研究[D]．南京：南京师范大学，2017.
[7] 李丽杏．高中文言文文体教学研究[D]．桂林：广西师范大学，2014.
[8] 李文俊．新课程标准下高中文言文教学内容的确定[D]．上海：华东师范大学，2010.
[9] 彭爽．高中文言文课堂问题及策略研究[D]．长春：东北师范大学，2010.
[10] 钱蕾．北宋记体文研究[D]．南京：南京大学，2014.
[11] 师东斌．柳宗元记体文研究[D]．兰州：西北师范大学，2009.
[12] 王志营．高中文言文文体教学研究[D]．开封：河南大学，2013.
[13] 许翠翠．基于文体分类的高中文言文教学策略研究[D]．武汉：华中师范大学，2017.
[14] 赵红艳．基于文体特征的中学文言文教学研究[D]．青岛：青岛大学，2017.
[15] 钟亮．高中文言文教学内容研究[D]．上海：华东师范大学，2008.
[16] 张帅．新课标下的高中文言文教学方法的研究[D]．开封：河南大学，2011.

三、期刊类

[1] 陈仕新．例谈文言文教学内容的有效确定[J]．语文教学与研究，2017（9）：82-85.
[2] 陈寅恪．桃花源记旁证[J]．清华大学学报：自然科学版，1936：79-88.
[3] 董文．高中文言文教学内容确定的原则[J]．语文知识，2014（9）：37-38.
[4] 郭英德．中国古代文体形态学略论[J]．求索，2001（5）：101-106.
[5] 黄厚江．文言文该怎样教[J]．语文学习，2006（5）：14-16.
[6] 何严真．文言文教学内容的确定[J]．中学语文，2016（10）：88-89.
[7] 李佳．论记体文创作的发展历程及阶段特征[J]．沈阳大学学报（社会科学版），2018，20（1）：86-89.
[8] 刘兴超．唐代记体文的文体特征[J]．钦州学院学报，2013，28（6）：11-14.
[9] 潘新和．语文课程“语感中心说”浅见[J]．课程·教材·教法，2002（8）：28-33.
[10] 吴承学，刘湘兰．杂记类文体[J]．古典文学知识，2010（2）：105-113.
[11] 吴承学．文体与得体[J]．古典文学知识，2013（1）：126-131.

[12] 温外国．文言文教学方法探析[J]．中学语文，2016（12）：93-94.
[13] 吴振华，艾媛媛．韩愈的记体文研究[J]．周口师范学院学报，2014，31（6）：1-5.
[14] 赵运涛．先秦“记”体文的生成方式研究[J]．古籍整理研究学刊，2017（2）：74-78.
[15] 邹金华．探析高中文言文教学方法[J]．中学教学参考，2016（7）：14.

四、教材及其他

[1] 人民教育出版社等．普通高中课程标准实验教科书语文必修 2[Z]．北京：人民教育出版社，2006.
[2] 人民教育出版社等．普通高中课程标准实验教科书语文选修中国古代诗歌散文欣赏[Z]．北京：人民教育出版社，2006.
[3] 温儒敏．义务教育教科书语文八年级上册[Z]．北京：人民教育出版社，2017.
[4] 温儒敏．义务教育教科书语文八年级下册[Z]．北京：人民教育出版社，2017.
[5] 温儒敏．义务教育教科书语文九年级上册[Z]．北京：人民教育出版社，2018.
[6] 中华人民共和国教育部制定．普通高中语文课程标准（2017 年版）[S]．北京人民教育出版社，2018.
[7] 中华人民共和国教育部制订．普通高中语文课程标准（实验）[S]．北京：人民教育出版社，2003.
[8] 中华人民共和国教育部制定．义务教育语文课程标准（2011 年版）[S]．北京：北京师范大学出版社，2012.

专题二

史传文阅读教学研究

“史传文”指记述历史事实的一种文言类型。具体地说，其内涵有三个要点：第一，其记述的是历史事实。《左传》《战国策》《史记》都是“史书”,《左传》是国别体史书,《战国策》是断代体史书,《史记》是纪传体史书。第二，其着眼于叙事。第三，与“人物传记”（记传文）类文言相区别。学习此类文言，就是要认知历史事实，了解各具特色叙事方式，学习记录历史语言风格，积累常用文言词汇，丰富文言文化知识，增强民族文化自信。

第一节 史传文阅读教学现状调查与问题分析

高中史传文是高中文言文的组成部分，是传承中华文化的重要篇章，是易于提高学生文言文学习兴趣的文言种类。史传文的情节具有故事性，学生应该更容易理解，更有学习兴趣，课堂气氛会更活跃。然而，教学现实是史传文课堂教学内容没有体现出史传文的特点，教学策略和方法单一，加之学生文言功底薄弱及情感淡薄，导致史传文教学课堂气氛沉闷和教学效果不佳等后果，下面就对高中史传文教学存在的问题进行简要阐述。

一、教学内容有失史传文特点，学习兴趣不浓

王荣生教授认为，“言”的学习是为学习课文扫清障碍，文言文的教学内容还要兼顾“文学”“文章”“文化”等方面，就是说文言文教学要做到“言”“文”一致，或曰“四面一体”。由于受到传统文言文教学的影响，史传文在教学内容上呈现重“言”轻“文”状态，注重对课文实词、虚词的理解和翻译及句式的识记，文言字词的积累运用逐字逐句翻译的方法，缺少有效的积累字词的方式；教学层面也仅停留在浅层次的翻译、理解课文内容上，外加人物形象分析和写作特点归纳，“文学”与“文化”内涵少见踪影，教学内容的选取有失偏颇。同时，由于没有体现史传文的文体特点，教学流程千篇一律，学生的学习兴趣不浓。

史传文与一般文言议论文及游记散文的区别在于，它有较明显、较清晰的故事情节，这应该能吸引学生，提起学生学习兴趣和阅读欲望。课堂上学生的学习状态应该是积极的、兴奋的。但在现实语文教学中，史传文的教学一如其他文言课堂一样沉闷无力，平常大多语文教师在教授史传文时，也是将课文翻译一遍，疏通文意，理解课文内容，强调重点实词、虚词，便达成了教学目的。这样的教学内容使史传文的教学变得索然无味，究其原因就在于教师忽略了文本原生价值中的故事情节，教师没有充分利用记叙性文言文的故事情节特点来调动和激发学生的学习兴趣。

教材原本要传达的某种信息是语文教材的原生价值，那么史传文的故事情节就属于语文教材的原生价值，语文教师在教授这类散文时，首先应该注重抓住其中所具有的闪光点，丰富教学内容，教出特色来吸引学生的注意力与兴趣，为取得更好的教学效果做好前期铺垫。激发学生兴趣是保证一堂课成功的关键，正如要求教师要设计好的导入语是一样的道理。

二、教学策略及教学方法单一陈旧，教学效果不佳

教学内容决定教学方法，教学内容的单一会导致教学方法的单一。传统的文言文教学注重的是文言实词、虚词的讲解与识记，一般情况下采用的方法是逐字逐句讲解，即采取“翻译——理解”的方式进行。史传文是文言文的组成部分，其教学自然也逃不开文言文教学的囹圄，教师一味讲解，学生拼命记录。有些教师为了让学生能记住课文中的实词、虚词，让学生反复翻译课文，以期达到记忆文言词语和理解课文的目的，对课文的理解还停留在较浅层次。殊不知，短暂的记忆时间过后，学生还是会将翻译过的词句遗忘。史传文的教学当然也离不开“文言”的教授与识记，多数教师仍使用机械翻译的方法进行教学，但这种死记硬背的方法并不能增强学生的学习效果，学习效率也十分低下。

王荣生教授在《文言文教学教什么》中指出“文言文的‘一体四面’”[1]，即文言、文章、文学、文化。在文言文教学中教师要注重“一体四面”在课堂中的体现，而不是一味地只抓住文言实词、虚词、句式等语文知识来进行教学，要进行“四面”的综合，在教学时有意识将这些要点纳入文言文教学中，适当将其渗透到课堂里，传授给学生。教学记叙性文言文时也要注意“四面”内容的渗透，它保存着较为丰富的文化知识，值得教师与学生去挖掘，汲取丰厚的精神养料。

“教什么”决定和影响着“怎么教”。教学内容的单一也就在一定层面上决定和影响着教学方法的单一，学生牢记文言词语，死记硬背，这也是史传文课堂教学效果不佳的重要原因。

三、学生文言功底薄弱及情感淡薄，课堂气氛沉闷

文言是以先秦汉语为基础而形成的一种古代汉语书面语。[2]文言文则是由先秦汉语为基础的古代汉语写成的文章。由于其距离当前时代较为久远，在语言词汇方面有些与现今有较大差别，学生学习起来确实存在困难，加之学生开始接触文言文是在初中阶段，起步较晚，同时有些教师在初中阶段没有形成较好的初中向高中过渡学习的衔接意识，未能给学生做好高中学习文言文的铺垫，困难随着时间的积累愈发增多，学生不愿意花时间和精力去解决这些难题。久而久之，随着年级的提升，文言文阅读水平要求与学生文言实际能力就有了较明显差距。文言课文越来越难，学生阅读水平跟不上，这就产生了畏难情绪。虽说史传文具有精彩的故事情节，但在语言文字晦涩难懂的影响下，故事情节的吸引力也会被削减，大多数学生望而却步。

[1] 王荣生．文言文教学教什么[M]．上海：华东师范大学出版社，2014：4．

[2] 王荣生．文言文教学教什么[M]．上海：华东师范大学出版社，2014：4．

前面已提到，学生正式接触文言文是在初中阶段，相比较而言，学生对现代白话文的情感沉淀要丰厚得多，而对文言文的情感极其淡薄。经常听到学生抱怨：不知道为什么要学习文言文，平时交流用不到，作文也不会用文言来写作，只有在平时的测验和考试中才会有文言文阅读题。由学生的抱怨可知，平时极少接触文言文，只有在平时的古文单元学习和考试时才会有所接触。因此，学生对文言文的情感是淡薄的，同样，学生对史传文的情感亦是如此。

综上所述，史传文教学存在的问题包括：教学内容有失记叙性散文特点，学习兴趣不浓；教学策略及教学方法单一陈旧，教学效果不佳；学生文言功底薄弱及情感淡薄，课堂气氛沉闷。要改善以上的教学现状，除了学生的自身努力之外，主要还需借助语文教师的力量来解决。语文教师要抓住记叙性文言文的特点来选取教学内容，只有抓住这一突出特点，才能教出文章的特色与旨趣，自然也才能提高学生的兴趣，进而提升史传文的教学效果。

第二节　史传文特点及重要性

上文提到人教版高中文言文单元分别由古代记叙散文单元、古代山水游记散文单元、古代议论性散文单元、古代人物传记单元及古代抒情散文单元五个部分组成，这五个部分的文言种类在教材中都具有各自的使命和任务。记叙性文言文安排在必修一中，即高中文言文部分的第一个单元，也是学生进入高中后第一次接触的文言文单元，它是学生学习文言文的过渡和桥梁，是传承中华文化的重要篇章，同时它更与学生的高考密切联系。而本书将用记叙手法记录人物故事且强调情节的古代散文称为史传文。因此，史传文具备记叙性文言文的特征。高中的五个文言文单元分别由不同性质和种类的文言文构成，各具特色。高中记叙性文言文在叙事语言、故事情节、叙事手法、课文背景、人物形象等方面都各具特点，下面将阐述记叙性文言文的特点，类推史传文的特点及其在高中文言文教学中的重要性，为研究史传文的教学策略服务。

一、高中语文记叙性文言文的特点

相对于整体的文言文而言，记叙性文言文自有特点。从内容上看，叙述情节具有故事性；从结构技巧上看，记叙手法具有丰富性；深挖课文会发现其背景的复杂性，细品人物言行会感知人物的生动性。这些都是记叙性文言文的特点，结合这些特点教师能设计出较好的、吸引学生的教学设计，改善课堂学习气氛，提高教学质量。

（一）叙述情节的故事性

纵观高中语文记叙性文言文，可以发现它们都有一个明显的特点，那就是故事情节十分鲜明，情节发展波澜起伏。它们都是围绕某一事件而展开的，都具有由矛盾引起的故事情节，这些事件都以故事的形式向读者娓娓道来。如《烛之武退秦师》的“三起三落”：当郑国面临兵临城下的劫难时，佚之狐向郑伯举荐烛之武，郑国有了一线生机为“一起”；郑伯寻找烛之武帮忙，被拒，为“一落”；烛之武受命说秦为“二起”；秦君派兵驻守为“二落”；子范请击为“三起”；晋文公拒击为“三落”。又如《荆轲刺秦王》围绕“刺秦”展开故事情节，由准备阶段、高潮阶段中的多起事件组成。再如《鸿门宴》围绕项羽“杀与不杀”刘邦的多次选择展开故事情节。矛盾冲突是把故事情节推向高潮的助推力，这些文章都凸显了矛盾，故事情节跌宕起伏，扣人心弦。从内容上来看，叙述情节的故事性和情节的完整性是记叙性文言文区别于其他文言文的显著特点。

（二）叙述方式的丰富性

叙述方式按照叙述的顺序来划分主要有顺叙、倒叙、插叙、平叙等。顺叙是指故事情节按照时间的发展顺序来展开的记叙方式；倒叙是指把事情发生的关键事件提到前面来叙述，再将整个事件按时间顺序来记叙的方式；插叙是指在记叙的过程中，由于表达的需要，暂时中断叙述线索插入一些与中心事件有关的情节或事件的叙述方式。

清人包世臣说：“文类既殊，体裁各别，然唯言事与记事最难。”[1]他道出了叙事与记事的难处，其难点就在于叙事和记事中要涉及各式各样、形态万千、性格迥异的人物，如何将事情叙述得有条理，既能表达出中心思想，又能塑造出各有特点的人物形象，这就需要丰富的叙事技巧。记叙性文言文的叙述方式是多样的，不同文章的叙述方式不尽相同，有的只有一种叙述方式贯穿全文，有的却有多种记叙方式交叉进行。《荆轲刺秦王》以太子丹要寻人刺杀秦王为起，以荆轲刺杀失败为终，其中运用了顺叙与插叙的叙述方式。《鸿门宴》以项羽邀刘邦赴宴为主线，以曹无伤告密为始，以曹无伤被杀为终；以项羽欲杀刘邦为始，以刘邦安全离宴为终等。各种小故事的安排和穿插条理清楚、层次分明。有的以人物为线索，有的以时间为线索，其中都蕴含着丰富的叙事技巧，它们是文章的亮点之一。同时，叙事技巧的学习也有利于学生叙事散文的写作。

（三）课文背景的复杂性

记叙性文言文记叙的是古代历史事件及历史人物，每一个历史事件都有较为复杂的历史背景，这要求教师在进行教学之前要做好背景研究，理清历史背景及与之相关联的事件，以便理解文章中各种复杂的事件及原因，有助于理解课文的深层意蕴。我

[1] 倪春霏．新课程背景下高中记叙类文言文教学研究[D]．南京：南京师范大学，2014：4．

们总会有这样的经历，学过的文章，不管是现代文还是文言文，随着时间的推移我们几乎都会淡忘，难以留下深刻的印象。原因就在于我们没有将其理解透彻。想要加深学生对课文的印象，必须对课文进行透彻的解析，这当然包括课文的背景部分。而在记叙性文言文的课文背景方面，教师更应该下功夫研究，因为它比一般的课文背景要复杂，它不是线性式的、简单的作者个人经历，而是在宏大的历史背景下发生、展开的真实事件，涉及的人和事范围广泛，课文背景具有复杂性。《烛之武退秦师》是记叙性散文中具有代表性的篇章，需要学生能背诵下来，作为积累。但大多数学生只是死记硬背，为了背课文而背课文。文章篇幅虽短小，但其涉及的历史背景却纷繁复杂，包括人物之间的关系、国家之间的地理位置等。学生尚处于意识模糊的状态下就被教师拖着走，其结果只是学生知道发生过这样的事而已，在他们心中自然无法形成深刻的印象。他们如何理解当时情况的危急程度？如何理解“若不阙秦，将焉取之”的道理？因此，他们也就很难体现出烛之武形象的高大之处。理不清课文中涉及的各种关系，其精彩之处也就无法在课堂上体现出来。又如在教学《荆轲刺秦王》时，如果教师没有将太子丹“见陵之耻”的经过进行解释或者学生没有自行了解，学生就容易将“见陵”理解为一个地名，无法体会到太子丹急于报仇的急切心理（这也是刺杀秦王的原因之一）。

记叙性文言文的历史背景是复杂的，在正式进入课堂教学之前，教师需要讲解相关的历史事件作为铺垫。因此，教师在上课之前要做足功课。虽然教师所掌握的知识不一定要全部授予学生，但在必要的时候，适当地补充背景知识有利于教师对课文的教授，也便于学生体会和理解课文中人物话语和其所采取的行动，课文矛盾的张弛也就精彩地展现出来了，这样才能教出文章的韵味与魅力。

（四）人物形象的生动性

记叙性文言文中塑造了生动而形象的人物，每一个人物都有符合其身份与地位的形象，他们都具有鲜活的生命，生动地再现于读者眼前。如《烛之武退秦师》中的烛之武；《荆轲刺秦王》中的荆轲、樊於期、太子丹；《鸿门宴》中通过“曹无伤告密”“范增进言”“项伯夜访”等事件塑造了刘邦、项羽、项伯等人物。又如《鸿门宴》中樊哙出场时即用“闯”“啖”等词来表现樊哙英勇无畏、不拘小节的人物性格；用“旦日飨士卒，为击破沛公君！”[1]来表现项羽欲杀刘邦的坚决，但在之后的宴会上其对范增多次举玦示意而不顾，又表现出项羽妇人之仁、优柔寡断、易改变想法的性格。每一篇记叙性文言文都有十分鲜活的人物形象，都在课文中的细节之处表现得淋漓尽致，增强了记叙性文言文的丰富性。

史传文在叙述情节、叙述方式、课文背景、人物形象上的特点参照记叙性文言文的特点。不再重复分析。

[1] 人民教育出版社等．普通高中课程标准实验教科书语文必修 1[M]．北京：人民教育出版社，2007：22．

二、高中语文史传文文言文教学重要性

（一）是初中向高中文言文学习过渡的桥梁

高中教材（人教版必修）中的文言文篇目自成体系，史传文安排在必修一第二单元，这个单元的篇目相对简单，文章通俗易懂，有的故事情节学生大都能说出其大意，有的内容在学习之前就已经听说过。例如《荆轲刺秦王》中“荆轲刺秦王”的故事，《鸿门宴》中“项庄舞剑意在沛公”的文言语句等，这些是初中阶段向高中阶段衔接文言学习的契机。这一单元的文言文都具备明显的故事性，并且大多文言词汇学生在初中就有所接触。故事性有利于激发学生的学习兴趣，加之文言词语并不太难，将这些篇目放在整体文言文编辑框架中的第一单元是较为合适的，正适应了维果茨基“最近发展区”的学习理论，是初中文言文学习向高中文言文学习过渡的桥梁。

（二）是传承中华文化篇章的组成部分

史书典籍是中华民族传统文化的重要载体，读史书可以了解我们的民族文化。史传文蕴含着丰富的中华文化，除了文言字词、文言句式及用法的积累外，还有历史事件的再现、官职的升迁贬谪等，无不透露着文化元素。例如《烛之武退秦师》中历史事件的再现；《鸿门宴》中暗藏玄机的座次安排及课文中包含的成语故事等，无不是中华文化的结晶。如果说古代山水游记可以让学生感悟古人的高尚情操，古代议论性散文能提高学生的思辨能力，那么史传文则能让学生透过历史事件，站在今天的角度来分析和审视现代社会的为人处世之道和处理人际关系的技巧，这是中华文化中较为重要的一部分。

（三）与高中语文文言文试题相连接

学生学习并不仅仅是为了考试，过分强调考试在学习中的重要性是不科学的，也是有害的，但测试却是衡量一个学生学习水平的方式之一，况且就目前而言，这也是最受欢迎的、主要用来衡量教师教学水平的方式。通过观察可以发现，高中语文测试（平时月考或期末考试）试卷中文言文部分的文言种类大多是史传文，即某一历史事件或是某一历史人物生平事迹的介绍，文言文考题以山水游记或议论性散文的形式出现的情况比较少。史传文与文言考试试题文章相似，水平相当，这就要求教师在进行史传文的教学时要注意将文中的文化知识和学习方法传授给学生，为学生的考试做足准备。按照叶圣陶先生的文章分类标准来说，课内的每一篇史传文相当于“精读文章”，而文言文考题的文章相当于“相关的文章”，“参读的文章既与精读文章相关，怎样剖析，怎样处理，已经在课内受到了训练，求其敏捷当然是可能的”[1]。课内的史传文就是一个好的文言文试题例子，只要在课堂中得到较好的指导与训练，那么在考试当中

[1] 中央教育科学研究所．叶圣陶与文教育论集·上[M]．北京：教育科学出版社，1980：15．

“求其敏捷是可能的”，可以提高学生的做题速度与效率。因而，就现实反馈方面来说，记叙性文言文是值得教师用心思、花精力去研究和设计教学的文言种类。

第三节 史传文阅读教学

教学内容的问题是语文教学的首要问题。教学内容的选择决定语文教学方法的运用，也影响了教学过程的发挥，最终影响教学效果。史传文阅读教学也不例外。

一、史传文教学内容的选择

史传文教学同样存在“重言轻文”或“重文轻言”的两种极端，解决这一问题的关键在于如何做到“文言统一”。在选取教学策略时应以力求做到“文言统一”为指导思想，基于这种思考，本文分别从教学内容、教学过程及教学方法三大方面来研究史传文的教学策略，以期提高其教学效果。

（一）根据记叙特点，选取教学内容

史传文有自身的特点，要改善高中史传文教学现状，首先需要从其特点入手选取教学内容，从教学内容方面改变史传文教学内容存在的“重言轻文”现象，同时兼顾所选教学内容要达成的教学目标，增强教学内容的目的性。

1. 关注情节，提兴趣

文言文距当今时代较为久远，对学生而言，在理解上会存在一些困难。基于这点，教师在教学时较多注重课文的翻译，其用意是明显的，但文言文教学课堂免不了成为翻译课堂，自然就变得有些沉闷枯燥。那么，史传文的教学如何走出枯燥无味的囹圄呢？《普通高中语文课程标准（实验）》中要求学生“能阅读浅易文言文，能借助注释与工具书，理解词句含义，读懂文章内容。了解并梳理常见的文言实词、文言虚词、文言句式的意义或用法”。[1]由此可知，文言词语的学习对文言文的理解具有关键性作用。兴趣是最好的老师，学习文言还需培养学生的兴趣，教师要抓住史传文的特点——叙事情节的故事性来提起学生的兴趣，达到“以情节提兴趣”的目的。前章在论述史传文特点时已经提到史传文叙述情节具有故事性，根据学生的身心发展及兴趣需求，故事形式的文章轻松、活泼，不似议论性散文那般严肃缜密，它可以有一定的想象空间，更能引起学生的好奇心与求知欲，故而能提升兴趣。某高中语文教师在该校普通班级

[1] 中华人民共和国教育部制订．普通高中语文课程标准（实验）[S]．北京：人民教育出版社，2003：8．

里教学《荆轲刺秦王》中的“荆轲刺秦”部分时，根据此部分的情节及人物安排学生准备道具进行表演、揣摩人物动作及心理等，以表演的形式进行展示性教学，提起了学生的兴趣，课堂气氛活跃。这位教师在学生的表演过程中强调重点字词与人物形象，这种方式较枯燥的翻译讲解而言，教学效率要好得多。因此，在教授史传文时，教师要抓住学生的心理需求，采用适当的方式及方法，运用故事的开端起因、发展过程、故事高潮等跌宕起伏的情节来激起学生的探寻欲望，为整堂史传文教学课奠定良好的兴趣基础。

值得注意的是，借用故事情节来提起学生的兴趣，绝不是将故事情节刻意放大，只注重故事，专取迹象，而是“凭着故事的情节，逐一追求作者要说而没有明白说出来的意思”[1]才是最重要的，换句话说，就是借助情节来落实教学内容。情节只是理解和学习课文的一种凭借和途径。

2. 积累词句，养语感

这里的词句指的是文言词语及文言句式。学习文言词句是文言文学习的重要目标之一，是为文言文学习扫清语言障碍的重要途径之一。传统文言文的学习重心都是“文言”，课堂中翻译课文、解释词语及分析句式等占用了课堂三分之二的时间，而人物形象刻画的分析、写作技巧的学习成了文言文课堂上的点缀，文言文学习课似乎成了古代汉语课。随着时代的发展，教育理念的更新，各种关于文言文教学的新看法与新理念逐渐进入教育者的视线，教师们也纷纷对文言文教学进行思考与反思，王荣生教授认为学习文言是学习文言文的前提[2]，是扫清文言文学习道路的障碍。由此可知“文言”的学习和积累是十分必要和重要的，对文言文的学习具有基础性作用，同时也可通过文言的不断积累来达到培养和提高文言语感的目的。“文言文的教学内容应确定为积累丰富的文言语汇，培养目标是形成良好的文言语感。”[3]文言的积累是语感形成的基础与工具，学生在文言积累的同时学会应用，才能逐渐促进学生文言语感的形成。因此，要注重文言环境的营造，通过环境的熏陶，潜移默化地培养和增强学生的语感。

（1）积累文言知识——在具体故事情节中分析、积累词句

文言的积累主要包括实词积累、虚词积累和句式积累，这些积累将会促进文言语感的形成。“文言”的学习和积累在史传文教学中如何展开呢？这就要做到“生字生语必须依据文本，寻求那个字语的确切意义”。[4]文言中出现的需要掌握的词语相当于“生字生语”，而这些词语的学习和理解就要在具体故事语境之中进行学习与分析。文言的积累不是让学生死记硬背式地记下该词在课文中的含义，而是要学会迁移，否则就会出现尽管理解了该词在这篇课文中的含义，但当该词出现在另一篇课文中时，按照原

[1] 中央教育科学研究所．叶圣陶语文教育论集·上[M]．北京：教育科学出版社，1980：29．

[2] 王荣生．文言文教学教什么[M]．上海：华东师范大学，2014：5．

[3] 孙铁龙．语文教学策略 30 讲[M]．济南：山东文艺出版社，2013：205．

[4] 中央教育科学研究所．叶圣陶与文教育论集·上[M]．北京：教育科学出版社，1980：8．

有的含义翻译不通或与文意不符的情况，因此教师在教授史传文中的文言词语或句式时要在具体故事语境之下引导学生翻译和掌握句式。例如，《烛之武退秦师》的“晋军函陵，秦军氾南”中的“军”，是名词用作动词，译为“驻军、驻扎”；“若亡郑而有益于君”中的“亡郑”在句中为使动用法，译为“使郑国灭亡”。虚词“焉”在该课文中出现多次，在不同的语句中表示的意义就不同：“子亦有不利焉”（语气词，表陈述）；“焉用亡郑以陪邻”（疑问副词，为什么）；“若不阙秦，将焉取之”（疑问代词，哪里）。《鸿门宴》中“沛公欲王关中”的“王”读为 wàng，名词用作动词，“称王”的意思。不论是文言实词、虚词或句式，它们在不同的语境之中含义不同，翻译时要学会灵活运用，力求做到举一反三。在具体故事语境之中翻译和学习重点文言词语及句式，会使学生有更深刻的理解。

（2）营造文言环境——适当营造显性与隐性文言环境

前文在分析史传文教学现状时提到学生文言功底薄弱、文言情感淡薄，究其原因在于缺乏文言环境的熏陶。语言环境对语言的学习极为重要，文言距离当今时代比较久远，使用频率低，历史感浓厚。作为中华文化传承的载体，我们有责任和义务让学生将文言学好，文言的积累与习得除了在文言文课堂上教师的讲解传授之外，重要的还在于文言环境的营造，积极积淀学生的文言语感。文言环境可分为显性和隐性两大类型，顾名思义，显性文言环境指的是眼前能看到的文言环境；隐性的文言环境则是不易被人感知、看见的文言环境，着重强调的是学生的自我学习。

① 营造显性文言环境。显性文言环境的营造可以通过课内教学实现，也可以通过课外广播的方式实现。其一，课内教学。教师在教授文言文时可精心设计，在充分了解课文的基础上尝试性地使用“文言的方式”组织教学，即教师用文言向学生提问，学生用文言回答教师问题的方式，在课堂上营造文言对话环境。这种新的教学方法和学习方式定能提高学生的学习兴趣，更为重要的是它锻炼了学生的文言听说能力。史传文都具故事性，课堂内容与气氛较为轻松活跃，便于这一方法的尝试使用。当然，该方法在尝试使用的最初阶段是具有较大难度的，它不仅需要教师有深厚的文言功底，还需要学生有较强的语言表达能力，如若将其运用得当，便能促进文言语感的培养。其二，课外广播。学校每天中午和下午都有广播时间，可将广播时间做适当调整并加入史书类著作文言文配乐诵读，这样既营造文言环境又能在一定程度上拓宽学生的知识面，该方法要求朗读者在具备较高的朗读水平的同时，还要能根据所读内容选取适合的配乐，给听者以享受的体验，做到“润物细无声”的文言渗透。

② 营造隐性文言环境。隐性文言环境强调的主要是学生的自身文言积累，即拓宽学生的阅读面，阅读文言古书，增加文言积累量。隐性的文言环境需要教师从中发挥监督与指导的作用，由于高中生课业负担较重，除了自身的兴趣驱使外，一般情况下学生很少会主动花时间和精力进行课外阅读，因而需要语文教师布置任务。教师可以通过阅读课布置文言文阅读任务，也可以利用寒暑假来让学生完成某些文言著作的阅读，通过返校检查的方式来营造隐性文言环境，增加学生积累量，以期得到内化，增

强文言语感。

文言环境的营造有利于培养学生的文言语感，在显性环境与隐性环境的相互作用与熏陶之下，将会促进学生文言能力的提高，提升文言功底，增强文言情感，在潜移默化中增强民族自豪感。史传文具有故事性，更适合尝试营造文言环境。

文言的积累是任何文言种类教学都必须完成的教学任务，史传文的文言积累要结合具体的故事情节，在具体的语境中分析，使学生能够对其有深刻、透彻的理解，同时也要注意文言环境的营造，内外结合，达到提升学生文言语感的目的。

3. 分析形象，感魅力

人物形象的分析是史传文的教学内容之一，也是学生了解和评价历史人物的重要途径。分析人物形象是一个简单而又复杂的教学任务。说它简单在于，正常情况下从课文的显性言行中就可以概括出人物常见的外显形象；说它复杂又在于，若要挖掘出人物的内在心理及性格特征，则需要经过一番思考与揣摩。史传文记叙的是古代历史人物与历史事件，这些文章塑造了很多鲜明而又生动的人物形象，上到帝王将相下到护卫兵卒，人物形象鲜活生动。这些形象经过历史的大浪淘沙，现今呈现在我们面前，不仅仅是因为他们是真实存在的历史人物，更是因为从他们身上学生可以感受到其独有的魅力并从中汲取精神养料，这也是这一类文言教学的落脚点。鲜明的人物形象与性格往往就暗藏在人物各具特色的言行之中，包括人物对话和文章中对人物语言的描写，教师在教学时要抓住关键语言来分析人物形象。《鸿门宴》中项羽初次露面，便是："大怒曰：'旦日飨士卒，为击破沛公军。'"[1]一听到刘邦想要在关中称王的消息就勃然大怒，不去探查消息真假与否，便轻易做出攻打刘邦的决定，由此可看出项羽易怒、冲动的性格特征。《烛之武退秦师》中年迈而又深明大义的爱国老者烛之武，《荆轲刺秦王》中心思缜密、有勇有谋的荆轲和急于求成、急功近利的太子丹等，从不同人物身上反观自身，吸取优点，扬长避短，感知古代人物魅力，促进学生人格的形成。

通过揣摩，发现人物的闪光点，感受人物魅力的同时文章的精彩之处就体现了出来。

4. 学习技巧，增鉴赏

史传文记叙了历史事件及历史人物，在描写历史事件及历史人物时都运用到了相应的写作技巧。任何文体文章的学习都少不了要学习其写作技巧，史传文的写作技巧包括叙事技巧、场面与场景描写技巧、刻画人物技巧等。在人教版古代记叙散文单元提示中提到"可以欣赏和借鉴叙事的艺术"[2]，这也是王荣生教授提出的文言文"一体四面"中的"文学"层面，也就是文章的表现形式，是史传文的教学内容之一。换句话说，学习这类文言文，我们不仅要了解其写了一件什么事，还要学习它是如何表达出来的，即写作技巧的探究与学习。

[1] 人民教育出版社等．普通高中课程标准实验教科书语文必修1[M]．北京：人民教育出版社，2007：22.
[2] 人民教育出版社等．普通高中课程标准实验教科书语文必修1[M]．北京：人民教育出版社，2007：15.

（1）学习叙事技巧

史传文记叙的事件都有较完整的故事情节，有起因、发展、高潮、结局，但它并不是直接、生硬地告诉读者这些因素的存在，而是根据文章的需要灵活展现。如《烛之武退秦师》中首句先说明秦国与晋国围攻郑国的结果，再简洁明了地道出“围郑”的原因，原因与结果的交代自然而顺畅。

（2）学习场面与场景描写技巧

史传文善于描写战争场面。如《烛之武退秦师》中“晋军函陵，秦军氾南”短短八字便将两国军队部署位置交代清楚，同时也暗示了郑国面临亡国的处境；《荆轲刺秦王》首段“秦将王翦破赵，掳赵王，尽收其地，进军北略地，至燕南界”中的“破”“掳”“收”“进”“略”“至”六个动词写出了秦军势如破竹、所向披靡的军事力量及宏大的斗争场面。又如《荆轲刺秦王》的场面描写中最突出的是“易水送别”，该场面描写抓住人物衣着特点——“白衣冠”及“风萧萧兮易水寒，壮士一去兮不复还”的场景烘托来渲染悲凉的诀别气氛及场面。

（3）学习刻画人物技巧

该种类文言文善于刻画人物。在刻画人物时，除了用言行来展现人物形象以外，还使用了不少其他写作技巧，如正反面刻画法、对比法。《荆轲刺秦王》中作者一直将荆轲大胆勇武的形象呈现在读者面前，除了作者对其进行的正面描写之外，侧面描写也起到了极大的衬托作用——秦武阳“年二十，杀人；人不敢与忤视”，体现了秦武阳大胆与令人胆颤得不敢与其“忤视”的凶悍形象，而在进秦殿时秦武阳就变得“色变振恐”了，荆轲却淡定自若，而且还替慌张、怯场的秦武阳圆了场，在反衬中体现出了荆轲大胆勇武的形象，让学生有更为具体的感受与理解。通过对比来刻画人物形象体现得较显著的是《鸿门宴》，通过刘、项两个不同人物的对比刻画出各具特色的人物形象，通过项羽宴前及宴后对刘邦截然不同的态度体现了项羽极易冲动和妇人之仁的性格。

（4）学习课文构思技巧

王荣生教授在《文言文教学教什么》中强调文言文中的“一体四面”，其中包括“文章”和“文学”，这就说明文言文的教学内容要将选文中的“文章”和“文学”纳入其中，学习文章的篇章结构。高中语文史传文的选文都选自不同的文选，不同的文选在结构和侧重点方面都有所不同，每一篇课文都是一种映射，在结构和用词上体现出了文选的特点，因而可以从文章的结构特点来学习文章谋篇布局的方法。

《烛之武退秦师》选自《左传·僖公三十年》，该篇文章精悍短小而又组织严密，情节起伏跌宕、生动活泼，叙事精炼，详略得当，善于辞令，说理透辟，体现了《左传》长于叙事、善于描写战争和记述行人辞令的特点。从课文结构上来说，最后一段的作用值得思考：从情节的完整发展来看，烛之武成功说服秦穆公退兵，课文可以结束了，为什么还要续写最后一段呢？再退一步说，如果必须要有，为什么不用“晋亦去之”来结束课文呢？最后一段到底有何作用？有了这些疑问，寻求答案，便会知晓：

除了使得故事情节波澜起伏之外，还与前文形成了照应，起到首尾呼应的作用，使得课文结构完整。把课文结构作为例子，教给学生构思文章结构的方法，在加深学生对课文理解的同时也能让学生对课文结构有更直观的感受。

高一年级的学生刚由初中进入高中，史传文写作将面临新的学习要求，其技法技巧的获得无疑给学生记叙写作添砖加瓦，这也是选取这一内容的教学目的。

5. 勾连古今，传文化

“文化”是文言文最核心的部分，是文言文学习的最终落脚点，学习文言文的目的是传承中华优秀文化。2017 年高考改革之后，文言文考题增设了关于古代文化常识的题目，将古代文化常识纳入文言文考题之中。由此可见，教育部将文言文化常识提到了重要的地位。文言文承载着丰富的中华民族文化，不仅有从文言本身体现出来的，而且还有从人物身上展现出来的，只要抓住关键细节就能发掘其中的文化因素。

文字记载和承载着文化。“语言都是民族的语言，文字都是民族的文字，任何一个民族的语言文字都不仅仅是一个符号系统或一种交际工具。一方面，语言文字本身反映了一个民族认识世界的思维方式；另一方面，民族文化也附着于语言文字，得以继承和发展，因而任何一个民族的语言文字都是其深刻的民族精神积淀。”[1]文化是一个民族的精髓，是一个民族赖以生存的精神沃土。中华民族文化源远流长，学习就是为了传承中华民族文化，使之得以保存、继承和发展。正如王荣生教授说过“文言文的‘言’在当今社会中使用的概率极低，但是文言文最核心的‘文化’‘文学’部分，却显然是哪怕在经历百年依然葆有活力与魅力的部分，这些也将成为我们当代人思考学习的源泉。”[2]虽然文言在当今现实中极少用到，但学习它的目的是传承中华文化，积累和增加我们的精神食粮，“没有文言，我们找不到回家的路”。[3]文言是中华文化的载体，我们要通过这个载体来达到学习和传承中华文化的目的。

史传文叙述着古代人物的言行与事迹，反映着古代人物待人接物和处事的方式，是古代人物思维方式的体现，学习这些散文要学会用今天的眼光去审视古人的言行并从中汲取精神养分。如《烛之武退秦师》中可以学习烛之武层层深入、投其所好的说服技巧；《荆轲刺秦王》中可以学习荆轲不畏强秦的勇气与精神；《鸿门宴》中可以学习刘邦善于用人的管理方式，等等。这些作品经过历史的沉淀，具有穿越时空的文章意蕴，这就需要我们能沟通古今，将这些意蕴用到现实生活之中，这是文化体现的一部分，更是文言文教学的落脚点。

[1] 倪文锦，欧阳汝颖．语文教育展望[M]．上海：华东师范大学出版社，2002：1．

[2] 王荣生．文言文教学教什么[M]．上海：华东师范大学出版社，2014：7．

[3] 王荣生．文言文教学教什么[M]．上海：华东师范大学出版社，2014：7．

二、史传文教学结构的组织

（一）抓住文章线索，展开教学过程

确定教学内容之后要组织、展开教学过程，这就需要考虑到教学环节的安排，以便促使教学能更好地落到实处。高中记叙性散文教学过程的组织只需要抓住一条贯穿全文的线索，便可起到提纲挈领的作用。

1. 以教学内容的意义流动为原则

传统的文言文教学一般是以“整体感知—翻译课文—理解课文—分析技巧”的模式进行，在完成整体的翻译理解之后，又回过头来挑拣式地总结某些特征或技巧。史传文的教学也无法避免传统文言文教学模式的影响，例如在课文翻译完成之后才对人物形象进行对照式的总结，将课文翻来覆去地讲，使教学内容被板块式的割裂开来，缺少教学内容的意义流动。展开史传文的教学过程要以实现教学内容的意义流动为原则。所谓教学内容的意义流动是指在教学过程中要注重教学内容之间的连贯性与流通性，环节之间要具有意义的流动。例如，我们都知道导入语对课堂教学的重要性，它必须起到两个作用：首先，提起学生兴趣或吸引学生注意；其次，引入正题，开启课堂的下一个环节。导入语做到以上两点就实现了其意义的流动，教学内容各环节之间也应做到这一点，不流动的教学环节会阻碍学生对教学内容的理解。在教学内容的意义流动的原则下，史传文教学要实现教学内容的意义流动，可以通过找准贯穿全文的线索来总领全文进行讲解，将所有教学内容通过这一线索来贯穿教学过程以实现教学内容的意义流动。

2. 从标题寻线索，展开教学过程

必修一中记叙文言文单元有《烛之武退秦师》《荆轲刺秦王》《鸿门宴》三篇课文，这三篇课文的教学都可以从标题入手，寻找贯穿全文线索，展开教学。

从文章标题来看“烛之武退秦师”与“荆轲刺秦王”结构相同，由主谓宾构成，分别强调了“退”与“刺”，教学也应抓住这两个字展开。

《烛之武退秦师》围绕“退”进行教学。《烛之武退秦师》全文围绕“退”字而行文，由“退”的背景及原因、受“退”重任、说“退”过程及“退”师结果四个部分构成。教师只要抓住“退”字进行教学，便能引导学生理清课文结构，顺势将学生引入预设的教学思路之中。

同样的，《荆轲刺秦王》也要围绕“刺”字展开教学。全文围绕“刺”展开，包括“刺”的缘由、“刺”的准备、“刺”的过程、“刺”的结果，因而课堂可以围绕“刺”字而产生的疑问——为什么要“刺”？“刺”之前做了哪些准备？“刺”的过程以及“刺”的结果如何？等展开。将“刺”作为主要线索，结合教学内容贯穿全文讲解，解决关于“刺”的相关问题，课文也就随之结束，教学内容也得到了落实。

《鸿门宴》虽说没有关键的某个字来凸显全文，但还是可以抓住“鸿门”这一地点来引发疑问，通过解决疑问进行教学。“鸿门”在什么地方？在这里发生了什么重要的事情？（引入“鸿门宴”的同时，也让学生在回答问题的过程中了解历史背景）“宴前”“宴中”“宴后”分别发生了哪些事？之后围绕“宴前”“宴中”“宴后”将教学内容整体推进，展开教学。

文章的题目是文章的“眼睛”。只要抓住关键词，就可以从这双“眼睛”中洞悉课文的全部内容。在教学中，教师要有关注标题的意识，合理运用标题不仅可以快速地抓住贯穿全文的线索，也可以给学生以示范，使学生形成良好的阅读习惯。

3. 以主题为切点，引入情节线索

人教版高中语文教材中的三篇古代记叙散文都有明显的主题段落，在教学时可以抓住该段落来概括主题，以课文主题为切点，引入情节线索，贯穿教学过程。

《烛之武退秦师》：一位爱国老人的说辞。《烛之武退秦师》中最突出的形象是烛之武的爱国形象，而他说秦的说辞又是本文的重点及特色所在，因此，可以将本文的主题概括为“一位爱国老人的说辞”。教师在教学时可以以“说辞”为切入点引导学生思考：① 这段“说辞”是什么？具有怎样的特点？② 为什么会有这段“说辞”？③ 结果怎样？这些疑问的出现也体现了本文的重点，将教学内容与这些疑问相结合，再根据学生解决问题的水平来排序，一一解决，便完成了本文的教学。

《荆轲刺秦王》：一曲侠义英雄的悲歌。荆轲是古代四大刺客之一，在《荆轲刺秦王》中，他是主要的英雄形象。本文的结局在易水诀别时以歌送行——“风萧萧兮易水寒，壮士一去兮不复还”中已有暗示，但荆轲的侠义形象却千载有余情，因此，将本文的主题概括为“一曲侠义英雄的悲歌”，从主题奠定本文悲壮的情感基调。在学生熟悉全文的基础上，教师以“悲歌”为切入点，让学生迅速找到文中体现“悲歌”之处——“风萧萧兮易水寒，壮士一去兮不复还”，从高潮部分总领全文讲解。抓住“去”字进行发散式提问：① 谁“去”哪里？② 为什么“去”？③ 怎么“去”（教师引导学生将思路引到刺秦前的准备阶段）？④ “去”之后发生了什么？⑤ “去”的结果如何？通过以上 5 个问题将文言积累、人物形象分析、叙事技巧等知识点逐一展开讲解，课文教学内容随问题的解决而得到落实。

《鸿门宴》：一次人物性格的较量。说到较量，《鸿门宴》应该是两个军事阵营的较量，包括领袖较量、军事力量对比、谋臣对比等，鉴于项羽与刘邦是本文中的主要人物以及此次宴会是后来天下归属的转折点，人物性格在这场较量中起到了重要作用，因而将主题概括为“一次人物性格的较量”。由“较量”一词可知，双方的矛盾是剑拔弩张、十分激烈的。围绕“较量”这一切入点展开并贯穿全文教学：为什么会有此次“较量”？“较量”的过程是怎样的？结果如何？问题解决之后再分析结果产生的原因，归结为人物自身性格因素决定历史结局。

从某种意义上讲，以主题为切点展开教学是根据情节进行教学的变体，它最终都会回到情节的设置和发展中来，以情节为载体落实课文主题及教学内容。

4. 以方法为主线，串起教学内容

在教学过程中，总要用到教学方法，除了传统的讲授法之外，史传文的教学过程有时会用到某种主要的教学方法，将这种方法作为主线把教学内容串联起来，借助教学方法落实教学内容。根据史传文的特点，可以运用细读法与朗读感知法来组织、展开教学。

（1）细读法

细读法，一般是文本解读常用的方法，称为“文本细读法”。对于文本细读法，不同的学者有不同的看法，朱光潜认为文本细读就是直接面对文本，不参考教参，细细品味，慢慢咀嚼；而有的人认为文本细读不是方法而是一种心态，一种全情投入的心态。这两种看法是站在不同的角度去认识的，朱光潜的观点是从方法上说明的，认为细读是一种心态的观点则是从文本解读的态度上来认定的。但就教学来说，将细读作为一种方法更为直接。

史传文通过历史事件来体现人物形象，这就需要从课文中抓住人物言行的细节来分析人物形象，让人物形象“活”起来，因此，细读法可以作为主要方法贯穿全文。《鸿门宴》中项羽得知刘邦驻军霸上，很是生气，决定杀掉刘邦，通过宴会座次的安排可以窥探出其中的人物关系及人物性格。“项王、项伯东向坐；亚父南向坐；沛公北向坐；张良西向侍。”即项王、项伯坐西向东，亚父坐北朝南，沛公坐南面北，张良在东面伺候（张良甚至连座位都没有，就在旁边伺候。）按古代礼仪，帝王与臣下相对时，帝王面南，臣下面北；宾主之间相对时，则宾向东，主向西；长幼之间相对时，长者向东，幼者向西。由“亚父南向坐”可看出亚父在项羽心中的地位是何其尊贵，有与帝王相似的待遇，表现出了项羽对亚父的尊敬；正常情况下，刘邦远道而来，应为宾客，宾客应该坐在西面（即项羽、项伯的位置），以表主人对宾客的尊敬，但事实却是“沛公北向坐”，即坐在南面，暗中表现出项羽对刘邦不屑一顾的态度，体现了项羽刚愎自用的人物性格，同时也反衬出刘邦忍辱负重的形象。这些人物的性格与形象是通过细节体现出来，它们就暗藏在人物的言行之中，只要去挖掘与发现，便可知其中妙处。

在教学过程中运用细读法引导学生去发现与揣摩文中的细节，不仅可以带动学生思考，也能间接培养学生的洞察能力，提高学生的欣赏水平。

（2）朗读感知法

在史传文教学中还可以采用朗读感知法。朗读感知法是指，由一个对人物揣摩、课文理解较深的人来朗读课文，通过朗读，能将战争情势及人物形象由纸上文字转为声音表现出来。这一方法的使用要求朗读者对课文中的人物性格把握得当，并能通过声音艺术来展现课文中的人物及战争情势。可以是真人朗读也可以是音频朗读，真人朗读显得更具体可感，更能提高学生的感知和兴趣。但一般情况下，真人朗读若是没有经过多次训练，是很难做到将文义、文气完美结合的。朗读感知法，可利用声音的高低、语气的缓急来表现情势状况、人物心理等，通过声音与动作将人物更为具体直观地表现在课堂上，学生易于感知人物形象及性格。例如，《烛之武退秦师》的第二段中“国危矣”，要读出心情沉重之感；“若使烛之武见秦君，师必退”要读得坚定，表现出胸有成竹之意；“臣之壮也，犹不如人；今老矣，无能为也已”是烛之武对不得已虚度人生的慨叹，要读出伤感之情；而郑伯，面对烛之武的牢骚并未表现出任何不满，而是自我反省，从谏如流，情真意切，因此，郑伯之言一定要读得心平气和。又如教授《鸿门宴》一课，樊哙出场时，便问张良“今日之事何如？”在语气和语调上应是平缓的；“此迫矣！臣请入，与之同命。”应体现情势紧急和做事的决心，情感较之前面更浓，特别是樊哙对项王说的那一番话要读出其具有的勇气及粗中有细的性格。有一位教师在教学《鸿门宴》时就采用诵读的方式进行，在上课之前教师让学生做了充分的预习，正式上课时就以教师诵读的方式作为主线贯穿课堂，学生听读发现疑问（如翻译不会，字词不理解）为副线，有疑问之处就让老师停下来，解决疑问之后又继续诵读，如此循环，直至课文结束。朗读感知法既避免了枯燥的翻译又锻炼了学生的听读能力。

读是文言文教学之本，史传文的教学更离不开诵读，故事情节的曲折跌宕，人物形象的丰富多样，都能通过有声的语言将其更生动、更具体地展现出来。

三、史传文教学方法的运用

（一）选取教学方法，落实教学任务

1. 合作探究法完成背景解读

从文学的角度来看，史传文属于经典散文，它承载着璀璨的历史文化，是传承中华历史文化的核心；从历史角度看，它刻画了丰富的历史人物形象，反映着真实的历史事件。对史传文背景的解读，从文学角度来说，可以帮助学生深刻地理解课文；从历史角度来看，可以增加学生对历史事件及历史人物的了解。因此，史传文的背景解读十分必要。

笔者在第二章第一节中阐述了史传文课文背景的复杂性特点，史传文单元的课文记叙的都是历史事件的发展，它只是截取其中的一个事件进行记叙，在课文开始之前都有较为复杂的历史背景。说它复杂是因为这些历史事件、地理名称及位置距离学生所处的时代都较为久远，在学生的大脑中没有形成一个整体的认识，大多是碎片式的。并且它的复杂性不仅仅体现在课文开始之前，有时在课文中还要加入另一个历史事件，如《烛之武退秦师》中“且君尝为晋君赐矣，许君焦、瑕，朝济而夕设版焉”的事件；《荆轲刺秦王》中太子丹的“见陵之耻”等。要了解这些历史事件后，才能更好、更深刻地理解课文。课文背景复杂、繁多，倘若教师在课堂上一一讲解，既费时又不能使学生深刻理解，因此，在背景解读这一版块可以由教师布置任务，学生合作探究完成。教师只需要在教学过程中遇到穿插的课文背景时，抽取学生讲解完成即可。

史传文的背景解读是理解课文时需要完成的一项任务，而将这项任务交予学生自主完成，既锻炼了学生的动手能力，又培养了学生的合作精神，同时通过自身的努力完成背景解读，印象也更为深刻，有助于学生对课文的理解。

2. 对比揣摩法立起人物形象

人物形象分析是史传文的教学内容之一，也是学生学习这一类课文后应该具备的分析能力之一。在分析人物形象时，对比法和揣摩法是不可缺少的两种方法。古代记叙散文单元的三篇课文都运用了对比的方法，不同的是，《烛之武退秦师》中的对比不是用来刻画人物形象，而是用来凸显国与国之间的利弊关系的，通过“亡郑”对秦国的弊端——“亡郑以陪邻”及“邻之厚，君之薄也”与“存郑”对秦国的好处——“行李之往来，共其乏困”的对比，分析秦晋郑三国之间的形势，权衡利弊。但在《荆轲刺秦王》和《鸿门宴》中就运用了对比的方法来刻画人物形象，面对暴君秦王，秦武阳殿前失态“色变振恐”，而荆轲镇定自若——“顾笑武阳，前为谢曰”，通过对比，突出荆轲勇敢淡定的形象。通过项羽宴前对刘邦大怒的态度——“旦日飨士卒，为击破沛公君”与宴后轻易放过刘邦的行为这两种截然不同的做法的对比，表现出项羽容易轻信他人的性格。人物形象的塑造有时是在对比中展开的，通过形象的对比，可以将人物的优缺点把握得更准确，使人物形象更生动、更立体。

让人物形象“立”起来，还需要对表现人物个性的语气、心理、神态、动作等的语句进行揣摩，在揣摩过程中感受和树立人物形象。如《鸿门宴》中刘邦“至鸿门，谢曰：‘臣与将军戮力而攻秦，将军战河北，臣战河南，然不自意能先入关破秦，得复见将军于此。今者有小人之言，令将军与臣有郤。’”[1]，“谢”字在此段话中为道歉之意，而在刘邦所说的话语之中却无道歉之实，避而不谈自己在关中的所作所为，将所有的过错归结于“小人之言”，由此可看出，刘邦是个狡猾、城府极深之人。项羽听到刘邦这样的说辞后，便说道：“此沛公左司马曹无伤言之。”[2]竟将告密者与刘邦明说，并留下刘邦对饮，由此也可以揣摩出项羽易轻信于人的性格。又如在《烛之武退秦师》一课中进行烛之武的形象分析时，抓住学生容易忽略的，表现烛之武个性的语气、心理、神态和动作等关键语句——烛之武回答郑伯的话语、“夜缒而出”的出城动作和“说秦”说辞等，引导学生采用揣摩法，揣摩烛之武的话语及心理，使烛之武智慧的爱国形象在学生心中“活”了起来。

3. 采用还原法感受历史文化

前面多次提到史传文记叙的是历史事件和历史人物，因此教师在上课时可以以故事情节的发展脉络为线索，采用还原法还原历史画卷及历史情境，让学生感受历史文化。

[1] 人民教育出版社等．普通高中课程标准实验教科书语文必修1[M]．北京：人民教育出版社，2007：23．

[2] 人民教育出版社等．普通高中课程标准实验教科书语文必修1[M]．北京：人民教育出版社，2007：23．

（1）历史还原法，传承历史文化

“从理论上来说，对一切对象的研究的最起码的要求就是把它放到历史环境里去。不管什么样的作品，要做出深刻的分析，光是从今天的角度去观察是不行的，必须放到产生这些作品的时代（历史）背景中去，还原到产生它的那种政治的、经济的、文化的、艺术的气候中去。”[1]孙绍振在其作品《孙绍振如是解读作品》中提到，在解读作品时可采用历史还原法，这个方法可以借用到记叙性文言文的教学当中。历史还原法是指，将文章事件还原到当时的历史背景之中，读者站在当时的历史条件下理解课文，特别是理解人物行为的方法。史传文记叙的事件是过去的，具有历史性，为了让学生理解复杂的历史关系及背景，历史还原法是适用于史传文教学的方法之一。《烛之武退秦师》的课文背景极其复杂，它是发生在春秋秦楚争霸时期，秦国和楚国在当时是实力相当的两个国家，有“横成则秦帝，纵合则楚霸”的说法，由此也就可以理解课文在开头交代的“秦、晋围郑，以其无礼于晋，且贰于楚也”，可见两国围攻郑国的原因与秦国并没有直接联系，那为何秦国会如此积极与卖力呢？仅仅是因为两国之间有“秦晋之好”的姻亲关系吗？若仅仅为此，在下文的情节中，烛之武的游说是很难成功的。秦楚争霸之时，利益是最关键的，正应了那句话，“天下之事以利而合者，亦必以利而离”，烛之武游说成功的原因也在于此。历史还原法可以将已经发生的事件还原到当时的历史背景中，让学生在还原的过程中感受历史中所蕴含的丰富多彩的文化，从而吸引学生的注意力，激发学生的学习兴趣。

（2）情境还原法，感受人格魅力

情境还原法是指将课文中的某个情境再现，还原到当时的场面、情境之中，在教学时允许教师和学生有一定想象空间的教学方式。孙铁龙在《语文教学策略 30 讲》中说过“创设情境、表演等体验的方法一般不纳入文言文教学，超出文本的漫谈式的泛人文性课则是现代文教学也应极力反对的”[2]。的确，语文教学的天平不能太过倾斜于人文性，但文言文教学是否能用创设情境、表演等的教学方法是不能一概而论的，史传文具有与其他类型的文言不同的特点，因而在教学时是可以采用情境还原法的，情境还原法可以将故事情节发生的情境通过合理的想象再现，使得课文内容更丰富，学生的课堂参与度更高。在《烛之武退秦师》一文中，烛之武游说秦穆公的段落情节可以采用情境还原法，当时双方实力悬殊如此之大，形势危急，烛之武游说秦穆公的场面会是怎样的呢？教师引导学生以文章为依据，展开合理想象，适当还原当时的情境，学生更能体会烛之武临危不惧的人格形象与魅力。史传文的篇目中能运用情境还原法的地方很多，恰当地运用这一方法能提高课堂的吸引力，增强教学效果。当然，由于课文与我们有着较远的距离，运用情境还原法时，教师要记住提醒学生不能脱离文本，还原需要学会控制“度”，如若使用不当，就会陷入“漫谈式的泛人文性”的课堂的境地。

---

[1] 孙绍振．孙绍振如是解读作品[M]．福州：福建教育出版社，2007：14．

[2] 孙铁龙．语文教学策略 30 讲[M]．济南：山东文艺出版社，2013：205．

4. 总结概括法学习写作技巧

课文中出现的写作技巧是通过文中语言体现的，每篇课文结束之后，总会有写作技巧的总结概括。史传文的人物刻画、场面描写、篇章结构等方面的写作技巧也要在不断的总结概括和积累中慢慢习得。在学习写作技巧的这一环节中，可采用教师举例示范，学生自行概括总结的方式进行，通过多次训练之后，学生会在潜意识中形成概括总结的习惯，教师在授之以鱼中又达到了授之以渔的目的。

综上所述，在高中语文史传文的教学策略部分，虽然笔者分别从教学内容、教学过程、教学方法等三方面进行阐述，但这三方面在教学中是融为一体的，没有明显的界限，笔者之所以将其分开阐述，是为了便于论文的展开。

四、史传文教学评价的方式

史传文的教学评价方式，还是要归结于其发挥的作用，即叙事性文言文的教学价值这一角度来进行评价，笔者分别从历史文化的熏陶与传承和高考试题的隐形指向性两方面来进行阐述。

（一）历史文化的熏陶与传承

高中语文课程标准明确指出：学习古代名篇，传承中国优秀传统文化。史传文《烛之武退秦师》《荆轲刺秦王》《鸿门宴》都是中国古代历史名篇，从不同的角度欣赏，会看到不同的风景。从历史学角度看来，学生可以理解历史事迹，了解历史人物；以文学形式传达古代历史史实，增强了学生对历史的感知度。从文学鉴赏层面来看，通过对这一类课文的学习，学生能发现其在言语形式上的独到之处——情节串联全文、人物对话呈现内容；从文中的国与国、各派势力之间的角逐可窥探出政治形态的变化之微妙，给现代人以借鉴与警醒。如《荆轲刺秦王》中太子丹的用人而疑（在临去秦国之际，荆轲因等一位友人而“未发”，太子丹却“疑其有改悔”)；《烛之武退秦师》中郑国与晋国之间因利益而由敌人转变为盟友的现实，提醒后人：在利益面前，国与国之间，没有永远的朋友，也没有永远的敌人。从个人修养方面看，史传文中的人物形象鲜明，有勇武果敢的荆轲，有足智多谋的烛之武，有刚愎自用的项羽……学生可以从这些历史人物中汲取精神养分，提高认识，促使学生完善自己的人格。刘昫《旧唐书·魏征传》中的李世民说过：以铜为镜，可以正衣冠，以史为镜，可以知兴衰，以人为镜，可以明得失；英国哲学家培根说过：读史使人明智。史传文中涉及的历史事件、历史人物都可以让学生在历史、文学等方面的熏陶下提升自我思辨、自我反省的能力，在学习、传承之外加以吸收内化，是对文化最好的尊重与传承。

综上所述，从长远的文化传承角度来说，史传文的教学具有十分重要的传承意义。

（二）高考试题的隐形指向性

学习的最终目的不是为了应对考试，而是从学习中得到某种精神层面的体验与提高，但考试是检验学生获得"知识"的形式之一。纵观近几年全国各地的高考语文试题，文言文类考题所涉及的文体有抒情散文、议论文、人物传记等。经过整理分析，发现人物传记类的文章占大部分，却少见史传文的出现，难道这一类散文对目前的高考人才选拔没有多大用处吗？答案是否定的。史传文并不是以外显的形式出现在考题中，而是以考查学生将学习史传文后所获得的知识通过迁移的方式来解答高考文言文试题的形式出现，因而这里称为"高考试题的隐形指向性"。请看下表：

表 2.1　2014 年—2018 年全国卷（一、二卷）文言阅读类型及题型表

年份	卷类	选文 题型	断句	文学常识	选文理解	句子翻译	词语解释	虚词理解
2014	一卷	《旧唐书·于休烈传》	√		√	√	√	
	二卷	《明史·韩文传》	√		√	√	√	
2015	一卷	《宋史·孙傅传》	√	√	√	√		
	二卷	《北史·来护儿传》	√	√	√	√		
2016	一卷	《宋史·曾公亮传》	√	√	√	√		
	二卷	《明史·陈登云传》	√	√	√	√		
2017	一卷	《宋书·谢弘微传》	√	√	√	√		
	二卷	《后汉书·赵熹传》	√	√	√	√		
2018	一卷	《晋书·鲁芝传》			√	√	√	√
	二卷	《后汉书·王涣列传》	√	√	√	√		

从表 2.1 中可看出：从 2014 年至 2018 年全国一、二卷中的文言文阅读部分的选文属于人物传记，题型分别为：断句、文学常识、选文理解、句子翻译、词语理解、虚词理解，其中词语理解在 2014 年出现，虚词理解在 2018 年出现。史传文与古代人物传记（即传体文，专题五详述）的相似性在于：内容以对话形式为主、人物形象鲜明。基于这两个相似点，史传文教学从关注字词、人物形象分析、文学常识等方面入手，这些知识点是这类文章的教学重点，因而与高考文言文考题有密切的、相似的知识迁移关系。学生在史传文教学的课堂上积累文言字词，分析人物形象等，拓宽了文化常识类知识的广度与深度，所以高考试题的隐形指向性是史传文的重要教学评价方式。

第四节　史传文案例分析

案例一：《烛之武退秦师》教学实录

（课文剩下最后一段未上）

师：上节课已经预习了（上节课已复习上过的内容及预习未上的内容），现在请同学翻译课文最后一段。

学生翻译，教师强调字词及句式：

夫人（古今异义）。

因：借助。

判断句句式：①……也；②……者……也；③靠语义来表判断。

所与：同盟者。

教师强调文言现象：所＋动词，翻译时将动词翻译成名词。

其：放于句中，表商量、猜测的语气，译为还是。

（教师强调和讲解完重点文言词语后，PPT显示句子，学生找出词类活用、古今异义和文言句式等，此处略）

师：以上的文言知识总结结束之后，我们来看看烛之武是怎样的人？

（PPT：烛之武形象分析）

师：分组讨论，注意要结合文本。

（讨论结束，小组抢答）

生A：有勇有谋，骄傲。

师：在文中找到你的依据。"骄傲"体现在哪里？

生A：他拒绝郑伯。

师：拒绝郑伯，是带有一种不被重用的抱怨，不能体现他的骄傲啊。

生A：深明大义、不计前嫌、年老说秦。

（PPT显示形象，教师总结，课堂结束）

这是在A高中听课时的听课记录，从整堂课来看，该教师在教学内容方面比较注重文言的学习与积累，讲解较为细致，若学生积累效果好，可以为文言文阅读扫清一定的障碍，奠定基础。但按照王荣生教授的文言文教学内容"一体四面"的要求来看，该课堂内容中"文言"的比重较大，突出和强调了"文言"的重要性，却轻视和忽略了其他方面的知识。例如本文的篇章结构特点、烛之武的劝说艺术等。教学实录中有"人物形象分析"的环节，却显得不够深刻，给人一种重复、挑拣讲解的感觉。就本课而言，可以将人物形象的分析与说秦过程的讲解相结合，同步进行，烛之武说秦时从现在说到过去，再从过去讲到未来，表面上处处为秦着想，事实上是为了达到自己的目的——保住郑国，这些内容将一个年迈的、爱国的游说者形象表现得淋漓尽致，同时也能将说服别人的技巧传达给学生，课堂氛围随着故事高潮而被推向顶峰，更加轻松与活跃。

案例二：《鸿门宴》教学实录

师：继续翻开课文《鸿门宴》。

PPT：研讨第二部分：第3段写了哪几件事？

① 刘邦谢罪——项羽留饮。

② 范增示意——项羽不应。

③ 项庄舞剑——项伯翼遮蔽。

师讲解课文的同时并强调文言词语：

不然：不这样的话。

因：于是。

“项王留饮”课看出项王不善谋略。

东向：面向东。

亚父：仅次于父亲的人，说明范增对项羽十分重要。

侍坐：陪坐。

师：在“鸿门宴”中为什么要写到座次的安排呢？

师介绍古代座次相关礼仪：

官职：古代以右为尊。如“位在廉颇之右”；“左迁”为降职；“右迁”为升职。

车骑：以左为尊。“信陵君虚左以待侯生”。

室内：西为宾、长、贵；东为主、幼、贱。

堂上（朝堂）座位：北为帝（尊），南为臣（卑），左为贵，右为轻。

四面环坐：由尊到卑，依次排列。

教师画图分析课文中人物座次：

“西——北——南——东”对应“项羽（伯）——范增——沛公——张良”

师分析：正常情况下，项羽作为请客者，应坐在东面，沛公为客应坐在项伯的位置（西面），但沛公没有指出，从这里可看出刘邦能屈能伸的性格。

…………

这是一个文科班中的圆梦班，每次月考，语文总是稳拿第一。这位教师的教学特色是将知识点讲得很细，由上面的古代文化常识介绍便能感受到，并且在分析宴会情形和座次时有意识地加上人物形象分析，使得人物更鲜活。听这位教师的语文课不会感觉到枯燥乏味，因为她不仅加入了对文言的分析，还讲解了一些古代文化常识，将积累文言的枯燥之感冲淡，既增加了课堂的趣味性又积累了文化常识，这是传承文化的重要途径。

案例三：《烛之武退秦师》教学设计

教材分析

《烛之武退秦师》是人教版高中语文教材必修一第二单元的第一篇古代记叙散文，也是高中阶段的第一篇古文。它篇幅短小但结构完整，故事情节跌宕起伏、活泼生动，记叙了秦晋两国围攻郑国，烛之武临危受命，前往秦国游说秦君，最终秦君退兵，郑国得救的故事。其中最让人欣赏的是烛之武的外交辞令，仅仅125个字就表达了四层意思，层层推进，步步紧逼，有理有据，使秦君不得不信服。因此，教学本文，在兼顾古文知识的同时，更应该注重对烛之武的语言技巧进行分析与讲解。

学情分析

本文的教学对象是刚入学的高一年级的学生，在此之前他们对文言文实词、虚词、句式有一定的积累，因此在讲解这一模块时，教师只需要挑选出较为少见的文言文知识进行提点，重点应放在本文的第三自然段，让学生体悟精彩的外交辞令，感受语言的艺术魅力，增强学生对祖国语言的热爱之情。

教学目标

① 通过对《左传》的介绍，增加学生的文学常识积累。

② 了解、识记文中的文言实词与虚词的用法。

③ 深刻理解课文中的“说秦”部分，体会外交技巧，感受文章语言艺术。

④ 通过文章的学习，总结秦穆公、晋文公、郑伯及烛之武的人物形象，学习烛之武深明大义的高尚品格。

课时安排

2课时。

第一课时

教学目标

① 了解《左传》的相关文学常识。

② 通过阅读初步感知文章结构。

③ 了解和掌握一、二段的实词与虚词的运用。

教学重点

理清文章结构。

教学难点

实词与虚词的运用教学。

教学过程

一、课文导入

刘勰在《文心雕龙》里面有这样一句话：“一言之辩，重于九鼎之宝。三寸之舌，强于百万之师。”这是形容什么的呢？是的，口才。它真的有那么重要吗？待会儿，我们就会得到验证。今天我们一起来学习《烛之武退秦师》。

二、介绍《左传》

《烛之武退秦师》选自《左传·僖公三十年》。《左传》是我国第一部叙事详细的编年史著作。在这里，“传”做注释讲。《左传》是左丘明为《春秋》做的注释，因此，又名《春秋左氏传》(或《左氏春秋传》)，它长于叙事，善于描写战争和记述行人辞令，本文就是代表。(此部分以提问的方法进行，同学们发表对《左传》的认识，教师做适当补充。)

三、整体感知课文

(一)默读

好的，同学们，现在我们来看看本文的题目——烛之武退秦师。你会产生哪些疑问？

学生至少会回答三个疑问：① 烛之武为什么要“退”秦师？② 用什么方式“退”？③“退”的结果怎么样？

(从文章题目入手，抓住关键字眼“退”，从标题展开线索，围绕“退”字展开教学。)

同学们，接下来你们就带着这三个疑问去阅读课文并完成两个任务：

1. 结合注释，正字正音

2. 勾画难点

把自己认为难的、不理解的地方用铅笔把它画下来。

学生开始默读课文。(3 分钟)

(设计意图：由于此篇为高一第一学期的第一篇文言文，语句拗口，生字需要注音，因此让学生默读可达到扫除生字障碍、熟悉文句、理解文章大意的目的，为下一步的朗读做准备。)

(二)朗读

1. 默读完毕，教师检查学生生字词

全班同学朗读课文，注意停顿与节奏。(全班齐读课文，读完教师评价朗读效果，纠正字音)

2. 概括课文内容

同学们已经把课文读了两遍了，哪位同学来概括一下本文叙述了一件什么事？

明确：秦晋两国围攻郑国，烛之武临危受命，前往秦国游说秦君，最终秦君退兵，郑国得救的故事。(只要学生能抓住“概括”的要求，紧扣文章，表述正确即可。)

(设计意图：让学生概括文章内容，既能考查学生对文章的初步感知水平，也能锻炼学生的概括能力。)

四、文本解读

(一)第一自然段本文解读

现在我们来看第一自然段。第一段中就短短两句话，同学们在翻译时哪些词不会？

1. 思考问题

① 我们可以从这一段文字中获得哪些信息？

② 这些信息有什么作用？

（a. 以：连词，因为。b. 军：名作动，驻军。第一段交代了秦晋围郑的原因及在郑国的布兵位置，突出了郑国情势的危急，为下文做铺垫。）

2. 教师总结

师：这一段我们可以用“围郑”来概括。（板书：围郑）

大家请看，为什么会说郑国“无礼于晋，且贰于楚也”呢？有同学知道背后所隐藏的故事吗？

（设计意图：引出背景，讲述“重耳过郑”和“郑与晋楚结盟”的经过，便于学生清晰地认识三国之间的关系。）

（二）第二自然段文本解读

面对兵临城下的灭国之灾，郑国君王怎么办呢？郑国大夫佚之狐向郑伯推荐了烛之武。我们来看看课文第二段。（关注郑伯找烛之武说秦的过程，概括烛之武形象）

形象：深明大义

1. 难点揭示

该段应注意以下词句：

① 子：在这里为郑伯对烛之武的敬称。

② 是寡人之过也：为判断句，“是”为代词，这；“也”表判断。

③ 臣之壮也：“之”取消句子独立性。

2. 教师总结

烛之武答应去说服秦君，那么他是怎么做到的呢？下节更精彩，敬请关注。

第二课时

教学目标

① 深刻理解课文中的“说秦”部分，体会外交技巧，感受文章语言艺术。

② 通过文章的学习，总结秦穆公、晋文公、郑伯及烛之武的人物形象，学习烛之武深明大义的高尚品格。

③ 通过学习课文，总结篇章特色。

教学重点及难点

体会外交技巧，感受语言艺术。

教学过程

一、研习课文第三段

学生概述第三段内容，教师补充翻译时需要注意的词语。

（设计意图：通过学生的概述可检测学生对课文内容的理解程度及对文言词语的掌握程度，教师适当提点，避免逐句讲解的枯燥。）

1. 难点分析

① 通假字：“共”通“供”，“说”通“悦”。

② 古今异义：a. 东道主；b. 行李；c. 以为。

③ 倒装：何厌之有（宾语前置）。

2. 思考问题

① 人物分析：从这一段中，你看到一个怎样的烛之武？

（设计意图：人物形象分析是这类课文的目标之一，而人物形象都体现在人物的言行之中，分析完烛之武的说辞部分，更应趁热打铁继续分析其形象，避免后面挑拣式的总结。）

② 启示推理：从烛之武的游说中，你得到什么启示？

（设计意图：这一问题的设置使学生从课本迁移到现实生活，教师引导学生体会游说技巧，提升学生交际能力。）

二、研习课文第四段

1. 翻译注意词语

微：假如没有，如果没有。

2. 思考问题

从整体上看，到第三段故事情节已经完整了，可以结束文章，但为什么还要加上最后一段？

（设计意图：本文善于运用伏笔，首尾呼应，构成起伏跌宕、生动活泼的情节结构。这一问题旨在让学生思考本文结构，体会艺术特色，提高学生分析和鉴赏文章结构巧妙性的能力。）

3. 总结思考

本文除了结构上组织严密，前后呼应外，还有哪些特点？教师提示：例如语言、情节上有何特点？

（设计意图：分析文章语言是学生鉴赏能力的体现，立足课文，总结特色，是锻炼和提高学生鉴赏能力的途径，通过教师的提示间接地给学生提供了思考问题的方向，利于培养学生的思考与鉴赏能力。）

三、课后拓展

小明的爸爸是个麻将迷，周末经常和同事聚会，打麻将至深夜，周末时间都献给了麻将。为此，妈妈经常生爸爸气。如果你是小明，你会怎么说服爸爸少打麻将，多花时间陪陪你和妈妈？请把你的劝说词写下来，与同学们分享、交流。

四、板书设计

烛之武退秦师

1. 围郑：（1）原因（2）驻地

2. 谋救：荐——怨——受

3. 说秦：（1）陈述事实

（2）地理

（3）历史

（4）未来

4. 师退：秦晋师退

【评析】首先，从教学过程来看，此教学设计抓住了课文标题的关键字——“退”

进行设计，正符合本文抓住标题寻找线索展开教学的教学策略。其次，从教学内容来看，文言字词的积累、人物形象分析、写作技巧分析等在教学设计中都有体现，教学内容随故事情节的发展逐渐得到落实。再次，该教学设计中将人物形象的分析紧紧与文章中人物的具体言行相结合，既有理有据，又避免了传统的、对人物言行进行挑拣式的简略分析模式，饱满而立体的人物形象将在学生心中显现，自然加深了学生对本文的理解与印象，同时也间接地传递给学生分析人物形象的技巧。最后，在课后拓展延伸部分，选取了贴近学生生活的事例，结合课文中的说服技巧，将课堂知识迁移至现实生活，于情境设计中，锻炼学生的说服能力。

选取文章线索，贯穿课文讲解，顺畅而下，课文教学内容随线索的发展而一一得到落实，避免了传统文言文教学来回讲解的模式，教学思路更加清晰。

参考文献

一、著作类

[1] 中央教育科学研究所．叶圣陶与文教育论集·上[M]．北京：教育科学出版社，1980.
[2] 中央教育科学研究所．叶圣陶与文教育论集·下[M]．北京：教育科学出版社，1980.
[3] 吕叔湘．文言和白话[M]．北京：商务印书馆，1983.
[4] 陈必详．古代散文文体概论[M]．郑州：河南人民出版社，1986.
[5] 周振甫．怎样学习古文[M]．北京：中华书局，1992.
[6] 曾祥芹．文章学与语文教学[M]．上海：上海教育出版社，1995.
[7] 倪文锦，欧阳汝颖．语文教育展望[M]．上海：华东师范大学出版社，2002.
[8] 王荣生．新课标与“语文教学内容”[M]．南宁：广西教育出版社，2004.
[9] 刘凤岭．文言文教学实录：案例、感悟、评析[M]．上海：上海教育出版社，2006.
[10] 孙绍振．孙绍振如是解读作品[M]．福州：福建教育出版社，2007.
[11] 王荣生．语文教学内容重构[M]．上海：上海教育出版社．2007.
[12] 王荣生．听王荣生教授评课[M]．上海：华东师范大学出版社．2007.
[13] 张良田．初中语文教学策略[M]．北京：北京师范大学，2010.
[14] 王力．古代汉语[M]．北京：中华书局，2010.
[15] 李晓文，王莹．教学策略（第二版）[M]．北京：高等教育出版社，2011.
[16] 牛胜玉．高中文言文完全解读[M]．北京：北京教育出版社，2012.
[17] 孙铁龙．语文教学策略 30 讲[M]．济南：山东文艺出版社，2013.
[18] 王荣生．文言文教学教什么[M]．上海：华东师范大学出版社，2014.

二、期刊论文

[1] 李德远．力避写人物为主与记事为主两类记叙文一勺烩[J]．语文教学通讯，1983（07）．
[2] 钱梦龙．文言文教学改革刍议[J]．中学语文教学，1997（04）．
[3] 陈小英．文言文是“作品”，而不是“语言材料”[J]．语文学习，2003（04）．
[4] 陈燕．关于文言文教学的一点想法[J]．中学语文教学，2003（09）．
[5] 王荣生．语文教材与教学内容[J]．语文学习，2004（04）．
[6] 李海林．语文本体与语文构成[J]．语文学习，2004（04）．
[7] 杨树然．文言课堂的知识教学与人文教育[J]．中学语文，2007（09）．
[8] 陈彗艳．古代散文教学四步法[J]．语文教学与研究，2008（11）．
[9] 吴守宇．写人叙事散文教学内容初探[J]．教学实践，2012（04）．
[10] 刘燕春．从文体的角度思考文言文教学内容[J]．语文教学通讯，2013（26）．

三、学位论文

倪春霏．新课程背景下高中记叙类文言文教学研究[D]．南京：南京师范大学，2014．

专题三

议体文阅读教学研究

“议体文”即针对社会生活中出现的新事物、新问题、新情况提出独到见解的最具社会功用价值的一种文体类型。其特点是观点鲜明，针对性强；结构灵活，论证严谨；语言凝练，气势充沛；蕴含哲理，思想精深。学习此类文言文，就是要学习积累文言词句，培养文言语感；抓住语言特点，学习说理的生动形象；感受文本的说服力，体味言说的智趣。

第一节　议体文阅读教学现状调查与问题分析

教师在文言文教学中文体意识不强，而在议论性文言文教学中，文体意识不强的倾向表现得最为突出，具体来说表现在三个方面：混淆议论性文言文与其他类型文言文，大多数教师仍将读懂、理解文言文作为主要的教学内容，没有抓住议论性文言文的文体特点去组织教学，导致教学内容千篇一律；混淆议论性文言文与议论文，把议论性文言文当成议论文来教；受不良教学行为和高考等因素的影响，教学中存在重言轻文的现象，这也导致了教学内容的僵化、教学方法的单一和教学效率的低下。

散文是文学的一大样式，在古代是一个总称，不同时期，受不同分类标准的影响，散文也被划分为诸多的小类。刘勰在《文心雕龙》中根据文体的语言特点将文体分为韵文和散文两大类，所论述的散文包括史传、诸子、论、说等共计十六类。梁代萧统的《昭明文选》中“按体分，从类编排”共分为三十九种文体，其中将散文分为：设论体、史论体、论类等三十七类。明代吴讷《文章辨体序说》将文体分为五十九种；明代徐师曾《文体明辨》将文体分为一百二十七种。清代对文体的研究越来越多，并且意识到前人分类的繁琐，对散文文体进行了新的分类，最具代表性的要属姚鼐的《古文辞类纂》，它将散文分为：论辩、序跋、奏议等十三类。今人褚斌杰在《中国古代文体概论》中将散文分为：论说文、杂记文、序说文等十类。正因为古代散文的分类标准纷繁且琐碎，所以至今没有形成一个统一、权威的定论，这就造成散文的分类模糊不清，很难对各种文体的散文特征做出一个明确的定义，这也是议论性文言文的文体特征在教学过程中容易被忽视的一个重要原因。

当前的语文教材基本是文选式的，选入语文教材中的每一篇文言文都有自己的文体，每一种文体都有各自的特点，如果在教学中撇开文体来讲文言文的话，容易导致文言文教学出现混乱和偏差。教学中如果忽视文体，或者对文章的文体特点没有一个明确的把握，那么在确定教学内容时就会缺少一个重要的抓手，导致教学内容的偏离。步海根老师曾提出：“要体现语文的个性，就要发现不同文体的个性。学习不同文体的文章，就要体会其不同的语言表现形式。”[1]步海根老师的这句话充分肯定了文体在语文教学中的重要作用，教师在确定教学内容时，要把握好不同文体的个性特点。而当前文言文教学将“字字落实，句句翻译”奉为准则，忽视了文言文中不同文体之间的差异性，无论是哪一种文体的文言文都是在逐字逐句的讲解翻译之后就结束了，这就造成议论性文言文与其他类型的文言文不分文体的教学，导致议论性文言文的文体特

[1] 步海根．发现、挖掘教材的教学价值——谈语文课堂教学内容的确定[J]．语文学习，2009（9）：5．

点在教学中没有被凸显出来，究其原因还是由于教师在教学中对文体不够重视。

文言文的教学历来重视对文言知识的学习和积累，在实际的教学中，“考什么”就“教什么”的倾向比较明显，在高考指挥棒的指引下，文言文的教学内容受高考考试方式和考试内容的影响非常大。大量的教学时间被用来学习和积累重难点字、词、句，篇章内容所占的比重很小，而学习鉴赏文中所蕴含的优秀传统文化更是居于次要的地位。虽然近些年来越来越呼吁对语文素养的培养，但是在高考文言文考题中仍然将读通、读懂，理解并翻译文言文列为主要的考查内容。在这种考试命题方向的指引下，广大教师在文言文教学内容的确定上出现了高度的协调统一——在教学中逐字逐句落实文言字词。而古代议论性散文作为文言文教学的一个组成部分，也没能逃过传统的文言文教学模式的影响。教师在古代议论性散文的教学过程中，为了让学生掌握文中的重难点字词、特殊句式的用法，往往把一篇篇经典的议论性文言文肢解成一个个知识点，目的是完成文言知识的积累，这样的做法是舍本逐末的，不仅违背了文言文学习的规律，降低了学习的效果，严重影响学生学习议论性文言文的学习兴趣；也造成议论性文言文教学内容的单一化、片面化。忽视对古代议论性散文的章法结构、立论方法、论证逻辑以及文中所蕴含的古代圣贤论说的智慧和优秀传统文化的学习继承，造成教学资源的浪费。

本书重新整合议论性文言文的特点，说明阅读教学的实用、有效的方法，按全书分类归为议体文。

第二节　议体文特点

一、论点鲜明，有针对性

议体文主要针对社会生活中出现的新事物、新问题、新情况提出自己的独到见解，是最具社会功用价值的文体。作者论述的观点往往很鲜明，具有很强的现实针对性。孟子的《寡人之于国也》主要是针对连年征伐的社会现实而作，提出了统治者要实行仁政才能一统天下的鲜明论点。西汉贾谊的《过秦论》，全篇虽是在论述秦的过失，实则是在借古讽今，委婉地劝诫统治者要实行仁政，不要走亡秦的老路。全文用大量的历史史实叙述了秦兴亡的过程，揭露了秦灭亡的原因在于“仁义不施而攻守之势异也”，点明文章的中心论点。唐代韩愈的《师说》主要是为了批判“耻学于师”的不良风气。当时社会上普遍存在“位卑则足羞，官盛则近谀”的心理，他们看不起老师，形成了只重官职不重师道的不良风气。韩愈针对这种社会现象，不顾流俗，以“古之学者必有师”为中心论点，通过正反两方面的对比论证，批判了当时耻于从师学习的坏风气。

二、结构灵活，论证严谨

文章写作须遵循一定的章法，但又不能拘于这些章法，要善于灵活变化。文章材料的组织安排属于文章的结构问题，包括起、承、转、接、伏、应、断、续等，这些都属于“死法”。结构安排的每一个环节都要服从并服务于文章主旨，没有一成不变的万能格式，这就是“活法”。刘勰《文心雕龙·附会》中说：“何谓附会？谓总文理，统首尾，定与夺，合涯际，弥纶一篇，使杂而不越者也。”[1]也就是说文章要统领全文，须从文章的总体布局着眼，包括首尾之间的照应、观点材料的取舍和组织以及文中各个部分间排列组合的逻辑性和紧密性等方面，这些内容要包举在全篇之中，使文章的内容既丰富又不散漫。

议体文，从属于散文。散文的写法较为自由，不受固定结构的束缚，往往以作者的情感流向作为文章结构的中心轴线，而情感总是按照一定的流向呈动态常势。郑逸农认为：“散文是离作者心灵最近的一种文体，是最富有个性化的文体，主要体现为：个性化的内容，个性化的语言，个性化的情感态度和价值观，个性化的写作技巧。”[2]所以，古代议论性散文的写作也是个性化的，结构的安排都是要为文章所表达的主旨服务的，议体文中事例的引用、结构的安排，在一定程度上都要受到作者主观情感的支配，所以结构安排比较灵活。议体文在论证自己论点的过程中，从词语的选用到句群的组织再到层次段落的安排，虽然不拘泥于“死法”，但整篇文章的结构都体现着严密的逻辑性。如贾谊的《过秦论》，全篇以秦王朝的历史史实为依据，作者仇秦亲六国的情感贯穿全文，在开头部分写秦孝公一统天下的雄心时写道“秦孝公据崤函之固，拥雍州之地，君臣固守以窥周氏”[3]，在这里作者用了一个“窥”字，含有贬义的感情色彩，写出了秦孝公想要夺取周王室权利的勃勃野心。在这种感情倾向的统率下对历史史实进行高度的概括，这些史实经过作者的剪裁取舍后，科学合理地被用来作为论证自己观点的论证材料。用这些论证材料来为自己的中心论点进行铺叙，论述了军事实力强大的九国之师也敌不过秦王朝，“秦无亡矢遗镞之费，而天下诸侯已困矣”[4]，突出了秦王朝力量的强大。之后对比分析了陈涉与九国之师各方面的悬殊差距，但实力很弱的陈涉之众最后却打败了秦王朝，取得了成功。为什么会有这种反常的情况呢？原因在于“仁义不施而攻守之势异也”，作者在层层论述中铺叙，最后突出强调了中心论点，具有强大的说服力。

三、语言凝练，气势充沛

议体文的语言简洁凝练，作者为了清晰地表达自己的观点，往往在遣词造句方面，

[1] 刘勰著，龙必锟译．文心雕龙全译[M]．贵阳：贵州人民出版社，1992：508．
[2] 郑逸农．“非指示性”语文教学设计研究[M]．杭州：浙江大学出版社，2012：104．
[3] 人民教育出版社等．普通高中课程标准实验教科书语文必修3[Z]．北京：人民教育出版社，2007：50．
[4] 人民教育出版社等．普通高中课程标准实验教科书语文必修3[Z]．北京：人民教育出版社，2007：51．

准确严密且高度概括，不拖沓冗繁。写议体文也需要借助恰当的修辞手法和灵活多样的句式，增强说理的感染力和说服力，所以在学习议体文时要注意品味语言的艺术。议体文中大量运用排比、顶真、对偶等修辞手法，将文章句与句之间更加紧密地联系起来，并且读起来朗朗上口，有力地传达出文章的气势。荀子《劝学》中运用了大量的比喻修辞手法："青取之于蓝，而青于蓝"[1]"故不积跬步，无以至千里；不积小流无以成江海"[2]"锲而舍之，朽木不舍；锲而不舍，金石可镂"[3]。通过这一系列的比喻来阐述学习的道理，让学习这样一件抽象的事情变得具体形象、通俗易懂。贾谊《过秦论》中，为突出秦孝公想要统一天下的雄心，连用"席卷天下""包举宇内""囊括四海""并吞八荒"等词语，构成互文的修辞格，用语凝练概括，同时又是排比、对偶、夸张、铺排，把秦孝公想要并吞六国，独霸天下的野心以及夺人的气势淋漓尽致地表现出来。

议体文善于使用整句、散句来增强语言的气势。如孟子的《寡人之于国也》中运用了大量的排比和对偶句式："五亩之宅，树之以桑，五十者可以衣帛矣；鸡豚狗彘之畜，无失其时，七十者可以食肉矣；百亩之田，无夺其时，数口之家可以无饥矣；谨庠序之教，申之以孝悌之义，颁白者不复戴于道路矣。"[4]孟子为了向梁惠王宣扬自己的仁政理想，连用了四组排比对偶句，将自己的仁政思想通过一幅美好的社会生活蓝图展示了出来，使得文章在工整的对仗中又具有灵动之美，营造出磅礴的气势，极富感染力和鼓动性，增强了文章的说服力。贾谊的《过秦论》中多用骈偶句来增强文章的气势，但它的骈偶句字数有时不完全相等，显得十分活泼与灵动。"当此之时，齐有孟尝，赵有平原，楚有春申，魏有信陵。此四君者，皆明智而忠信，宽厚而爱人，尊贤而重士，约从离衡，兼韩、魏、燕、楚、齐、赵、宋、卫、中山之众。"[5]这段话用整散结合的句式介绍了战国四公子，使文章气势充沛，突出了四公子的才能不凡。荀子《劝学》中在排偶的整句中加入散句，使文气流畅而不显呆滞，形成整齐而又富于变化的句式，表现出荀子谆谆劝学的激情。

四、蕴含哲理，思想精深

议体文注重说理，而文中哲理的阐述往往与情感交织在一起，常常是融情于理，情理交织。从表面上来看，它似乎是作家个人观点的抒发与情感的宣泄，但在细读文本的过程中又能明显地感受到文章所蕴含的深刻哲理，也正是因为有了作者情感的浸润渗透，才使得哲理的阐释更加真挚生动，有说服力。这些作品不仅蕴含着深厚的民族精神，也饱含着作者对于社会、历史、人生的深刻思考，作者在阐述观点的过程中，

[1] 人民教育出版社等．普通高中课程标准实验教科书语文必修3[Z]．北京：人民教育出版社，2007：48．
[2] 人民教育出版社等．普通高中课程标准实验教科书语文必修3[Z]．北京：人民教育出版社，2007：49．
[3] 人民教育出版社等．普通高中课程标准实验教科书语文必修3[Z]．北京：人民教育出版社，2007：49．
[4] 人民教育出版社等．普通高中课程标准实验教科书语文必修3[Z]．北京：人民教育出版社，2007：47．
[5] 人民教育出版社等．普通高中课程标准实验教科书语文必修3[Z]．北京：人民教育出版社，2007：50．

引用古代圣贤的经典话语、历史故事等材料，援古证今，阐明道理，具有深厚的哲理性。有些观点和话语因其所蕴含的深厚思想性与哲理性，直到今天仍被人们作为经典名言广为流传。

孟子的《寡人之于国也》中所宣扬的仁政思想，在当时各诸侯国的相互征伐混战中更显得弥足珍贵。孟子在文中提出“不违农时，谷不可胜食也；数罟不入洿池，鱼鳖不可胜食也；斧斤以时入山林，材木不可胜用也”[1]的举措，意在劝诫统治者爱惜民力，与民休憩，遵循自然规律来发展生产，从而使百姓丰衣足食。虽然孟子提出的仁政思想和遵循自然规律发展生产的举措距今已有两千多年，但他的这种思想对我们今天构建“和谐社会”“富强国家”仍然具有学习和借鉴意义。

韩愈的《师说》提出了“无贵无贱，无长无少，道之所存，师之所存也”[2]的全新从师之道，还提出了“弟子不必不如师，师不必贤于弟子”[3]的全新师生关系，这与我们今天所倡导的民主平等、教学相长的新型师生关系有异曲同工之妙。文章在阐述师道关系和师生关系方面，对现代社会仍然具有现实意义。

第三节 议体文阅读教学

一、议体文教学内容的选择

传统的文言文教学中普遍存在“重言轻文”或“重文轻言”的现象，这些做法是不可取的，文言文教学应该真正做到“文言并重”，以实现“工具性”与“人文性”的统一。王荣生教授在《文言文教学教什么》中指出文言文三个层面的内容：“第一层面，语言文字的理解和积累。第二层面，文章层面，包括文学形式要素的分析和鉴赏。第三个是最高的层面，指对某一些文化传统的渗透。”[4]文言文教学内容的选择除了从以上三个层面考虑外，更重要的是要依据文章的文体特点来确定教学内容，是什么就教什么。在确定文言文教学内容时注意不同文体之间的差异性，着力于引导学生关注“章法考究处、炼字炼句处”，深入细致地领会作者的“所言志”与“所载道”。

（一）积累文言词句，培养文言语感

由于文言文距今年代久远，学生在学习文言文时很难直接将日常生活中的语言迁移到文言文中，所以学习文言文的前提是要先学习“文言”，扫清语言障碍，使学生在

[1] 人民教育出版社等．普通高中课程标准实验教科书语文必修3[Z]．北京：人民教育出版社，2007：46．
[2] 人民教育出版社等．普通高中课程标准实验教科书语文必修3[Z]．北京：人民教育出版社，2007：54．
[3] 人民教育出版社等．普通高中课程标准实验教科书语文必修3[Z]．北京：人民教育出版社，2007：55．
[4] 王荣生．文言文教学教什么[M]．上海：华东师范大学出版社，2014：60．

读懂的基础上理解，在理解的基础上鉴赏。可见，在文言文教学中，“文言”的学习积累是前提和基础，文言文教学应该重视文言字词、句法的教学，学生在不断积累文言的过程中还可以培养文言语感。文言文语感的形成绝不是一蹴而就的，需要通过诵读达到一定量的积累，才能慢慢形成。正如钱梦龙先生所言：“老师特别重视诵读的指导，这非常有利于学生形成对古汉语的语感。”[1]李海林认为：“语感是对语言隐含意义（即指句子字面意义以外的意义，依赖于句子以外的因素而又包蕴在该句子内）的一种深刻的直觉。”[2]积累文言字词不能脱离具体的语言环境孤立地去梳理字词、句法，但是传统的文言文教学中普遍存在这样的现象，这种单纯讲解字词的做法是很难培养出文言语感的。此外，在积累文言字词的过程中要有文体意识，不同类型的文言文所要积累的文言字词存在一定的差异。文言文教学应该根据文体特点去积累那些需要“深入”的字词来培养文言语感，从而更好地理解文本内涵。

议体文重在记事，在复杂变化的故事情节和环境中凸显人物形象，因而在积累文言字词时要抓住勾连故事发展的动词，古今存在差异的地理名词等。如《烛之武退秦师》中佚之狐向郑伯推荐烛之武的这段话，可以重点抓住“言”“从”“辞”“许”这四个动词，烛之武出使秦国正是因为郑伯“从”了佚之狐的“言”，而烛之武的“辞”又使故事情节急转直下，不过从“辞”到“许”也使烛之武这个人物热爱祖国、深明大义、不计个人得失的形象更加鲜明生动。《荆轲刺秦王》中，作者在开头部分将“破”“掳”“收”“进”“略”“至”六个动词连用在一起，使故事在开场时就被一种危急紧迫的气氛所笼罩，将秦军的所向披靡和燕国的危在旦夕形象地刻画出来。《鸿门宴》中的“将军战河南，臣战河北”中的“河南”“河北”；“沛公居山东时”的“山东”；“沛公欲王关中”的“关中”等，都是古今差异的地理名词，要引起关注。

传体文（古代人物传记）侧重于借助故事情节和人物言行来多角度地刻画人物形象，文章中也蕴含着作者个人对人物的感情倾向。文章主要介绍传主的生平及主要事迹，或对人物进行简短含蓄的评价，所以在积累文言字词时往往会涉及时间名词、地点名词的转变，古代官职名称及官职变动用词，特别需要注意文中带有作者感情色彩的褒贬用词等。如《张衡传》中“举孝廉不行”的“举”；“再迁为太史令”中的“迁”；“出为河间相”的“出”；“衡下车”中的“下车”；“视事三年”中的“视事”都是表示官职变动的词语。

议体文主要是阐述作者的观点和主张，作者在论证自己观点时，无论是在行文的逻辑结构方面，还是在用词、用语及选用的材料方面都经过严密细致的考虑，所以要抓住最能表现中心论点的词句，特别要关注能体现行文逻辑结构的承接词、转折词、照应词、时间顺序词或其他关键词句，从而感受作品严谨的论证结构和强大的说服力。如《寡人之于国也》中梁惠王向孟子提出了“民不加多”的困惑，孟子为梁惠王提出

[1] 钱梦龙．文言文教学改革刍议[J]．中学语文教学，1997（4）：27．

[2] 李海林．语言的隐含意义、语感与语感教育[J]．语文学习，1992（10）．

了“养民—教民—化民”的具体措施，并设想仁政实施后产生的“王道之始也”到“然而不王者，未之有也”[1]再到“斯天下之民至焉”[2]的效果，层层论述了王道之始—王道之盛—王道之成，为梁惠王描绘了一幅国富民强的盛世蓝图，所以要抓住能体现文章前后关联的关键词句，才能更好地体会孟子论辩结构的严谨性和说服力。《过秦论》用历史事实作为论据，从一开始铺写秦的崛起、日渐强盛再到统一天下，就是为了反衬秦王朝灭亡的迅速，从而进行对比分析，点出“仁义不施而攻守之势异也”[3]的中心论点。要想理清作者行文的脉络和目的，可以抓住“秦孝公”“孝公既没”“及至始皇”“始皇既没”等表示时间发展的关联词语。在积累这些关键字词的过程中体会作者用词用句的精妙与推敲词句的功力，有助于提高学生的词语赏析能力。

（二）抓住语言特点，学习说理的生动形象

不同文体的文章因其所表达的内容及功能的不同被划分为不同的类型，语文教学就是要体现出不同文体之间的差异性，语言特点就是其中的重要一点，强调文体实质上也是强调文本语言形式与内容的一致性，在学习文言文时可以抓住不同文体的语言来确定教学内容。教师在教学中，可以通过带领学生品味语言来加深对内容的理解，增强对情感的体验。但是不能将语言从具体的语言形式中抽离出来，因为语言的形式与内容是一体两面的关系，通过语言表达出来的情感跟这种语言形式是融合在一起的。

抒体文（古代抒情性散文）对于景物生动形象的描绘以及情感（哲理）的抒发都是借助于具体的语句传递出来的，在教学中需要重点品味语言之美和言外之情（理）。在赏析语言的过程中，要抓住抒体文“巧用修辞，音韵和谐”的特点，多注意作者运用多种修辞手法对景色描写的艺术化处理，从这些描绘中感受情感的变化及道理的阐发。

而议体文重在分析说理，因此在语言的表达方面用语严谨、简明扼要，同时又极富魅力，哲理妙语俯拾即是，具有准确性、概括性、深入浅出等特点，具体表现在以下方面：

第一，议体文语言的准确性首先表现为语义的确定性，议体文的语言表述具有明确的指向性，没有含糊其词。如《师说》中“古之学者必有师”[4]的观点表述明确，句中的“必有”语气极为肯定，强调了教师的重要性和从师的必要性。其次，表现在词义的细微差别上，古人在写文章的过程中，遇到表达相同含义词句的情况时，为了在论述说理的过程中使文章富有变化，就用近义词代替，避免出现“同字同出”现象。如《过秦论》：“秦孝公据崤函之固，拥雍州之地”[5]中，“据”和“拥”都是占据的意思，但为了避免前后句的字词重复，用同义词进行替换。“君臣固守以窥周室，有席卷

[1] 人民教育出版社等．普通高中课程标准实验教科书语文必修 3[Z]．北京：人民教育出版社，2007：47．
[2] 人民教育出版社等．普通高中课程标准实验教科书语文必修 3[Z]．北京：人民教育出版社，2007：47．
[3] 人民教育出版社等．普通高中课程标准实验教科书语文必修 3[Z]．北京：人民教育出版社，2007：52．
[4] 人民教育出版社等．普通高中课程标准实验教科书语文必修 3[Z]．北京：人民教育出版社，2007：54．
[5] 人民教育出版社等．普通高中课程标准实验教科书语文必修 3[Z]．北京：人民教育出版社，2007：50．

天下、包举宇内、囊括四海之意，并吞八荒之心。”[1]这句话为了渲染秦孝公想要称霸天下的野心，将同义叠词“席卷天下”“包举宇内”“囊括四海”“并吞八荒”连用在一起，构成互文的修辞格。再者，还表现在词的感情色彩、词义的适当限制、恰当运用修辞手法等方面。如《师说》中作者以孔子为例来论证圣人无常师，得出“是故弟子不必不如师，师不必贤于弟子，闻道有先后，术业有专攻，如是而已”[2]的结论，进一步阐述了以能者为师的道理。文中运用了“如是而已”这样的限定性语句，增加了观点的准确性。

第二，议体文语言的概括性主要表现在：引述事例简明扼要，用语凝练，不拖沓繁杂；对具体事物加以抽象，反映出事物的本质特点。《过秦论》中“于是秦人拱手而取西河之外”[3]，主要是对商鞅用计诈骗公子卯事件的一个高度凝练的概括，句中的“拱手”写出了秦国取得胜利的毫不费力，意在突出秦国“连横”政策所取得的效果。

第三，议体文的语言明白晓畅、通俗易懂，总是能将深刻的道理用浅显的语言表达出来，让人一目了然。这主要源于写作者在文中运用大量的修辞手法、论证手法，从而将道理说得深入浅出、生动形象。如荀子的《劝学》，以日常生活中常见的事物或现象为喻体，将原本枯燥无味的论述学习的道理变得生动形象，给人留下深刻的印象。再如《寡人之于国也》孟子借“五十步笑百步”的比喻来讽刺梁惠王治国的“不用心”与邻国之君没有差别。

议体文中语言的准确、句式的多样、修辞手法的恰当都是为了实现文体的表现功能，即增强文本的说服力，使说理更具生动性。文中的炼字、炼句从表面来看是在斟酌文字，实际上是为了调整和增强文章思想与情感的表现力。

（三）感受文本的说服力，体味言说的智趣

议体文和抒体文都注重情感的抒发，不同的是抒体文表达的是个人独特的感受和情思，文中的情感是作者个人的独特体验，带有个人浓厚的感情色彩，从抒体文中我们可以体味到作者所言说的情趣。如《陈情表》主要叙写李密儿时孤苦无依，祖母如今年老多病，祖孙二人相依为命的境况，文中处处传达出作者对祖母的感激之情及作者要侍奉祖母的尽孝之意，文章中的至孝之情感人至深，充满情趣。记体文中的古代山水游记类散文和议体文一样，文中都蕴含着一定的哲理性。不同的是古代山水游记散文是在山水游玩中抒情说理，作者在游历景观时往往将自己内心的感受融入自然景物之中，使自然景观被作者的感受所同化，作者在欣赏评价景观的过程中也实现了情感的宣泄和道理的阐发。王羲之的《兰亭集序》主要记述了暮春时节兰亭周围优美的自然景色，以及这次集会“群贤毕至，少长咸集”的盛况，记录了作者在集会过程中

[1] 人民教育出版社等．普通高中课程标准实验教科书语文必修 3[Z]．北京：人民教育出版社，2007：50．
[2] 人民教育出版社等．普通高中课程标准实验教科书语文必修 3[Z]．北京：人民教育出版社，2007：55．
[3] 人民教育出版社等．普通高中课程标准实验教科书语文必修 3[Z]．北京：人民教育出版社，2007：50．

内心感受的变化，抒发了作者对时光已逝、盛世不常的感慨。

而议体文以议论和说理为主，重于理性且富有智性，主要表达作者对问题或事物独到的见解和主张。为了增加说服力，作者援引各方材料来论证自己的观点，根本目的是要以理服人。议体文蕴含着丰富的文化、深邃的情感和深刻的哲理，它们不仅是经世致用的实用文章，更是中华民族文化中历久弥新的经典传承，这些文章向我们传达了古代先贤的哲思妙语和超凡智慧。如《劝学》通过一系列生动形象的比喻将学习这样复杂的道理讲得浅显易懂，使人容易接受。文中“故不积跬步，无以至千里；不积小流，无以成江海。”[1]“锲而不舍，金石可镂。”等句都已成为千古流传的至理名言，对现如今人们的学习同样具有借鉴意义和启发作用。《师说》将古之圣人与今之众人对待老师的态度进行正反对比，在事例论证和引用论证的过程中层层说理，增强了中心论点的说服力。文中韩愈提出了“弟子不必不如师，师不必贤于弟子。”[2]的全新师生关系，这正契合了新课程改革对构建平等师生关系的倡导。此外，议体文谋篇布局的精巧、严密也体现了古人超凡的论说智慧，在选取教学内容时不应该止步于作者所表达的中心论点是什么，采用了哪些论据来论证观点，论证的过程是否严密，这样的教学内容仍停留在浅层次的理解文本层面，议体文的教学内容更应该着眼于探求文章论述的构思方法；作者选择、组织材料来论证观点的技巧；以及在论述过程中语言表达技巧的使用。

议体文教学内容的选择，从积累文言词句、感受说理的生动形象、体悟文本内涵三个方面入手，实现了议体文教学“文”“言”的融合统一。此外，文体包括体裁、语体和风格，这三者是相互交织、融合在一起的，这些都是文体特点的表现。

二、议体文教学结构的组织

教学结构的组织就是将教学内容按照一定的程序进行有机组合、排列。教学结构的形式是多种多样的，组织教学结构最基本的要求是要实现教学内容的意义流动。要想实现教学内容意义的流动，关键是要关注、分析教学内容的潜在走向。针对议体文的文体特点来组织教学结构，可以从文章题目入手，或者将朗读作为一条主线串起教学内容，这样就可以更好地将教学内容落到实处，起到纲举目张的作用。

（一）以题目为线索，展开教学过程

一篇文章的标题往往是这篇文章的“眼睛”，文章的主要内容有时就浓缩在题目之中，从标题出发寻找线索，通过分析标题可以发现核心的教学内容，从而有机地把教学内容组织成一个整体，使整个教学过程更为集中、流畅。高中语文人教版必修三教材中的古代议论性散文有：《寡人之于国也》《劝学》《过秦论》《师说》。除了《寡人之

[1] 人民教育出版社等．普通高中课程标准实验教科书语文必修3[Z]．北京：人民教育出版社，2007：49．
[2] 人民教育出版社等．普通高中课程标准实验教科书语文必修3[Z]．北京：人民教育出版社，2007：55．

于国也》这篇课文以外，其他课文都可以从文章的标题出发去寻找线索，展开教学过程。因为《寡人之于国也》属于先秦诸子散文，一般都没有题目，现在看到的题目基本上是后人重新编写时添加的。对于这种情况，我们可以通过概括课文的核心教学内容，理出文章的框架结构，把其他枝节纳入其中。

以题目为线索展开教学过程，在不同文体的文章题目中其做法是不同的。议体文的文章标题往往点明了发生的主要事件，在教学过程中可以以事件为线索展开教学。如《烛之武退秦师》已经表明了文章所要叙述的主要故事，此时教师就可以从题目中的“退”字入手，围绕“为何要退”“怎样退”“退的结果如何”这三个问题展开教学过程。《荆轲刺秦王》中可以从“刺”字入手，围绕“为何要刺”“如何去刺”“刺的结果如何”展开教学过程。传体文（人物传记类文言文，专题五详述）主要是写人，文章的标题已经明确点出了要刻画的传主，在教学过程中教师就要抓住作者对传主的语言、动作、心理、神态等方面的描写，以及与传主相关的人物、事件等描写来全面地分析出传主的形象。如《廉颇蔺相如列传》主要是刻画廉颇和蔺相如这两位传主的形象，在教学时教师可以抓住完璧归赵、渑池之会、负荆请罪这三件事，将廉颇与蔺相如这两个人物在事件中的表现相互映衬，通过对人物描写的分析进而感受并学习蔺相如深明大义、不计私怨的美德和廉颇坦诚直率的品质。

而议体文的标题与记体文、传体文等类文体不同，议体文主要围绕一个问题或观点展开论述，从而表达作者个人的观点和看法，所以教学时抓住了中心论题就是抓住了理解、掌握文章思想内容的关键。议体文的标题有时也体现出文章所要论述的主要观点，有的题目具有揭示中心论题的作用，给读者准确把握中心论点以暗示。如《劝学》属于先秦诸子散文的范畴，题目“劝学”是勉励人们不停地学习的意思，其中“劝”字起到统率全文的作用，教师在组织教学过程时要抓住“劝”“学”两字展开：“劝”——“为何要劝？”（荀子的人性观及学习观）、“怎样来劝？”（论证过程）；“学”——“为何要学？”（学习的意义、作用）、“怎样学习？”（学习的态度和方法）、“学习什么？”（做人、品德的养成）。《过秦论》中的“过”是指出过错之意，“论”是议论文的一种文体，所以《过秦论》这个标题的含义就是“指出秦王朝的过失”，直接表明作者行文的中心观点就是指出秦王朝的过失，题目鲜明简要。教学过程可以围绕“过”字展开：秦王朝的过失是什么？（全文的中心论点）；为什么要指出秦王朝的过失？（写作背景）；怎样指出秦王朝的过失？（论证过程）。《师说》从标题可以得知本文主要是论说关于从师的道理，“说”是古代的一种文体，属议论文范畴，之前所学的《马说》等都属于“说”这类文体。教师在教学时从题目入手，全文可以围绕“为何要论说从师的道理？”（写作缘由）以及“怎样论说从师的道理？”（论证过程）展开。教师在组织教学结构的过程中可以从标题入手，将议体文的教学内容——文言字词的积累、论证的方法技巧、文章的逻辑结构、语言的品读赏析、作品的思想内涵囊括其中。

（二）以方法为主线，串起教学内容

在教学过程中，为了实现教学内容的意义流动，可以寻找一种贯穿全文的方法，以这种方法为主线将文章的教学内容有机地串联起来，通过方法的带动更好地落实教学内容。教师在教学中可以把朗读引入自己的课堂，把朗读作为一条主线，将自己的教学内容有机地串联起来，实现教学内容意义上的流动。

“朗读是一种阅读方法，也是一种传统的教学方法。”[1]它不但可以培养人的语言感知能力和表达能力，而且能够实现读者与文本之间的对话交流，可以使读者在深入体味作品的思想感情时，感悟文章遣词造句的妙处。教师在教学中可以借助朗读法来组织、调控自己的课堂教学，根据不同朗读所能达到的思维梯度来安排教学内容，这样能够让课堂教学取得更好的效果。但是不同文体的文言文，以朗读为主线串起教学内容的做法是不同的。

传体文主要是写人，教学的主要内容便是发掘并学习人物身上的优点和长处、学习作者多角度刻画人物的手法以及感受作者在人物身上所寄托的情感。为了更好地完成教学内容，可以借助齐读、分角色朗读、重点朗读、对比朗读等形式，将以上教学内容串联起来。在齐读的过程中梳理故事情节、感受人物形象；在分角色朗读过程中深入发掘人物身上的闪光点，学习作者刻画人物的多种手法；通过对重点段落、词句的反复朗读以及人物与人物之间的对比朗读，体会作者对笔下人物的情感倾向。

抒体文（文言抒情散文，专题四详述）都是古人真实情感的自然流露，文章抒情性较强，所抒发的情感往往也较为复杂。要想准确地把握文中作者的情感，可以以朗读为线来带动字词教学，在对重点字词的反复朗读中加深学生对文章内容的理解及情感的把握。在把握作者情感的基础上，再进行深层次的、带有情感的朗读，这样才能更好地把握作品所抒发的真挚情感。

议体文重在分析说理，文章推理分析的逻辑思维较强，需要具备较强的分析能力、抽象思维能力才能更好地把握文本内涵。这对处于高中学段的学生来说要求较高，学生要想真正读懂议体文有一定的难度。因此，为了让学生能够更好地理解和掌握议体文的教学内容，教师可以借助多次朗读的方式，将教学内容的难度逐步加大，每次朗读都提出不同层次和难度的教学要求，通过多层次的反复朗读将文言字词的积累、结构脉络的梳理、语言的品读赏析以及古人论辩技巧的学习等教学内容有机地串联起来。以《劝学》为例，第一次朗读：读准字音（中 zhòng 绳、槁 gǎo 暴、锲 qiè而不舍等词），了解词义（“金”“博学”“用心”“黄泉”等词语的古今含义之间的变化，以及“而”“于”等虚词的用法），注意停顿（学/不可以/已。故/木受绳/则直，金/就砺/则利。），完成文言词句的积累。第二次朗读：理清结构脉络，探求文章主旨。本文以“学不可以已”为论题，从学习的意义、作用、方法和态度四个方面展开论述，从而勉励人们要不断地学习。教师可以让学生通过分段朗读的方式，理清文章的结构层次，通过梳理文章

[1] 包建新．语文教学设计与案例分析[M]．杭州：浙江大学出版社，2012：116．

的结构脉络来探寻文章的主旨。第三次朗读：品语言，学技巧。通过多次反复的朗读让学生学习荀子运用一系列比喻论证将复杂的道理讲得深入浅出的论证方式、文中所运用的排比、对偶等修辞手法、在排偶中适当地加入散句，使文章读起来富有音乐美和形式美的语言表达技巧、文章谋篇布局的方式和手法等。以《师说》为例，第一次朗读：读准字音（句读 dòu、攲 yú、郯 tán 子、老聃 dān、六艺经传 zhuàn 等词），了解词义（注意文中“学者”“小学”“不必”等词语古今含义的差异，“受”“读”“不”等通假字，以及“师”“惑”“道”在文中的不同含义，“其”“之”等字的不同用法），找出特殊句式[句读之不知，惑之不解。（宾语前置）耻学于师（介词结构后置）等]，完成文言词句的积累。第二次朗读：梳理文章的结构脉络，把握文章主旨。本文写作的目的是批判当时社会上耻学于师的不良风气，作者以“古之学者必有师”为中心论点，指出了教师的作用和从师的标准，接着用今人耻学于师和古之圣人无常师进行正反对比，强调从师应有的正确思想，最后交代本文写作的缘由，再次强调从师的重要性。可以看出，本文的结构层次分明，脉络清晰，教师可以引导学生进行分层次的朗读，帮助他们理清文章的结构脉络，从而正确把握文章主旨。第三次朗读：品读语言，学习表达技巧。教师可以带领学生借助齐读、分读、重点朗读等方式，让学生对文章的理解层层深入。学会品读文中“嗟乎”“呜呼”等语气词，体会它们在增强作者情感的流露和表达方面的重要作用，学习文中运用连珠句、对偶句等来增强文章气势的写法。如文中“古之学者必有师。师者，所以传道受业解惑也。人非生而知之者，孰能无惑？惑而不从师，其为惑也，终不解矣”[1]等连珠句，加强了句子之间的连贯性，使论述环环相扣；又如文中“生乎吾前……；生乎吾后……”“古之圣人……；今之众人……”等对偶句的使用，使文章形式整齐，更具气势，增强文章的说服力和表现力。

三、议体文教学方法的运用

通俗来讲，教学方法就是教师在教学中所采取的一切方式和手段，根本目的为了能更好地完成一定的教学任务或达成特定的教学目标。对于教学方法的认识，我们既要从观念层面去理解各种教学方法所包含的教育意义，又要在操作层面了解具体的教学方法应该如何运用及各种教学方法在运用过程中的变化。教师在教学中所采取的教学方法是多种多样的，在教学中人们普遍达成一个共识——教学方法的选择是要与教学内容相适应，即有什么样的教学内容就要采取什么样的教学方法。教学方法没有最好的，只有最适合的。根据议体文的特点，教师可以采用以文带言法、诵读法和评点法来展开教学，落实教学内容。

（一）以文带言，完成文言词句的积累

传统的文言文教学一直把“字字落实，句句翻译”奉为准则，不可否认，这种文

[1] 人民教育出版社等．高中课程标准实验教科书语文必修 3[Z]．北京：人民教育出版社，2007：54．

言文教学方法在一定程度上可以夯实文言基础，但是这种机械式的积累词句的方法，脱离了生动具体的语境，违背了语言学习的规律，既费时耗力效果又不佳。文言文教学应该要做到“文”“言”并重，而“文”与“言”的结合并不是将两者简单地相加，而应该做到“文”与“言”的融合，最合适的方法便是“以文带言”。“‘以文带言’指的是以‘学文’为先导，渗透‘学言’，在理解文言文本内容的过程中，落实重点字词，探究词法句法及其在文章表达中的作用；通过对‘言’的深层揣摩与探究，推进对‘文’的内涵的深度解读，真正达到‘文’‘言’统一。”

1. 以人文为先导，带出词句教学

由于文言文距今年代久远，加之文言文与日常语言相差甚远，学生要想真正读懂文言文具有一定的难度，导致学生在学习文言文时会产生一种畏惧心理，缺少学习的兴趣。为了提高学生学习文言文的兴趣，教师可以在文中找到一个能串联起全文的中心话题，为学生营造一种情境，师生通过关于该中心话题的互动讨论带出要积累的文言词句。但是不同类型的散文所寻找的人文话题需要根据各自文体的特点进行选择。

记体文重在叙述故事，而故事是由一个个事件组织起来的，学生在学习的过程中往往对故事较为感兴趣，因此在教学过程中教师要注意以事件为抓手，为学生营造一个生动、有趣的情境，激发学生的学习兴趣。例如，《鸿门宴》整个故事的发展经历了开端（曹无伤告密、范增说羽）、发展（项伯夜访、张良献计）、高潮（项王留饮、范增举玦、项庄舞剑、樊哙闯帐、沛公出逃）和结局（张良留谢、沛公锄奸）四个阶段，但是每一个阶段都有完整的故事情节，开端部分主要记述了宴会发生的原因——曹无伤告密，在教学这个事件的时候可以抓住关键性字词进行理解。例如，项羽在听到曹无伤告密的消息之后，他的第一反应是“大怒曰：旦日飨士卒，为击破沛公军！”[1]此时教师可以抓住关键词“怒”展开教学，引导学生思考：项羽为什么怒？从而帮助学生深入理解项羽的形象。再让学生找到“沛公欲王关中，使子婴为相，珍宝尽有之”。[2]此时，教学要重点落实到“王”“关中”“尽”“有”等词上面。而项羽怒后又做何反应？教师可以引导学生找到项羽说的话——“旦日飨士卒，为击破沛公军！”[3]将教学重点落实到“旦日”“飨”“为”等词上面。此外，从描写言行的字词中可以窥探出人物的形象，如“旦日”是“第二天”的意思，从中可看出项羽这个人遇事非常急躁，容易轻信他人。

而议体文主要阐述了作者的观点和主张，文章围绕某一中心论点展开，在行文过程中按照一定的逻辑结构，运用多种论证手法，通过多个分论点层层论述，从而达到论证中心论点的目的。因此，教学议体文的过程中，在寻找人文话题时可以从文章的中心论点入手，在师生围绕本话题讨论互动的过程中，带出文中的各个分论点，从而将整篇文章各个部分的重点字词句有机地串联起来，让学生在一个具体的语言环境中

[1] 人民教育出版社等．普通高中课程标准实验教科书语文必修 1[Z]．北京：人民教育出版社，2007：22．
[2] 人民教育出版社等．普通高中课程标准实验教科书语文必修 1[Z]．北京：人民教育出版社，2007：22．
[3] 人民教育出版社等．普通高中课程标准实验教科书语文必修 3[Z]．北京：人民教育出版社，2007：22．

了解字词的含义和用法，提高学生学习古代议论性散文的兴趣，在夯实文言基础知识的同时，培养学生对议体文的敏锐的感知能力。以《师说》为例，本文的中心论点是“古之学者必有师”[1]，教师在教学时可以据此提炼出一个人文话题和学生讨论，即“人为什么要从师？”，请用原文中的话来回答。由此引出：“学者必有师”“师者，所以传道授业解惑也”[2]“人非生而知之者”[3]等指明教师的作用和不从师的危害的句子，在与学生的互动中落实“学者”“受”“惑”“所以”等字的含义，以及“……者，……也”表示判断的句式等。接着，通过“既然从师这么重要，哪些人可以成为老师呢？”的问题引导学生找出从师的标准等句，落实“庸”“是故”“无”等字词的含义。作者一直在论说从师的道理，他的目的是什么？是为了指出时弊，批判当时社会上“耻学于师”的不良风气，这就引出了“师道之不传也久矣，欲人之无惑也难矣”[4]和“圣人无常师”两个分论点，这两个分论点从正反两方面进一步强调和增加了总论点“古之学者必有师”的正确性和说服力。通过教师与学生的对话互动，既加深了学生对文本的理解，又在具体的语境中落实了重点字、词、句的教学，极大地调动了学生学习议体文的积极性和主动性，提高了学生的学习兴趣和教学的效率。以《寡人之于国也》为例，本文围绕“民不加多”的问题展开，记录了孟子与梁惠王之间的对话，而本文的中心论点意在阐述孟子的仁政思想。教师可以从中提炼出一个人文话题，即“孟子是怎样从‘民不加多’的问题中引出自己的仁政思想的？”。梁惠王见到孟子后向其提出心中的疑惑——“寡人之于国也，尽心焉耳矣”[5]然“邻国之民不加少，寡人之民不加多，何也？”[6]此时可以落实“寡人”“焉耳矣”“加”的含义。从文中哪些具体的举措可以看出梁惠王治理国家很“尽心”？“河内凶，则移其民于河东，移其粟于河内；河东凶亦然。”[7]此时落实“河内”“凶”等词的含义，而这种做法和邻国相比，梁惠王自我感觉如何？“察邻国之政，无如寡人之用心者”[8]，此时落实“察”“无如”的含义。那孟子是如何向梁惠王解答这个问题的呢？以“五十步笑百步”举例类比，诱使梁惠王的回答一点点进入孟子布好的圈套，其主要目的还是为了阐明梁惠王的“尽心”和邻国之君的不用心没有本质上的区别，其间可以落实“战”“填”“曳”“或”“直”“无”等词的含义，于是引出后文孟子的仁政主张，即使民加多的措施、态度，并落实相关词句教学。

[1] 人民教育出版社等．普通高中课程标准实验教科书语文必修 3[Z]．北京：人民教育出版社，2007：54．
[2] 人民教育出版社等．普通高中课程标准实验教科书语文必修 3[Z]．北京：人民教育出版社，2007：54．
[3] 人民教育出版社等．普通高中课程标准实验教科书语文必修 3[Z]．北京：人民教育出版社，2007：54．
[4] 人民教育出版社等．普通高中课程标准实验教科书语文必修 3[Z]．北京：人民教育出版社，2007：54．
[5] 人民教育出版社等．普通高中课程标准实验教科书语文必修 3[Z]．北京：人民教育出版社，2007：46．
[6] 人民教育出版社等．普通高中课程标准实验教科书语文必修 3[Z]．北京：人民教育出版社，2007：46．
[7] 人民教育出版社等．普通高中课程标准实验教科书语文必修 3[Z]．北京：人民教育出版社，2007：46．
[8] 人民教育出版社等．普通高中课程标准实验教科书语文必修 3[Z]．北京：人民教育出版社，2007：46．

2. 以朗读为主线，渗透词句教学

文言文字词的学习和积累，不能依靠死记硬背式的灌输，而是需要引导学生在具体的语境中品读关键字词的含义，感受作者蕴含在文字背后的思想情感，落实文言基础知识，培养学生的文言语感。但是要想使学生对古代语言具备敏锐的感知能力，教师必须有意识地让学生进行大量的文言文朗读，才能达到语言的自动化。因而在文言文教学的过程中，要重视朗读在词句教学中的重要性。但是，不同文体的文言文在朗读中积累字词的方法是根据文体特点的不同而存在差异的。

在进行议体文的字词教学时，教师可以让学生在整体朗读的基础上了解文章大意，紧接着让学生提炼概括传主的主要事迹，根据学生的回答可以了解学生对文本理解的大致情况，通过故事事件找出最能体现人物形象的相关语言、动作、神态、心理等描写的语句，通过对这些语句的反复、分角色的朗读来品味、落实文言字词。古代山水游记散文中较多的内容是对山水景物的描写，因此，在教学中可以让学生找到文中关于景物描写的词句进行美读，借助配乐、节奏、语气、停连等诵读的方式和技巧，让学生运用想象力去还原作者眼中的美景，借助营造出来的情境来加深学生对于字词的理解，从而读出画面，读出情志与理趣。

议体文可以通过朗读找出衔接上下文的逻辑性关联词句，借助这些词句理清文章各个段落之间的内在关系，引导学生划分好文章的段落层次。接着再通过对各个层次的反复朗读加深对文章内容的理解，这就为重点文言字词的教学提供了一个具体的语境。以《过秦论》为例，教师可以带领学生采用齐读、分读、自由朗读等方式诵读全文，在朗读的过程中注意抓住“秦孝公”“孝公既没”“及至始皇”“始皇既没”“然”等表示衔接、转折、体现其逻辑关系的关键词句，理清文章的结构脉络，即秦始盛—秦日盛—秦极盛—秦覆灭—秦灭亡原因。根据文章的结构脉络对文章各个部分进行分层次的教学。选取秦始盛这个部分进行朗读，通过朗读可知本段主要写了秦占有优越的地理位置、秦孝公对内对外所实行的政策及政策取得的成果。在学生对文章内容有一定理解的基础上再次通过朗读找出文章的重点字词，如“窥”“席卷”“包举”等，通过对这些重点字词的反复朗读品味，使学生更好地理解秦孝公想要统一天下的勃勃雄心。

（二）诵读涵咏，品味语言的生动有力

从古至今许多文人名家都认为诵读是一种行之有效的学习方法，北宋的大文学家苏轼认为：“故书不厌百回读，熟读深思子自知。”[1]叶圣陶先生也认为：“吟诵的时候，对于讨究所得的不仅理智地理解，而且亲切地体会，不知不觉之间，内容理解化而为读者自己的东西了，这是最可贵的一种境界。”[2]由此可见，诵读对于理解文本、感受

[1] 包建新．语文教学设计与案例分析[M]．杭州：浙江大学出版社，2012：125．

[2] 包建新．语文教学设计与案例分析[M]．杭州：浙江大学出版社，2012：125．

作品的语言魅力具有重要的作用，诵读可以加深对文本的理解。通过不断地诵读，不仅可以让人感受文本声调的起伏变化，领会作者遣词造句的巧妙，起承转合的严谨，情感气韵的深厚，还可以让人体味到作者的“言外之意”和“话外之音”，从而更好地把握文章的主旨。入选高中语文教材的文言文篇目都是文质兼美的经典篇目，教师在教学中可以采用多种诵读方式进行，如采用教师范读或学生自读、默读、跟读、比读等方式进行，在学生诵读的过程中伴以必要的讲解和分析，这样才能让学生的体会更加深刻。

但是不同文体的古代散文在诵读过程中的关注点、侧重点是不同的。古代记体文在诵读中应侧重对事件的情节及戏剧变化的关注。记体文中古代山水游记散文的诵读应注重感受文中风景画面的美感，教师需要指导学生在朗诵中运用声音的高低起伏、轻重缓慢的变化技巧，营造出相应的情景，将学生带入想象的美景与作者的主观感情世界中，体会作者在文中寄托的情感和阐述的道理。传体文应该较多关注人物的相关描写。例如，重点把握文中对人物的外形、心理、动作和语言等方面的描写刻画。因为这些描写都是人物内在的心理活动和情感的表现和流露。在诵读的过程中要注意体会人物在不同场景下说话的语气、语调的变化，这样才能准确把握人物的形象，加深对人物的理解。

议体文的诵读应侧重对文章结构层次的把握，感受作者在论证观点时逻辑思维的清晰明了。教师在教学中可以进行分层次的诵读，加深学生对文中的中心论点和论据的理解把握，通过多层次的分读、对比朗读、品读、复读等，体会作者说理的高明和文势的表现。此外，在读的过程中还要加强对学生诵读技巧的指导，特别是在词句的停连、语调的升降、语气的表达等方面，使学生读中带思，让学生在错综变化的语气词中体会语言的生动，感受议体文说理的生动形象。如《师说》一开始就提出了中心论点“古之学者必有师”，紧接着从反面进行论证，对比了当时社会中巫医乐师百工之人和士大夫阶层对待“从师”的不同态度，这主要是为了针砭时弊，批判当时社会中存在的不从师学习的坏风尚。此外，以孔子等圣贤为例，从正面肯定赞扬了古人的尊师重道，进一步阐明从师的必要性。在诵读的过程中，教师可以引导学生对论点与论据进行分层次的反复诵读，今之众人耻学于师和古之圣人无常师的正反例分读，从而加深学生对作者观点的理解，感受韩愈倡导从师学习的说服力。《师说》第二自然段主要写时人耻学于师的现象，最能流露出韩愈内心的痛惜与无奈，在诵读时要注意语调的升降和语句的停连及文章之间的逻辑层次。“嗟乎！师道之不传也久矣！欲人之无惑也难矣！”[1]此句属于过渡句，有承上启下的作用，韩愈指出时弊，感慨“师道”久矣失传，批评当下社会的不良风气，由议论转到现实问题的叙述上。开头“嗟乎”这个语气词已经奠定了本段的情感基调，在诵读时“乎”字不宜读升调，也不宜读平缓，它相当于一个语气词“唉！”表示作者的一种失望与痛心，在读的时候要稍微拉长感叹，

[1] 人民教育出版社等．普通高中课程标准实验教科书语文必修 3[Z]．北京：人民教育出版社，2007：54．

要把韩愈内心的不平之意读出来、释放出来。两个“也”字属于句中的语气词，起停顿作用，意在强调“久”和“难”，所以在诵读时要抓住重音和停顿，这样才能够更好地将韩愈内心的无奈与悲痛之情传达出来。《寡人之于国也》中梁惠王向孟子提出“民不加多”的困惑时说：“寡人之于国也，尽心焉耳矣。”[1]诵读此句要重点体味梁惠王说话时的语气和神态，句末的三个语气词“焉耳矣”的连用，意在强调自己在治理国家时的“尽心”程度，自诩之情溢于言表，在诵读时重音要落在“尽心”两字上。

（三）评点结合，培养质疑问难的精神

“评点法，就是对文章的内容和写法做简要的评析，对文章的要旨所在、疑难之处、深蕴之点进行画龙点睛的点化。”[2]古人认为评点法是一种专心阅读、静心思考、阅读与反思并重的方法，古代《红楼梦》脂砚斋评本，《水浒传》金圣叹评本等都运用了评点式阅读法，成为了古代具有代表性的小说评点本。可见，评点法是进行文本细读的有效阅读方法。

在阅读教学中，新课程标准倡导学生独立阅读和思考能力的培养，注重培养学生运用自主、合作、探究的方式进行自学的能力。教师在进行学法指导时，可以引导学生运用评点法进行自学，也可以在课堂教学过程中，组织学生运用评点法就文本中的要旨、疑点等进行讨论交流，以此来实现多重对话。因此，评点法不仅可以作为一种阅读方法加以使用，教师也还可以根据传统评点法的特点，把它运用到文言文阅读教学中，使它成为一种有效的教学方法。在进行评点式阅读教学的过程中，要学会运用不同的评点方式。评点法在具体的运用过程中有多种操作方法，如概括、评价、质疑、联想、对比等。

对于传体文、议体文等不同类型的文本，教师要注意选取不同的方法和角度进行评点。传体文可采用质疑式的评点方法，组织学生根据个人的思维方式、先前的阅读经验以及兴趣爱好等，自由地选择评论的角度，可以对人物的形象提出不同的看法，教师在组织该活动时不应追求统一答案，只要学生不歪曲事实，在阐述理由时能做到有理有据即可。例如，一般认为《廉颇蔺相如列传》中“完璧归赵”这一事件，表现了蔺相如的果断机警。其实对此事件可以有不同的看法——“完璧归赵”事件本身是蔺相如失信的一种表现。一方面，蔺相如此举是对赵王先前承诺的失信。当时赵弱秦强，因畏惧秦国的势力，蔺相如出使秦国之前向赵王许下了“宁许以负秦曲”的承诺。但是当秦还未暴露出诈璧的事实时，蔺相如便先发制人，将和氏璧送回了赵国，这就给秦国留下了口实，使赵国成为理亏的一方。另一方面，蔺相如带和氏璧进入秦国，秦王在履行完蔺相如提出的“设九宾之礼”“斋戒五日”的要求后，蔺相如却提前偷偷地差人将和氏璧送离了秦国，这是对秦王的一种失信。所以，在教学中运用评点结合的

[1] 人民教育出版社等．普通高中课程标准实验教科书语文必修3[Z]．北京：人民教育出版社，2007：46．
[2] 刘淼．当代语文教育学[M]．北京：高等教育出版社，2005：191．

教学方法，可以锻炼学生多向思维的能力。

议体文可采取对比式评点的教学方法，将文中所表达的观点与我们当下社会的主流观点进行对照，学会用批判的眼光去重新审视我们的传统文化，取其精华，去其糟粕，从而更好地传承和发扬中国优秀的传统文化，并为当前社会的发展注入强大的文化凝聚力和向心力。如《寡人之于国也》中孟子提出的遵循自然规律发展生产的一系列举措，主要在于维持生态平衡，最大限度地获取自然资源。文中“维护生态平衡”“可持续发展”的思想对当前社会中存在的因经济快速发展而带来的自然资源过度开采、生态失衡、环境破坏等问题都有借鉴意义和参考价值。韩愈的《师说》历来被人们称道传诵，源于文中对教师的职责和作用、择师的标准等问题都做出了很有远见的论述，这些观点不仅在当时具有积极进步作用，对于我们今天的教育同样具有借鉴意义。但是对文中韩愈的部分观点我们应该一分为二地看待，我们既要学习韩愈思想上的进步性，也要评点出其思想的局限性。韩愈思想的局限性表现在：他看不起底层劳动人民，认为劳动人民的见识就应该不如“士大夫阶层”，认为这样才是社会常态。韩愈的这种观念在提倡民主、平等的新时代是应该被摒弃和批判的。

关于议体文还可以探寻其他形式的教学方法。但是不论采用哪种评点形式，都能有效地促进学生思维能力的发展、表达能力和写作能力的提升。议体文的教学本来就侧重培养学生质疑问难的精神，而评点结合的教学方法也符合议体文教学的初衷。不过，在运用评点结合的教学方法来教学议体文时，要注意从文章的整体内容入手，避免出现“断章取义”的现象。

四、议体文教学评价的方法

语文课程的基本特点是工具性与人文性的统一，所以在教学中不仅要求学生掌握语文学科的基本知识和技能，还要注重培养学生的思想、情感、创新意识，健全学生的人格，以形成正确的情感、态度、价值观。此前，语文教学评价方法过分强调考试的结果，忽视教学过程；过分重视教师“一言堂”“满堂灌”，忽视学生能动性的发挥；过分重视知识的传授，忽略情感渗透和能力培养。近年来，新课程改革的呼声越来越高，语文课程标准也在进行相应的调整，教学评价的方法必然要顺应教育的发展进行转变，因而议体文教学评价的方法也要随之调整、变化。但无论何种评价方法都需要紧扣议体文的文体特点，不能把它教成其他文体的文章。

（一）结果与过程并重

传统的语文教学往往以学生考试结果的高低作为教学评价的准绳，忽视对学生学习过程的关注与指导。议体文的教学不仅需要学生学懂文义，掌握文中字、词、句的含义、用法、停连等基础知识和其中蕴含的深刻哲理和丰富情感，还需要活学活用，让学生明白文章是如何围绕论点展开论证的，让学生学会围绕某个中心论点，使用恰当的论证方法及逻辑结构来组织论证。

（二）讲授与探究并举

传统的语文课堂往往变成了教师的“一言堂”，学生只能被动地接受知识，缺乏自主探究的过程，不能很好地激发学生的学习兴趣和主动性。新课程标准提出课堂教学要“以学生为主体，教师为主导”，提倡学生进行自主、合作、探究式学习。因此，议体文教学不能以教师的教来代替学生的学，应该是通过教师的引导让学生主动参与到课堂教学中，调动学生学习的积极性。对议体文教学方法的评价可以通过学生在朗诵、问题探究、模拟辩论等过程中表现出的对基础知识和技能的了解，对文中情感的把握和哲理的领悟来进行判断，并适当地进行点评和拓展延伸，便于更好地让学生主动思考，加深对文本的理解，开阔视野，增强学习能力，提高学习效率。

（三）知识技能与人文素养并习

纵观近些年的高考语文试卷，在文言文考查的题型以及考查内容的设置方面，往往更重视学生对文言字、词、句的含义及用法的理解和掌握程度，较少涉及对学生情感、态度、能力的考查。以 2018 年北京高考试卷为例，古文部分是选自《荀子》《吕氏春秋》里面的两则议体文，第 8、9、10、11 小题都是在考查学生对文章中字、词、句含义的理解及重点词的用法，而第 12 小题的第一问让学生找出文中能作为中心论点的一个句子，第二问是让学生为两则短文拟一个标题。虽然这一题所考查的让学生找出中心论点、拟标题涉及议体文的相关文体知识，但实际也是在考查学生对两则短文文意的理解程度。可以看出来，议体文教学及整个文言文教学的评价方法都更注重学生基础知识技能的掌握，缺少对文中人文内容的深入挖掘和探究。所以，无论是在讲授及评价议体文时都应该将知识技能与人文素养并习，两者都不能偏废。

第四节　议体文案例分析

案例一：《过秦论》教学设计

教材分析

《过秦论》选自贾谊的《新书》，分上、中、下三篇，人教版高中语文必修教材将上篇编入必修三第三单元的第三篇，本篇文章是古代论说文的典范，本文通过叙写秦王朝始强、日盛、统一天下到灭亡的完整过程，揭露了秦始皇的暴虐无道，指出秦王朝灭亡的根本原因在于“仁义不施而攻守之势异也”。作者借古讽今，目的是劝谏统治者要吸取秦亡的教训，施行仁政。本文篇幅较长，受当时铺张扬厉、辞藻华丽的汉赋影响，突破了原先论说文体制的限制，使得作品气势雄浑，极富感染力和说服力。

学情分析

本文的学习对象是高一年级的学生，在此之前，他们已学习过古代叙事散文单元和古代山水游记散文单元中的文言文篇目，积累了一定量的文言实词、文言虚词和文言句式，因此在讲解本篇课文时教师可以跳过基础的文言知识，只对重难点字词、句式进行讲解，重点学习贾谊用史实作论据，先叙后议来论证中心论点的写法。

教学目标

① 学习并掌握文言实词的含义，文言虚词的用法及特殊句式等文言知识。

② 理解贾谊对秦王朝灭亡原因的分析，学习本文以述代论，用史实做论据，先叙后议来论证中心论点的写法。

③ 品味欣赏本文词采华丽、气势充沛的语言特点。

教学重点

品味欣赏本文词采华丽、气势充沛的语言特点。

教学过程

一、课文导入

秦始皇灭六国，统一天下，建立了我国第一个封建王朝。作为历史上第一位皇帝，秦始皇本想成就“子孙帝王万世之业也”，但是他万万没有想到他的帝国梦想到秦二世就已破灭，那是什么导致秦王朝这么快就走向了灭亡？是的，就是秦的暴政。而今天我们要学习的贾谊的《过秦论》就是在说秦灭亡一事，那我们就一起来看一看，贾谊究竟是怎样看待这个问题的。

二、解题

本文的标题是“过秦论”，我们知道“论”是一种议论文体，“过”本来是名词，过错、过失的意思，这里名词活用为动词，指出过错的意思。因此，“过秦”就是指出秦的过失，表明本文是一篇指责秦过失的史论文。现在我们重新来审视标题，你有哪些疑惑需要解决？（学生一般会回答：秦的过失是什么？为什么要指出秦的过失？怎样指出秦的过失？）

从文章标题入手，抓住关键词“过”，展开教学过程。

三、整体感知课文

（一）朗读课文

1. 教师示范朗读

学生完成正音、断句，标好节次。

2. 学生自由朗读

整体把握文章大意。

（二）抓关键词句，理清文章结构脉络

1. 分析主旨

从全文来看，本文指出秦的过失是什么？

明确：仁义不施而攻守之势异也。

2. 研读一至三自然段

从全文看，哪些段落写了“攻”“守”之势？

明确：“攻势”体现在文章的第一段和第二段，主要叙述了秦由始强到日盛的过程，突出秦在攻取天下时势如破竹的气势。“守势”体现在文章的第三段，记叙了秦始皇采取各种措施来巩固统治。

3. 研读第四自然段

“攻”“守”之势发生变化后，产生了怎样的结果？

明确：文章的第四段自然引出秦覆灭的结果，为末段揭示秦灭亡的原因做铺垫。

4. 理清脉络

文章是怎样层层推进来论述秦的过失的？

明确：秦始盛—秦日盛—秦统一天下—秦覆灭—秦灭亡的原因。

四、写作背景

汉文帝时期，秦末衰微的经济得到了一定的恢复与发展，社会进入相对稳定的发展阶段。但随着社会经济的逐渐繁荣，出现了豪门权贵侵占农民土地的现象，社会矛盾日益激化。而这种严峻形势并未引起上层官员的重视，贾谊为此深感不安，为了向汉文帝言说事态的严重后果，他从关乎汉王朝兴衰的角度，写作《过秦论》，论史讽喻，目的是希望借助秦王朝灭亡的教训，委婉地劝诫汉文帝要施行仁政，以维护汉王朝的统治。

五、研读课文，穿插讲解文言知识

1. 研读第一自然段

（1）朗读课文，概括内容

请同学起来朗读课文，并尝试概述本段主要内容。

明确：主要写秦王朝势力的崛起，秦占据优越的地理位置，实行对内对外的政策及取得的效果。

（主要考查学生对文章段落的理解程度，从学生的回答中梳理出学生易错或不会的生字词的含义，重点进行讲解。如，崤函：崤山和函谷关。席、包、囊都是名词作状语，像席子、包裹、布袋一样，都是并吞的意思。）

（2）语言的品读和赏析

文中说秦有“席卷天下，包举宇内，并吞八荒，囊括四海之意，并吞八荒之心。”其中“席卷”“包举”“囊括”都是“并吞”之意，“宇内”“四海”“八荒”都有“天下”之意，把它换成“有并吞天下之心”好不好？为什么？

明确：不好，文中同义叠词构成了互文的修辞格，这种铺陈排比的写法意在突出秦孝公统一天下的勃勃雄心，同时也为后文历代秦君的显赫功业张本，为后文写秦统一天下后顷刻覆灭形成鲜明对比作铺垫。

让学生在反复诵读这几句话的过程中，重点品味语言的表达效果。

2. 研读第二自然段

（1）朗读赏析

本自然段可采用学生齐读、分读、重点朗读的方式，以第一段的讲解为示范，对语言进行自主赏析。

（2）疏通文意

在疏通文意的过程中解决重难点字词。

明确：本段写秦王朝的势力进一步扩大，经过几代秦君的治理，国力日强，威慑诸侯。落实“没”“蒙”“因”“南、西、东、北”“膏腴”“逡巡”“亡”“北”“漂”“因”等词。

（3）从语言角度赏析

本段写六国合纵缔交时，却交代了诸多国名、人名，这样写是否啰嗦？这样写有什么好处？

明确：不啰嗦，本段写六国合纵缔交时的情景，同一个意思而一连写了好几句，既有排比又有对偶，详细写了六国之师人员配备精良，人才济济，兵强马壮，实力雄厚，突出了六国之师的强大，让人感觉此次六国之师攻秦势在必得的志向。与后文写六国之师在秦军面前不堪一击，迅速瓦解溃败形成鲜明对比，意在衬托秦国军事实力强大，锐不可当。此外，也是秦国自身先强后弱、先盛后衰的对比。

3. 研读第三自然段

（1）朗读并概述

请同学起来朗读本自然段，并概述本段主要内容。

明确：本段写秦始皇用武力统一天下，国力达到鼎盛，却用暴政统治人民。

（2）疏通文意

在疏通文意的过程中解决重难点字词及特殊句式。

请学生分层次朗读，在朗读过程中重点强调“却、愚、弱”的使动用法和古今异义词“以为”“山东”。特殊句式：铸以为金人十二（定语后置句）。

（3）语言的品读赏析

“振长策而御宇内，吞二周而亡诸侯，履至尊而制六合，执敲扑而鞭笞天下”中“振长策”“吞“亡”“执敲扑”“鞭笞”等词语的使用，形象地写出了秦始皇执政的暴虐。且本句话兼用夸张、对偶、排比等修辞，将秦始皇的虎狼之心、凶残暴虐披露得淋漓尽致。

“天下已定，始皇之心，自以为关中之固”这句话中“自以为”三个字形象地刻画了秦始皇的自得心理，讽刺了秦始皇想法的天真，也暗含着作者对其必然灭亡的判断。

4. 研读第四自然段

（1）朗读并概述

请同学起来朗读本自然段，并概述本段主要内容。

明确：本段主要写陈涉起义和秦王朝的覆灭。主要考查学生对文章段落的理解程度。

（2）疏通文意

疏通文意落实重点字词及特殊句式。

让学生分句齐读，在朗读过程中重点强调“云、响、景”等名词活用为状语的现象和古今异义词：“山东”。特殊句式：然陈涉翁牖绳枢之子，氓隶之人，而迁徙之徒也（判断句）。

（3）语言的品读赏析

本段写强秦的灭亡，却用大量的笔墨来铺叙陈涉起义军的情况，这样安排有何用意？

明确：作者从出身地位、个人素质、起义军成分、起义的影响这四个方面铺叙了起义军的情况，意在强调陈涉起义军的弱小，与强大的秦国差距悬殊，却导致秦国的灭亡，为后文秦亡的原因做铺垫。

5. 研读第五自然段

（1）朗读并概述

请同学起来朗读本自然段，并概述本段主要内容。

明确：阐述秦王朝快速灭亡的原因。

（2）疏通文意

疏通文意落实重点字词及特殊句式。

让学生分句齐读，在朗读过程中落实“向时”“作难”等词，以及特殊句式：谪戍之众，非抗于九国之师也（介词结构后置）；身死人手，为天下笑者（被动句）；仁义不施而攻守之势异也（宾语前置）。

（3）语言的品读赏析

“且夫天下非小弱也，雍州之地，崤函之固自若也”这句话有什么作用？

明确：本句话指出秦拥有的地理优势依然存在，且较之前更为强大。意在说明秦灭亡并非由于力量弱小，为下文揭露秦灭亡的真正原因做铺垫。

六、写作手法探究

本文的体裁是议论文，但是为什么记叙远远多于议论？这样安排详略有何用意？

明确：本文前四段重在记叙秦由崛起到灭亡的过程，而议论部分仅在结尾才指出秦灭亡的原因在于“仁义不施而攻守之势异也”。作者这样的详略安排正是本文的匠心所在：议论文本来就注重摆事实、讲道理，要论秦的过失就需要大量的历史史实作为依据才能使人信服。如果缺少历史史实的依据，议论部分就缺少依据，所发的议论也就流于表面，缺乏说服力。所以，本文按照历史发展的时间顺序，记叙了秦由区区之地致万乘之势，却转而灭亡的过程，在叙述过程中对大量历史史实进行高度的概括，先扬后抑，形成强烈的对比，为后面分析秦灭亡的原因做铺垫，也使结论的得出水到渠成。本文议论虽少但使议论所阐述的道理顺理成章，使人信服。

再次诵读全文，感受文章铺张扬厉，气势磅礴的文风。

七、作业

1. 较异同

请比较贾谊的《过秦论》和苏洵的《六国论》在观点和写法上的异同。

2. 析优劣

评论贾谊《过秦论》思想的进步性和局限性。

八、板书设计

- 过秦论
  - 秦的兴亡
    - 秦始强
      - 地理条件
      - 内外政策
    - 秦始强
      - 政策
      - 武力
      - 较量
    - （以上）攻
    - 秦统一天下 → 守
    - 秦覆灭
      - 陈涉
      - 山东豪俊并起
  - 秦灭亡原因
    - 秦：天下非小弱，雍州、崤函自若
    - 陈涉：地位、武器、士卒、军队远弱于九国之师
- （总括）仁义不施而攻守之势异也

【评析】首先，从教学内容的选择来看，此教学设计涉及文言词句的积累、语言的品读赏析、写作背景的解读、写作手法的探究等多方面，教学内容较为丰富，注重“文”“言”的融合统一。此外，该设计中所选择的教学内容又紧扣议体文的文体特点，抓住了文章的中心论点“仁义不施而攻守之势异也”作为文本的切入点，理清了行文的结构脉络，在品读语言的过程中，完成了对句式、手法的赏析，加深了学生对作品所表达的内涵的理解。

其次，从教学结构的组织来看，此教学设计从解读文章的标题“过秦论”入手，抓住关键词“过”，展开教学过程，并运用朗读法将教学内容有机地串联起来，通过多次的朗读实现文章结构脉络的梳理、文言词句的积累、语言的品读赏析等，从而实现教学内容意义上的流动。

最后，从选用的教学方法来看，此教学设计特别注重对文本的诵读，让学生在多次诵读的过程中加深对文本的理解，促进教学内容的落实。在作业部分选取《六国论》与《过秦论》进行异同的对比，既有助于加深学生对《过秦论》的理解，又能丰富学生的课外阅读，开阔他们的视野，让学生在比较阅读中学会迁移提升，举一反三。此外，在教学设计的最后部分提出对贾谊《过秦论》中的思想进行评价，这对学生的学习提出了更高的要求，意在培养学生质疑问难的精神和独立思考问题的能力。

案例二：《劝学》教学实录

师：同学们，荀况特别强调教育和后天学习的重要性，《劝学》就阐明了学习的重要性和学习方法，请问本文的中心论点是什么？

生：（集体）“学不可以已。”

（板书：学不可以已）

师：请同学们齐背第一自然段。

生：（集体）“学不可以已……君子博学而日参省乎己，则知明而行无过矣。”

师：请问本段论述了什么内容？

生1：论述了学习的意义。

师：运用什么方法论述的？

生1：比喻。

师：很好。本文作者运用了5个比喻，从不同角度论述了学习的意义。作者以“青青于蓝”“冰寒于水”两个比喻，说明了什么道理？（板书：青青于蓝，冰寒于水）

生2：说明事物经过一定的过程会发生变化。

师：发生什么样的变化？

生2：在原有的基础上进一步提高、发展。

师：对。作者又以“直木为轮”为喻，说明什么道理呢？（板书：直木为轮）

生3：说明事物可以后天改造。

师：对。谁能说得更全面、更具体些？

生4：比喻说明人的资质可以通过学习来改变，而且一旦提高和发展了，就不会回到原来的状态，即人若不断地学习下去，会发生质的变化。

师：很好。“金就砺”“木受绳”两个比喻引出什么结论？（板书：金就砺、木受绳）

生：（集体）“君子博学而日参省乎己，则知明而行无过矣。”（板书：知明而行无过）

师：此句与本段哪句话相照应？

生：（集体）“学不可以已。”

师：对。荀子提出人性本恶的思想，认为只有用教育来陶冶，用礼法来约束，才能把这种生而具有的“恶”转变为“善”。这里作者运用5个比喻阐述学习的重要性。学习是人发展的过程，如果不停止学习，人的知识、才能、品德会不断增进、提高，达到“知明而行无过”的境界。请××同学背诵第二自然段。

生5：“吾尝终日而思矣……善假于物也。”

师：很好。同学们思考一下本段写了几层内容？

生6：分三层。第1句为第一层，第2、3句为第二层，第4句为第三层。

师：对。第一层阐明什么内容？

生7：正面阐明学习的重要性。

师：对。第二层与第三层是什么关系？

生8：分总关系。

师：对。第二层是具体阐述“假于物”的重要，第三层得出结论：“君子善假于物。”联系前文思考“善假于物”的“物”暗指什么？

生：（部分）学习。

师：对。由此看来，第二层用什么方法阐述学习的重要性？

生：（集体）比喻。

师：用哪几个比喻？

生 9：登高而招、顺风而呼、假舆马、假舟楫。（板书：登高而招、顺风而呼、假舆马、假舟楫——善假于物）

师：第一、二自然段是文章的第一部分，主要论述了学习的重要性。在写法上的最大特点是运用大量的比喻，从各个方面对中心论点加以阐释，使论点既鲜明又生动。

师：请同学们齐背第三段，“积土成山”，开始。

生：“积土成山……用心躁也。”

师：本段主要论述什么问题？分几层？

生 10：这段主要论述学习态度。分三层：第一层，从“积土成山”到“无以成江海”，阐述应该逐步积累；第二层，从“骐骥一跃”到“金石可镂”，阐述要有持之以恒的态度；第三层，从“蚓无爪牙之利”到本段末，阐述学习要专心。（板书：学习态度——积累、恒心、专心）

师：很好。作者是用什么方法论述问题的？

生 11：比喻。

师：每一层的两个比喻句是什么关系？

生 11：对比关系。

师：对。本段的三层内容都用对比设喻的方法阐述。这样的写法有什么好处？

生 12：使中心论点更生动更鲜明，增强了文章的说服力和感染力。

师：很好。请同学拿出纸来，按要求做练习。（要求：每人写一个比喻句阐述知识的重要性，比喻要恰当。）

（学生动笔写，5 分钟）

师：请同学们交流一下，谁说？

生 13：知识如血液一样宝贵。人缺少了血液，身体就会衰弱；人缺少了知识，头脑就会枯竭。

师：比喻贴切吗？（学生答：“贴切。”）

生 14：空虚的头脑若以知识来充实，犹如雨水浇灌着干旱的土地，使它能恢复生气。

师：很好。下一个。

生 15：知识是生活的明灯，没有知识的生活，犹如在黑暗中的远征。

生 16：没有知识的头脑，像不长谷物的荒地。

师：他从反面设喻，也很好。

生 17：没有知识的人，就像断了线的风筝，东摇西晃，虚度年华。

师：请同学们推敲一下是否贴切。

生 18：不贴切。“断线的风筝，东摇西晃”主要是说无明确的飞行方向，与“没有知识”无相似之处。

师：若将本体改动一下，就是一个很好的比喻句，请你改一下。

生 19：将“知识”改为“志向”。

师：对。改为“志向”“目标”“理想”等，就是个很生动贴切的比喻。好的比喻必须符合合理、生动、新颖的要求。

师：再请同学们运用对比设喻的方法，阐述学习要勤奋或谦虚。（学生写，6 分钟）

师：我看同学们基本上写完了，下面分成几个小组交流一下，写得好的向全班同学推荐一下。（6 人一组，交流 7 分钟）

师：哪些同学写得不错，请组长推荐一下。（第二组组长举手说）

生 20：谦虚的人像翱翔高空的雄鹰，知道天高地阔、学海无涯，因而刻苦好学，永不自满；骄傲的人就像井底之蛙，以为天空只有井口那么大，因而浅尝辄止、夜郎自大。

师：好。这是以对比设喻阐述要有谦虚的学习态度。还有好的吗？

生 21：勤奋的人，像一颗明珠，无时无刻不放出光芒；而懒惰的人，像生了锈的铁，毫无用处。

师：不错。这是以对比设喻有勤奋的学习态度。（下课铃响）还有好的句子，请课代表收集起来，贴在学习专栏里。

今天的作业：写一篇不少于 500 字的议论文，论述人要有崇高的理想。适当运用比喻论证。

【评析】首先，从教学内容的选择来看，教师所选择的教学内容紧扣议体文的文体特点。从文章的中心论点“学不可以已”入手，理清文章的行文思路，引导学生在理解文章的过程中，完成对相关文言知识的学习。

其次，从教学结构的组织来看，教师在组织教学过程中了抓住“劝”和“学”两个字。把对文章字词的积累、论证方法技巧的学习以及语言的品读赏析等教学内容囊括其中，使得整个教学过程条理清晰。

最后，从教学方法的选用来看，教师特别注重培养学生的自主学习能力，尊重学生的主体地位，在课堂中引导学生思考、回答问题，帮助他们学习课文，加深了他们的理解。最后布置的作业也与今天学习的内容相对应。

参考文献

一、著作类

[1] 王荣生．语文课程论基础[M]．上海：上海教育出版社，2003.
[2] 王荣生．语文教学内容重构[M]．上海：上海教育出版社，2007.
[3] 王荣生．文言文教学教什么[M]．上海：华东师范大学出版社，2014.
[4] 王荣生．阅读教学教什么[M]．上海：华东师范大学出版社，2016.

[5] 人民教育出版社教学资源编辑室组编. 语文必修3教材解读[M]. 北京：人民教育出版社，2014.
[6] 褚斌杰. 中国古代文体概论[M]. 北京：北京大学出版社，1990.
[7] 张寿康. 古代文章学概论[M]. 武汉：武汉大学出版社，1983.
[8] 孙绍振. 如是解读作品[M]. 福州：福建教育出版社，2015.
[9] 孙绍振. 名作细读—微观分析个案研究[M]. 上海：上海教育出版社，2009.
[10] 刘凤岭. 文言文教学实录：案例感悟评析[M]. 上海：上海教育出版社，2006.
[11] 周庆元. 语文教学设计论[M]. 南宁：广西教育出版社，1998.
[12] 包建新. 语文教学设计与案例分析[M]. 杭州：浙江大学出版社，2010.

二、学位论文类

[1] 李琳. 高中语文古代论说文教学研究[D]. 开封：河南大学，2013.
[2] 许可. 高中古代论说文教学与议论文写作教学结合探究[D]. 开封：河南大学，2014.
[3] 汪洋. 高中语文人教版必修教材选文选编研究[D]. 海口：海南师范大学，2013.
[4] 李杏丽. 高中文言文文体教学研究[D]. 桂林：广西师范大学，2014.
[5] 欧阳军辉. 高中古代散文教学初探[D]. 武汉：华中师范大学，2011.
[6] 丁丽丽. 高中文言文教学刍议[D]. 长春：东北师范大学，2008.
[7] 高华超. 高中语文文言文教学内容研究[D]. 兰州：西北师范大学，2013.
[8] 刘艳. 高中文言文的教学研究[D]. 济南：山东师范大学，2015.
[9] 王志营. 高中文言文问题教学研究[D]. 开封：河南大学，2015.
[10] 刘化强. 新课标下高中文言文教学策略的研究[D]. 长春：东北师范大学，2013.
[11] 罗婕. 高中文言文传统文化教学的方法研究[D]. 重庆：西南大学，2009.
[12] 钟亮. 高中文言文教学内容研究[D]. 上海：华东师范大学，2008.
[13] 张帅. 新课标下的高中文言文教学方法的研究[D]. 开封：河南大学，2011.
[14] 罗俊明. 文言文教学：文字、文章、文学、文化的统一[D]. 福州：福建师范大学，2008.
[15] 李文俊. 新课程标准下高中文言文教学内容的确定[D]. 上海：华东师范大学，2010.
[16] 纪彩霞. 中学文言文文体教学研究[D]. 济南：山东师范大学，2008.

三、期刊类

[1] 毛雪梅. 从文体角度看文言文教学内容之争[J]. 中学语文，2012（9）：23-25.
[2] 黄厚江. 文言文该怎样教[J]. 语文学习，2006（5）：14-16.
[3] 吕洋. 新课程背景下文言文教学设计思路[J]. 语文知识，2008（1）：43-46.
[4] 包建新. 回到原点：文言文教学为什么[J]. 教学月刊，2005（11）：42-44.
[5] 章明寿. 谈古代论说文[J]. 淮阴师范学院学报，1999（6）：93-95.

[6] 钱梦龙. 文言文教学改革刍议[J]. 中学语文教学，1997（4）：25-27.
[7] 孙连琦. 略谈古代论说文的分析[J]. 锦州师范学院学报：哲学社会科学版，1980（4）：76-79.
[8] 江长茂. 议论性散文的特点及其写作[J]. 文学教育，2010（7）：116-117.

专题四

抒体文阅读教学研究

“抒体文”即以抒情为目的的文言文类型。其特点是，为情造文，情感真挚；语体情韵丰厚，富有创造性；抒情手法不一，风格多样；多种表达方式融合，技法高妙。学习此类文言文类型，就要积累词句，品析言语之细腻；学习手法，品味情意之丰富；分析技法，品读达情之多面；鉴赏语言，领略风格之迥异。

第一节 抒体文阅读教学现状调查与问题分析

一、现状调查及问题

文言抒情散文教学是文言文教学重要的组成部分，也是学生学习古代优秀文学作品、体会其中蕴涵的中华民族精神的宝贵资源。文言抒情散文渗透了很多古人对现实的关照、生活情趣与思想情感，在教学中值得深度挖掘。然而，当前文言抒情散文教学存在教学内容肤浅狭隘、教学结构呆板僵化、教学方法单一的问题，究其根本原因就是教师的文体意识淡薄。本书将文言抒情散文归类为抒体文，下面将对高中抒体文教学存在的问题及原因进行分析。

抒体文是高中文言文的重要组成部分，其语言凝练典雅，情韵丰厚，富于文采，是领略古典文学风采的重要资源。但是在实际教学中，抒体文作品内蕴的情感因素并未得到充分的挖掘和释放，它的文体特点也没有鲜明地体现出来。教师在教学中选取的内容缺乏针对性，教学结构僵化，教学方法单一，从而使抒体文的教学处于一种枯燥的、机械的重复状态，脱离了语文教学的宗旨，削弱了作品的文学魅力，造成学生文体意识淡薄从而导致学习目的不明确，在学习抒体文时不得其味，如同嚼蜡。

（一）教学内容肤浅狭隘

王荣生教授提到的文言文教学，“言”的学习是为学习课文扫清障碍，教学内容还要兼顾“文学”“文章”“文化”等方面内容。由此便可看出，文言文教学不能只停留在字词讲解和疏通文意的层面上，也不该以此作为文言文教学的最终目的。传统的文言文教学方法就是“字字疏通，句句落实”，其中“字”被认为是文言文阅读教学中首先要扫除的障碍，由“字”到“词”，再到“句”，最后到“篇”来理解文言文。[1]汉字的字义与汉语的词义密切相关，针对汉字这样的特点，从“字”出发，疏通文意是合情合理的。[2]“言”的学习，往往是文言文阅读理解的第一步。但在实际的教学中，应当采用适宜的教学方法落实“言”的学习，因为文言文并非文言字词的任意堆砌，是一个包含了作者的思想情感、创作风格、审美趣味的整体。因此，学生不仅需要掌握文言文的基础知识，还要学习古代优秀文学作品中蕴涵的思想感情以及所承载的人文内涵。总之，文言知识的积累与掌握仅仅是文言文学习的基础与前提，但这并不是最终的学习目标，更不是文言文教学最终的落脚点。

[1] 胡虹丽．文言文教学的“文化本位”及其实施策略[J]．课程·教材·教法，2011（12）：37-40．

[2] 胡虹丽．文言文教学的“文化本位”及其实施策略[J]．课程·教材·教法，2011（12）：37-40．

在实际的抒体文教学中，教师采用着重逐字逐句的讲解来落实“言”的学习，把学生不理解的文言字词从文章中分离出来集中讲解，并贯穿上下文来疏通文意，加之文言抒情散文单元相比其他几册文言文单元难度较大，教师过于注重字词的解释、翻译和练习。教师将教学重点放在文言字词、特殊句式等基础知识的学习上，脱离了具体的语言环境和文本。这样的文言文教学把语言凝练典雅、个性鲜明、意蕴深长的文言抒情散文名篇分解开来，变成了文言字词、特殊句式等知识的“容器”，最终的结果就是一篇篇优秀的古代文学作品被分解得支离破碎、兴味全失。这一做法凸显了教学内容的选择没有抓住抒体文的文体特点的问题，从而导致教学内容肤浅狭隘，抒体文的教学浮游于文本表面，作品内蕴的情感因素和丰富的文化内涵并未得到充分的挖掘和释放，文本的原生价值和教学价值没有得到充分的利用，使得抒体文教学偏向了注重“工具性”。

（二）教学结构呆板僵化

教学结构是一节课的环节或步骤以及各个环节或步骤间进行的顺序和时间的分配，它必须根据教学目标、教学内容、教学方法和学生的学习特点等进行安排和调整。[1]在设计课堂教学结构时，不同文体的教学内容肯定是有所差别的，教师要充分考虑教学结构与教学内容是否相匹配，否则就会导致课堂效率低下。

当前大部分文言文课堂都采用固定的教学结构：背景介绍→作者介绍→字词疏通→初读感知→结构分析→逐句翻译→语法知识点罗列→全文总结。[2]这种课堂结构具有完整性，对教师的教学实施有着一定的指导意义。但是在面对不同文体的文言文时，在教学中仍采用这样“以不变应万变”的固定化教学结构，会导致课堂教学过程有些“模式化”了，显得过于呆板而没有活力，一节课下来，让人感觉到整个课堂教学显得断断续续、生硬发涩。抒体文的教学自然也深受这种呆板僵化的教学结构的影响，教学的重点为文言字词、特殊句式等“言”的学习，其结果就是把一篇篇优美的文章分解得支离破碎。教学中把大量的时间和精力放在进行文章字词的疏通上，这样的教学结构安排只是各个步骤简单的相加组合，并没有实现教学内容的意义流动，文言文的教学处于一种枯燥的、机械的重复状态，浇灭了学生的学习热情，同时也削弱了抒体文独特的文学魅力和艺术感染力。教学过程按照教师的预设一板一眼地进行，容易造成课堂气氛沉闷，形成教师“一言堂”的局面，学生失去了学习中的主体地位。由于脱离了具体的语境和文本，文言基础知识的教学效果并不好，学生也不能从整体上去学习和把握的文言文的学习。这样为了完成教学任务而把一堂课割裂成若干个板块的教学结构，体现出了教师缺乏整体性的教学意识，没有从整体上把控文言文教学的本质，把一堂课割裂成若干个互不相关的教学环节，导致教学中学生、教材和教学形式

[1] 顾明远．教育大词典・上（增订合编本）[M]．上海：上海教育出版社，1998：902．

[2] 许翠翠．基于文体分类的高中文言文教学策略研究[D]．武汉：华中师范大学，2017：8．

之间本应紧密相连关系被割裂，表面看上去是可以按部就班地顺利完成教学的任务，但实际的教学效果却收效甚微，教学效率低下。

（三）教学方法机械单一

教学方法是由教学内容来决定的。在当前高中阶段的文言文课堂教学中，教学的主要内容便是词语解释和文言语法句式的讲解，面对密集的文言知识讲解，教师通常采用传统的文言文教学方法——串讲法、翻译法。学生只负责听课记笔记，接受教师加工好了的知识。教师进行文言文教学时，先是费了很大的力气对文言文基础知识进行讲解，然后再将文言翻译成现代汉语。这种教学方法虽然可以帮助学生疏通文意，读懂文章，但是由于教师没有针对不同的教学内容进行教学方法的选择，导致教学方法单一，文言基础知识的讲解占用了大部分课堂教学的时间，再加上脱离文本的文言知识学习枯燥乏味，师生之间缺乏对话交流致使课堂气氛沉闷，学生失去了学习中的主体地位，学习兴趣提不起来，在课堂教学中，虽然教师花费了大量的时间和精力却收效甚微。这种缺乏针对教学内容考量、形式单一的教学方法直接影响了抒体文的教学效果和教学质量，使得学生无法体会到学习过程中的乐趣，感受不到抒体文的艺术魅力。

尽管人教版高中语文必修一到必修五教材编入了不同作者、不同内容、不同风格、不同文体的文言文作品，但是在实际教学活动中，在面对不同的教学内容时，教师往往选择“以不变应万变”的教学方法，仍然采用以教师串讲为主这种单一的教学方法开展教学活动，形成了文言文教学中教师“一言堂”的局面，极大地压抑了本应活跃的课堂气氛，学生在学习中的主体地位得不到体现，打击了学生学习文言文的积极性。因此，抒体文的教学，首先要立足于抒体文的文体特征，根据不同的教学内容选择适宜的教学方法展开教学活动，教出抒体文的特点，而不是用单一的教学方法进行文言文教学，拆解所有文体类型的课文。课堂教学方法的单一，是抒体文教学存在的一个直接问题。

二、问题分析

（一）忽略文体特征，教学内容狭窄

所谓“文各有体，得体为佳”。古人作文以文体为纲，古代士人在创作时会选择特定的文体来满足其创作需求或产生表情达意的效果。[1]从这个角度上说，根据抒体文的文体特征来解读作品，倒是一条可行之路。在解读抒体文时，以文体特征、创作意图等作为切入点，即可抽丝剥茧，深入地针对作者进行创作活动的意图进行探究，才能够披文入情，体味语言文字背后的魅力。然而，目前的抒体文教学，并没有根据文体

[1] 赵红艳．基于文体特征的中学文言文教学研究[D]．青岛：青岛大学，2017：5．

特征来确定教学内容，教学还停留在“言”的学习层面，没有将文章所蕴含的文化进行较深层次的挖掘，把文言与文化分离，只注重加强学生在文言基础知识方面的积累。加之考试对文言文教学的影响，教师为了让学生拿到好的分数，过于注重“言”在教学中的地位，从而忽略抒体文的文体特征，造成了教学内容狭窄化的问题。在课堂上，面对不同文体、不同语言风格、不同表达方式的文言文作品，许多教师仍采取传统的逐字逐句的串讲方式，将教学重点放在脱离具体语境和文本的文言基础知识学习上，这样的文言文教学把语言凝练典雅、个性鲜明、意蕴深长的抒体文名篇分解开来，变成了文言字词、特殊句式等知识的“容器”，不再饱含作者深厚而浓重的思想感情。在这样的教学过程中，学生习惯于被动地接受教师传输的概念和知识，然后加以背诵记忆，缺乏对学生文言抒情散文自主学习和赏析能力的培养，学生收获的只是一些零散而又枯燥的文言基础知识，文言文的鉴赏能力没有得到锻炼和培养。

文言文是“文言”与“文化”的整体结合，所以教师不能重言轻文，文言与文化都要重视。在解读抒体文时，需要以其文体特征为切入点，深入对文章文化内涵的理解，让学生在更深层面掌握课文，使学生在学习优秀古代文化作品的过程中，充实自己的精神生活，丰富情感体验，熏陶其思想。在文言文的教学中，教师需要将“言”与“文”的学习有机统一起来，在积累文言字词的基础上也要注重弘扬文言文中蕴含的中华优秀传统文化，做到“文”“言”并重，在文言文教学中二者不可偏废。

（二）忽视教学整体，教学结构断裂

在实际的抒体文教学中，教学结构依然为教师对字词进行串讲以及介绍相应知识，学生更关注对译文、词义等的记忆，这种教学方法的最终结果必然是使得课文被肢解，失去其应有的生命力。在实际的抒体文教学课堂中，教学结构呆板僵化，教师按照自己预设好的环节来进行教学，各个环节是为了组织和实施所要完成的教学任务。这样的教学结构也反映了教师缺乏将课堂看作是一个整体的意识，没有从整体上把控文言文教学本质，把一堂课割裂成若干个教学板块。教师只有关注到教学内容之间的整体性关系，才能实现教学意义的流动，勾连起整个教学环节。教学结构需要根据教学目标、教学内容、教学方法等进行安排和调整，这种忽视教学整体性的教学结构的出现，归根到底，是因为教师文体意识淡薄而导致的。

王荣生教授认为：好的课堂教学结构可比喻为“一根筋”和“一锅出”。“一根筋”指教学的各个环节围绕或指向核心教学内容的核心点，尤其是关键词句。在课堂教学的整个线路上连贯地落实教学内容。“一锅出”指把教学的多项任务巧妙地统一在一个环节里。[1]在抒体文的教学设计中，以作者的情感变化为主线索，层层递进展开教学内容，即可抽丝剥茧，更为深入地对作者在文章创作方面的意图进行探究，并对文章语言文字背后蕴涵的深刻寓意予以揭示。僵化的课堂教学结构一直影响着抒体文的教学，

[1] 顾敏敏．“一根筋”和“一锅出”——优化文言文课堂教学结构初探[J]．语文教学通讯，2014（6）：48-49．

造成了教学效率低下等一系列问题。要提高中学语文课堂的教学效率和教学质量，就需要改变传统固化的课堂教学结构，教师可根据具体情况来合理安排教学环节。不同文体的文言文教学内容肯定是有所差别的，所以，需要针对不同的教学内容，结合具体的教学设计进行教学环节的安排和调整。另外，教师缺乏整体性的教学意识，从而忽略了在文言抒情散文单元中四篇文章之间存在着的内在联系，将单元中四篇课文的教学各自孤立开来，没有立足于整个单元进行教学设计，没有从紧扣单元主题这一角度进行教学内容的开发，在一定程度上造成了教学资源的浪费。

（三）缺失正确观念，教学方法单一

随着时代的发展，语文课程也在进行不断的改革创新，这对文言文的教学提出了更高的要求。然而，就当前的文言文教学而言，依然存在着诸多急需解决的问题。其中，最为突出的就是文言文教学的教学方法单一化的问题。

在当前的文言文教学中，大多数教师仍然主要沿用讲解法、串讲法等传统的教学方法，教师没有根据不同的教学内容选择适宜的教学方法，即使开展课堂讨论或者活动也只是流于形式，并没有达到应有的教学效果，教学质量也很难得到提高。在繁重的学习任务和压力下，作为学习主体的学生更加期望教师采用多样化的教学方法，使文言文教学变得更加有意思，学生能够在活跃的课堂氛围中学到知识。高中文言文教学方法的单一，主要是由于教师没有根据相应的教学内容来选择教学方法，也就是说，教师没有立足于文言文的文体特点进行抒体文的教学，忽视了抒体文情感真挚、抒情手法多样、语言优美典雅等特点，以及在这些作品中古人流露出的真情实感以及折射出的中华优秀传统文化，造成了教学资源的浪费。因此，教师应该树立正确的教学观念，合理利用多样化的教学方法来完成教学任务，重视学生在学习中的主体地位，充分调动学生学习的积极主动性。同时，教学内容影响着教学方法的选择，教师也应当树立文体意识，并针对不同文体的特点进行文言文的教学，采用多样化的教学方法将教学内容落实，充分利用好文言文这样的优质教学资源，使不同文体的文言文所具有的独特的教学价值和审美价值得以发挥。

第二节　抒体文特点

文体意识的淡薄导致抒体文的教学存在教学内容肤浅狭隘、教学结构呆板僵化、教学方法单一等问题，要解决这些问题，教师必须立足于文体特点进行抒体文的教学，文体特点是选择教学内容的重要依据。下面将研究抒体文的文体特点，以此作为本书对抒体文教学策略研究的基础。

一、为情而造文，情感真挚

“哀乐之感，乃人情之汇归，文章之原本，非一体之独煬……。”[1]在许多古代文学作品中都蕴含着作者的情思，其中抒体文的抒情特征最为鲜明，有着“情动而辞发”“为情而造文”的特点，并且它不拘泥于某一种唯一的格式，也不局限于某一种唯一的体式。从古代不少体式的文章中都能读到可以称之为抒情散文的作品，选入文言抒情散文单元的篇目就有辞赋、序、表等，类别不一。虽然这些文章的创作意图以及实用功能都不相同，但是都具有全文以情为主线、讲究情感真挚的特征。例如，《归去来兮辞》写作者回归田园生活的乐趣；《滕王阁序》写作者身处逆境却并未消沉的豪情；《逍遥游》写作者不懈追求理想的壮志；《陈情表》写作者殷殷反哺的深挚孝情。这些都是古人真情实感的自然流露，可以让学生感受到我国文言文极其强烈的抒情特征。在抒体文中，作者的情感是独具个性的，同时又是委婉、含蓄、丰富的，需要深入发掘。这些文言抒情散文佳作饱含了作者真挚独特的情感，具有各自独特的审美韵味，感受文章的个性情感之美，可以使学生的审美情趣得到提高。

如陶渊明的《归去来兮辞》写作者从彭泽县令任上辞官还乡途中和到家后的愉悦之情，以及所设想的日后田园生活的宁静美好，文字流畅优美，表达了作者恬淡的胸襟和回归自然的决心。《归去来兮辞》有作者返璞归真、乐安天命的自得其乐，也有对年华易逝、人生苦短的怅然哀叹；有归隐田园、寄情山水的自由自在，也有误落尘网、形役内心的无奈和痛苦；有亲友相聚、琴书相伴的恬淡闲适，也有知音难觅、愁苦难诉的惆怅苦闷……种种复杂的情绪交汇在一起，这就是一篇孤愤难平、忧乐相生的心灵之歌。又如《陈情表》中，李密对自己的年幼不幸进行了详尽的叙说，表达与祖母之间真挚深刻的感情，从而进一步对自己忠孝难两全、进退两难的艰难处境进行了陈述，文章感情真挚，朴实感人。晋武帝也因此改变了主意，不再勒令其任职，还派遣奴婢二人帮助他照料祖母。这样的结果并不仅仅是因为李密对事实的详尽陈述，以理服人，还因为其感情真挚，处处以情动人。作者在文中不仅表达了对祖母的孝顺之情，同时也对朝廷的赏识和任用表达了感激之情，更是对皇上表达了自己的赤诚忠心。通过最恰当的抒情方式，博得了晋武帝的同情和理解。再如王勃的《滕王阁序》，作者写的景物是他的即目所见，由景物而生情感，情景交融，情在景中。从开始的嘉会览胜之欣喜到登高远望而悲从中来，再到穷且益坚而达的壮志，王勃用清新而瑰丽的语言，抒发了自己交织于心的怀才不遇的失望与对施展抱负的渴望、报国无门的痛苦与锐意进取的追求、仕途不顺的失意与壮志弥坚的奋进等的复杂感情，表达自己虽报国无门却壮志不坠，处困顿之境而情操不移，遇逆境而壮志更坚的执着态度。

[1] 姚华．曲海一勺[M]．贵阳：文通书局，1942：37．

二、语体情韵丰厚，富有个性

语言不仅是用来传递思想的，还具有表达情感的作用。我们使用语言主要是用于表达和传递情感，这样的语言形式，叫抒情语体。抒情语体最为核心、最为本质的语体特征便在于它的抒情性，即语言的运用都是为表达作者想要表达的情感而服务的。[1]与科学语体所要求的严谨与客观不同，抒情语体以传递情感信息为主，充满了作者自身的情感体验，更加强调的是主观情感的抒发，文字中本已浸透他们的情思，由于主体情感体验存在差别，抒情语体打上了作者的情感烙印。

为了达到抒情的表达效果，抒情语体相较于一般语体，其修辞手法的运用更具丰富性，如比喻、象征、夸张、对比、用典、借代等。因此，抒体文的语言情韵丰厚，极富个性色彩，作者能够运用个性化的表达方式精准传神地抒写个性化的情思，作者的情感体验不同，也就形成了不同的语体形式。

文言抒情散文单元中所选的课文抒发的感情各有不同，都是古人对生命的意义以及人生追求的深刻思考，对正处于人生发展重要阶段的高中生来说，在思想上具有十分重要的启示作用。在优秀的古代文学作品中，作者真挚的情感以及深刻的思想的表达，往往与之鲜明的个性相关联。正所谓“文如其人”，千古名篇中往往蕴涵了作者对人生、对自由思考的独到见解，体现出作者独立的人格，因此，其笔下的文章也独具个人特色。品味情感丰富的语言，教师需要引导学生发现这种真挚而又独特的情感，才能领悟出作者最终想表达的思想。

如王勃的《滕王阁序》从滕王阁所处地理位置、宴会繁盛的情景入手，对周边以及滕王阁本身的胜景进行细致的描述，以豪放超逸的情致描写出滕王阁的壮美景色以及高朋胜饯的豪华场面。以“天高地迥，觉宇宙之无穷；兴尽悲来，识盈虚之有数”为契机，由写景过渡至抒情，基于自身的感受，表达对时运不济，命途多舛与怀才不遇、报国无门等的感慨。接着，作者笔锋一转，以“老当益壮，宁移白首之心？穷且益坚，不坠青云之志”两句表达自身坚定的信念，即虽然屡次面临挫折，但并未意志消沉，依然对人生心存希望，愿日后能再获得施展抱负的机会。全文的情感先是由轻松喜悦转为感伤悲凉，再演变为激越高亢，然后复归平和，最后转变为乐观旷达。内容上，自叙事、写景、抒情，过渡自然。王勃展示出仕途失意时的悲哀之情，同时也表达了对再次施展抱负的渴望，这也是王勃积极入世的内心与无奈的现实之间矛盾冲突的表现，虽然面临现实的无奈，但依然展示出积极的进取之心，也正是依托于对这种思想的抒写，使整篇文章内容更为充实、艺术魅力极为突出。

又如陶渊明的《归去来兮辞》，从它的题目来看，“归去来兮”的意思就是“回去吧”。从题目便可以体会到作者看透了官场的腐败黑暗后失望怅然和渴望回归故园的急切心情。文章开篇就直抒胸臆——“归去来兮，田园将芜胡不归？既自以心为形役，奚

[1] 翟应增．论抒情语体[J]．曲靖师范学院学报，2002（04）：79-81．

惆怅而独悲？悟已往之不谏，知来者之可追。”连着用了两个反问句和一个感叹句表达了作者自责、自悔、自觉、自醒的心理历程。作者经历仕途的不顺，对现实充满了不满，看不到前路与未来，最后做出了放弃仕途而归隐田园决定。结合作者的心路历程以及情感的发展变化，得知作者认为出仕是对自身意志的违背，需要及时从迷途返回正轨。在彻底醒悟后，作者清醒地认识到只有在质朴的平民生活之中，才能感受到自由以及率真，他对政治生活予以否定，对清新的田园生活充满渴望，坚守自身的高洁精神。

陶渊明就是一位个性鲜明的人，他喜爱田园风光，享受田园生活，他不喜好荣华富贵，选择辞官归隐，最终乐在其中，正是他对精神自由的追求。文中倦飞知还的鸟，还有秋菊、松竹、东皋、清流等，均是田园色彩极为浓厚的景物，陶渊明将抒情和个人意志有机结合，融情于景、情景相融，使文章的情、景、事、理和谐统一，诗情画意，境界悠远。前人评价此赋“沛然如肺腑中流出，殊不见有斧凿痕”，这篇抒情小赋语言平淡自然，在这种平淡自然的语言里却蕴含了陶渊明并不平淡的内心世界。

三、抒情手法不一，风格多样

抒情手法包括直接抒情和间接抒情两种。直接抒情也叫直抒胸臆，由作者用语言直接表达自己的感情，直接对有关的人物和事件等表明爱憎态度，不依附、或较少依附于写景叙事。即使依附，也是比较虚而不实，或者简略的，主要采用直接抒情的方式，让情感不加掩饰地倾泻、流淌，以充分展示抒情主体的个性美。

如《归去来兮辞》开篇就直抒胸臆——“归去来兮，田园将芜胡不归？既自以心为形役，奚惆怅而独悲？悟已往之不谏，知来者之可追。”连着用了两个反问句和一个感叹句唤起全篇，平地拔起，以突兀峻峭的笔势表达了自己归田之志的坚决，揭示了作者“误落尘网中，田园将芜”的自责自悔、“鄙弃官场，归隐田园”的自觉自醒的心理历程。作者经历了仕途的不顺，对现实充满了不满，看不到前路与未来，最后做出了放弃仕途而归隐田园的决定，体现了作者对人生大彻大悟之后的果敢决断。这里采用了直抒胸臆的抒情手法，随口而出的“归去来兮”四字，将陶渊明积蓄已久的压抑与不快之情一吐而出，语言平淡自然，平白直露中寓意深刻，跳出了铺陈文采的辞赋模式，归于平静淡雅的风格。

间接抒情依附于其他表现手段和表现对象来抒写情感。如果说直接抒情是以情感叙写的率真直白、酣畅淋漓来达到艺术感染力，那么间接抒情则是以情韵悠长、韵味无穷来感染人、陶冶人。间接抒情又分为借景抒情、借物抒情（托物言志）、借古抒情、情景交融（寓情于景）四种。在抒体文中，或即事缘情，或借景抒情，或托物言志，或寓情于理，抒情手法不一，风格多样。

如王勃在《滕王阁序》中以“怀帝阍而不见，奉宣室以何年”写自己怀念朝廷而得不到召见，报国无门。这里运用了用典的修辞手法，将自己与汉帝召回长安“奉宣室”的贾谊相比较，借此表达怀才不遇的苦闷心情。又如李密的《陈情表》融情于事，文章开头便以“臣以险衅，夙遭闵凶……刘夙婴疾病，常在床蓐”陈说自己的身世，以苦动人。具有强烈的抒情色彩是本文的主要特征，但作者不论是抒写孤苦之情还是祖孙二人的深厚亲情，都是通过叙事来表达的。除此之外，凄苦的生活现状不仅为争取晋武帝的同情打好了必要的情感基础，并且清晰地陈说了自己“区区不能废远”的原因，为下文的陈情说理做好铺垫，文章融情于事，至真至性，以情相动，以理相晓。

四、多种表达方式融合，技法高妙

“抒情的工作实在是把境界、事物、思想、推断，等等，凡是用得到的、足以表出这一种情感的，一一抽出来，融和混合，依情感的波澜的起伏，组成一件新的东西。”[1]可见抒情的表达就是一种艺术创造。文言抒情散文往往融叙述、描写、议论为一体，灵活自如地采用多种技法，以满足作者表情达意的需要。抒情语体相较于一般语体，其修辞手法的运用更具丰富性，如比喻、象征、夸张、对比、用典、借代等，以达到理想的抒情表达效果。抒情不是凭空而来的，总是因为对人、事、景、物产生感情而发，情感脱离了具体的情境便难于被他人所感知，抒情总要有所借助，依附于其他表现手段和表现对象来抒写情感，平白无故的抒情是不合理的。抒情占据主导地位，但它可以同时获得激情洋溢、形象鲜明、意蕴深厚的多重艺术效果。其叙事时粗线条勾勒，像做雕塑。描写时或者是浓墨重彩，像画油画；或者是轻描淡写，像素描。无论是记叙，还是描写，都伴随着抒情的进行，而意蕴或是蕴涵在描述的意象中，或是与抒情相伴的点化、宣示。

如《归去来兮辞》融情于事，全文以时间先后变化为叙事思路：决意辞归—归途—抵家—室内—涉园—外出—纵情山水—安度余生。不难看出，外显的叙事行文线索作为主体情感的抒写需要，全由情绪驱动，围绕着作者“亦喜亦忧”的情感变化脉络、抒情线索的起伏形成文章的起承转合。包括作者叙述的归途的情景、抵家后与家人团聚的情景、来年春天耕种的情景都是为抒发情感而从生活剪裁下来的素材，此处是邻里亲情氛围浓厚、不存在猜忌、完全自由自在的家园，象征着作者心灵皈依的精神家园，与腐败黑暗的官场形成了非常鲜明的对比，不用过多的藻饰，作者鄙弃官场、向往田园的情感在叙事中自然而然地流露。

王勃所作的《滕王阁序》将各种表达方式融为一体，叙事抒情起伏变化。文章之中，对滕王阁所处的位置、周边美景、盛大的宴会场景等进行描述，也是对怀才不遇情感的表达。文章不仅辞藻华美，还灵活自如地运用多种修辞手法。例如，文中最为突出的修辞手法便是用典，多达三十多处，典故的准确运用，能够鲜明地突出作者的精神面貌，强调文章的思想内容；典故的出色运用，既使文章显得含蓄、委婉、精练和典雅，又容易引起读者的联想和想象，给人以美好的艺术享受。文章运用对偶的修

[1] 叶圣陶．叶圣陶语文教育论集[M]．北京：教育科学出版社，1980：378．

辞手法，从滕王阁的地理位置和宴会的情景写起，详尽描绘了滕王阁及其四周的胜景：“雄州雾列，俊采星驰”用“雾”“星”以状房屋、人才之多；“爽籁发而清风生，纤歌凝而白云遏”运用夸张的手法形容宴会中音乐、歌唱的高雅美妙；“怀帝阍而不见，奉宣室以何年”中“帝阍”代朝廷，“奉宣室”代入朝做官的借代手法，等等。整篇文章通过对偶、用典、比喻、夸张等手法的运用，将写景、叙事、抒情三者巧妙地融合在一起，既细腻地写景，又精确地叙事，也委婉地抒情，给人以景象万千、回味无穷之感。

第三节 抒体文阅读教学

上文提出抒体文教学存在教学内容肤浅狭隘、教学结构呆板僵化、教学方法单一的问题，究其原因就是文体特点被忽视。因此本文将从教学内容、教学结构和教学方法三个方面研究抒体文的教学策略，让学生在紧扣文体特点的教学中树立文体意识，充分发挥抒体文不可替代的教学价值。

高考对高中语文教学具有指导作用，本文将从选材文体和题型设置两个方面分析近六年高考语文全国卷中文言文试题部分，通过分析高考语文对文言文命题的影响，指导抒体文的教学。

一、抒体文教学内容的选择

教学内容是课程内容的教学体现，是教材内容以动态形式向学生传递的过程，是师生对课程内容、教材内容与教学实际的综合加工。一方面，它可以是教师为达成教学目标，对现成教材内容进行的选择和使用；另一方面，它也可以是教师在实际的教学过程中，对教材内容的科学加工和再度开发。[1]由此也可看出教材内容是确定教学内容的重要依据，要对教材内容进行合理使用和对教材内容的解读开发都离不开对教材的研读。

人教社实验版高中语文必修教材按照文体类型的编排方式为教师从文章表达的角度进行教学内容开发提供了得天独厚的条件。文言抒情散文单元所选的每一篇文言文课文，都蕴含着极其丰富的语文教学元素。在教学中要处理好文言抒情散文单元，教师必须树立单元意识和文体意识，抒体文的教学需要兼顾文言抒情散文单元“抒情”这一主题以及每篇散文具体的古代“体制”的特征，教师在抒体文的教学中，既要重视教材编排体例，也要重视文言文与生俱来的实用功能。文言文的文体本质特征决定

[1] 赖红英．高中文言文教学目标设定与达成研究[D]．成都：四川师范大学，2017：35．

了文言文教学要教什么，基于此，我们要开发符合文言文文体特质的教学内容。

（一）积累词句，品析言语之细腻

王荣生教授指出，在文言文中，“文言”“文章”“文学”和“文化”，一体四面，相辅相成。[1]在开展教学活动时，“言”的学习是为学习课文扫清障碍，是学习“文学”“文章”“文化”等方面内容的基础和前提。古人向来讲究炼字炼句，所以“文言”的学习也是具体把握作者“所言志所载道”的有效途径。通过对文本中炼字炼句处的细细揣摩与体会，能更加有效地推动对文本内容的深入理解，探寻潜藏在文字背后的深意，能感受文学作品中生动的形象和蕴涵的情思，品味语言特点，领悟作品的丰富内涵，体会其艺术表现力，同时提高学生对语言的敏感度，提高学生对语言的驾驭能力。

文言记叙散文单元中《烛之武退秦师》一文，通过记叙烛之武临危受命、巧舌如簧、智退秦师，展现了烛之武出色的外交能力及高超的外交辞令艺术。教师应当引导和帮助学生通过分析烛之武外交辞令中词句运用的高妙之处，更加具体地把握烛之武的能言善辩。例如“既东封郑，又欲肆其西封”的“肆”字。根据教材的注解可知，“封”“肆”二字皆为“扩张”的意思。同样是表示“扩张”的意思，前后分别用了“封”和“肆”两个不同的字眼，这是为什么呢？在现代汉语中，有“放肆”“肆无忌惮”“肆意妄为”这样的词语，表达没有什么顾忌的意思，可见这个“肆”字，有放肆之意。联系到这层含义，晋国国君肆无忌惮，想要向西扩张的贪欲和野心就已经被这个“肆”字充分地表现出来。再如“将焉取之”的“取”字。“取”属会意字，从耳，从又。而“又”是一个象形字，表示“手”的意义，两个字合起来就是用手把耳朵取下来之意。因此，“取”字之本义就是在古代战争中，胜利者常把战败一方的俘虏或战死者的耳朵割下来。取的本义是攻下、夺取。这样一品，就能感受到烛之武将秦君若执意攻郑，最终也会沦落到像战败的俘虏一般任由晋国宰割的地步，通过“取”字，将这一严重后果告知秦伯，秦伯听后，不得不权衡利弊，不仅撤退军队放弃攻郑，而且与郑国结为盟友。正是通过对文本中炼字炼句处的细细品析，学生才能通过烛之武婉曲的外交辞令艺术感受到其机智善辩、生动鲜明的人物形象。

与传体文主要通过事件冲突和细节描写来刻画人物形象的文体特征不同，在抒体文中，往往有一些与作者抒发情感有着直接关联的字词句，这些炼字炼句处十分值得关注，有的是直接表达作者的情感，有的是体现情感起伏变化的，有的甚至是情感的直接宣泄，这些特殊的字词、句子对于文章的解读有着至关重要的作用。因此，在抒体文的教学中，教师需要引导学生关注其中的炼字炼句处，领悟其带来的抒情效果，品味作者细腻的语言表达背后所蕴含的情思，提高学生对语言的敏感度和文言文的品鉴能力。

如《归去来兮辞》中，陶渊明在文中用了一系列的动词，将自己脱离樊笼、回归

[1] 王荣生．文言教学教什么[M]．上海：华东师范大学出版社，2014：4．

田园的万分喜悦之情生动传神地描绘出来。如“问征夫以前路，恨晨光之熹微。”“乃瞻衡宇，载欣载奔。”“携幼入室，有酒盈樽。”[1]尽管泛舟途中有“舟遥遥”“风飘飘”的爽朗景致，作者却无心留恋，因为他归心似箭，“问”“恨”两字充分表现出作者回归田园途中的迫切心情；“奔”字从动作的描写中体现出作者抵家时的欢欣之情；“携幼入室”从侧面反映出家中长幼和谐，给人温馨和睦之感。当时作者渴望归家的急切心情和到家时欣喜愉悦的心情，被这一连串动词清晰形象地描绘了出来，显得真实可感。

《归去来兮辞》中有用典之处，但作者没有直接引用典故出处中的原句，因此教师应当引导学生关注与原句有出入的地方，这正是作者“炼字”之处，学生能够从中深入体会作者的真情实感，领悟作品的丰富内涵。例如“悟已往之不谏，知来者之可追”两句出自《论语·微子》中的“楚狂接舆歌而过孔子曰：‘凤兮凤兮！何德之衰？往者不可谏，来者犹可追。已而已而，今之从政者殆而’”。意思是楚国的狂人接舆唱着歌从孔子的车旁走过，他唱道：“凤凰啊，凤凰啊！你的德运怎么这么衰弱呢？过去的已经无可挽回，未来的还来得及改正。算了吧，算了吧。今天从政的人危乎其危！”作者引用的这句话暗含有“今之从政者殆而”的意思，这与本文的思想高度契合。但是作者并没有直接引用原句“往者不可谏，来者犹可追”，而是写作“悟已往之不谏，知来者之可追”。所以这里的“悟”“知”两字需要重点关注。在经历了官场失意的陶渊明，“悟”出仕已是错，过去不可挽回，但是“知”未来则可把握，回归田园未晚。紧接着“觉今是而昨非”中“觉”字指作者的觉悟，在体会过官场的黑暗腐败之后，认为今之退隐是正确的选择，昨之出仕是错误的。从“悟”“知”“觉”三个字就可以窥探出作者反思过去，展望未来，坚定了自己归隐的决心的心路历程。

需要注意的是，文言文的教学要将“工具性”与“人文性”统一起来，“言”的学习与“文”的学习要相互统一、相互促进，不能将二者割裂开来。那些只是单纯注重文言基础知识的学习，或者脱离文本分析文章思想感情的做法都是不可取的。教学“言”的内容的同时渗透“文”的内容，同样地，在对“文”进行赏析时要以“言”的学习为基础，否则会架空文本。因此，应该将字词句的品析与文章紧密地结合起来，不能把文言字词句的教学从文本中单独抽离出来，使其意蕴全失。在品读一篇文情并茂的抒体文时，首先要抓住文章的炼字炼句处进行分析，以这些关键的字词、句子作为深入分析文章、感知作者思想情感的切入点，这样有助于学生在掌握文言基础知识的同时，理解文章的丰富内涵，同时可以发挥学生学习的主体地位，激发学生的学习兴趣。让学生深入理解文章内涵，欣赏抒体文的语言之美和艺术感染力，从炼字炼句处品悟文味。

（二）学习表现手法，品味情意之丰富

在古人看来，文体是创作时首先需要考虑的，不同的文体都具有不同的语言表达

[1] 人民教育出版社等. 普通高中课程标准实验教科书语文必修 5[Z]. 北京：人民教育出版社，2007：26.

特点。因此在文言文的教学中，根据各类文体所体现出来的不同风貌，教学内容选择的侧重点自然也有所差别。

史传文具有叙事完整、故事情节一波三折的特点，高超的叙事艺术必然是史传文教学不可忽视的亮点。如《荆轲刺秦王》中“既至秦……必得约契以报太子也”的情节可以概括为：厚遗蒙嘉—顾笑武阳—图穷匕见—倚柱笑骂。“厚遗蒙嘉”可见荆轲行事周密；“顾笑武阳”中一“顾”一“笑”的动作描写，传神地表现出荆轲非凡的胆识，与秦武阳“色变振恐”的怯懦形成了鲜明的对照；“图穷匕见”将故事情节的矛盾冲突推向白刃相见的地步，在这场惊心动魄的生死搏斗中，作者以群臣的惊愕、秦王的惶急以及左右的惊呼，衬托出荆轲的英雄虎胆；“倚柱笑骂”，绘形传神，突出了荆轲视死如归的英雄气概。这一部分描绘了荆轲与秦王之间的正面交锋，可谓是波澜迭起、惊心动魄，随着故事情节波澜起伏的发展和对人物对话、神态、动作的细致描写，荆轲这一人物的形象也被表现得淋漓尽致。

记体文中的文言山水游记类散文的语言清新灵动，描山画水，情景相生，作者对景物精工刻画的细腻笔触以及倾注于所见之景的情感和志趣，对于学生审美情趣和写作能力的培养具有重要价值。如《兰亭集序》中“此地有崇山峻岭，茂林修竹，又有清流激湍，映带左右”[1]一句，运用了极为细腻的笔触来描写景物，以“崇”“峻”来形容山峰的高峻挺拔，以“茂”来形容山间竹林的郁郁葱葱，又以“修”来形容竹子的修长挺拔，山间竹林挺拔茂盛，郁郁葱葱，给人以清幽、宁静之感。后又以“清”“激”来描写水，形象地写出水流的清澈湍急，给人清新雅致之感。“映带”则写出了水流在阳光的照耀下闪着光，辉映环绕在竹林左右的情状。寥寥数语间将景物描写得形象细腻，使人有身临其境之感。作者文笔洗练，寥寥几笔就勾勒出高峻的山峰、葱茏的竹林、清澈的水流融为一体的优美景象，营造出一种远离喧嚣、清静幽深的氛围，作者醉心于明净雅致的景色，笔势疏朗简净，毫无斧凿痕迹，也可以从侧面看出作者非俗世之人。

抒体文侧重于表现作者的思想感情和主观感受，通过直接抒情或间接抒情的方式抒发作者的思想情感和主观意志。文章往往采用最为适宜的表达方式，以求达到最好的抒情效果。因此，在抒体文的教学中，教师需要引导学生分析“文章采用了何种抒情手段？”达到了“怎样的抒情效果？”从而使学生更加深入地理解文章内容和作者所抒发的情感，提高文言文的鉴赏能力。

“情动于中，而形于言。”直接抒情是作者情感的直接抒发，让情感自然而然地倾泻、流淌，能够将抒情主体的个性美充分地展示出来。如《归去来兮辞》中的六个反问句正是作者情感的宣泄——“田园将芜胡不归？”“奚惆怅而独悲？”“世与我而相违，复驾言兮焉求？”“寓形宇内复几时，曷不委心任去留？”“胡为乎遑遑欲何之？”“聊乘化以归尽，乐夫天命复奚疑？”作者在文章一开头就问到“田园将要荒芜了为什么

[1] 人民教育出版社等．普通高中课程标准实验教科书语文必修 2[Z]．北京：人民教育出版社，2007：29．

还不回去呢？”开门见山地喊出久郁心中之志，顿觉自在坦荡、轻松畅快；“为什么还要伤感而独自悲哀呢？”作者深觉官场如“尘网”“樊笼”，让作者违心违己，束缚心性，这里平白直露地抒发了“误落尘网”“久在樊笼”的失落与悲伤；“我还要驾车出游追求些什么呢？”体现出作者回归田园的怡然自得与满足之情，但不难品悟出背后的无奈与失落；“既然世俗与我的情志相违背，为什么不随着自己的心意而任其自然？”这一反问句恰恰是对人生苦短的感叹，作者正是因为人生苦短才更加遵从自己的内心，不难品悟出这份从容潇洒背后隐隐的无奈和痛苦；“为什么整天心神不定，又想到哪里去呢？”这一反问从表面看来虽然否定了茫然、心神不宁的犹豫不决，但正从侧面体现出了作者回归田园的状态，暗示出平日里心事重重，心中的理想和抱负不能实现却又无力改变现实境况的煎熬与烦闷；“姑且随顺着大自然的变化以了结此生，又有什么可疑虑的呢？”表达的是要乐天安命，却折射出作者内心何去何从、取舍不定的怀疑和忧虑。从文中的这六个反问句入手，体会陶渊明强烈、复杂的情感，以及显现出的陶渊明内心深处的伤痛。作者显然已经不满足于娓娓道来的表达效果了，这一连串的反问句正是文章中直接抒情的地方，抒情效果强烈，情感平白直露，造就了《归去来兮辞》辞意畅达、通脱自然的语言风格。

间接抒情则是将感情渗透在叙述和描写之中，借助描绘性的形象传达情感，往往寓情于景、寓情于物。如果说直抒胸臆的散文是以情感抒写的真率直白、酣畅淋漓来感动人、吸引人，那么间接抒情散文则是以情韵悠长、韵味无穷来感染人、陶冶人。如王勃的《滕王阁序》在铺叙美景时，以腾挪跌宕的笔势，由逸游的豪兴，陡然引出自己对仕途坎坷的感慨，表白了报国无门却壮志不坠的执着态度。“望长安于日下”抒写了远离京城、失意流落之情，接着从关山难越，念及英雄失路，连用屈原、贾谊、冯唐、李广四人的典故，借怀才不遇的人物表达自己壮志难酬的悲愤。“老当益壮”几句，勉励同仁不要因年华易逝和处境困顿而自暴自弃，为全篇警策。接着又以“大鹏”作比，表明凌云之志，又用“失之东隅，收之桑榆”表明自己信心未泯。同时反用“贪泉”“涸辙”和阮籍的典故，表明自己身处困境却情操不移，身处逆境却壮志弥坚。全篇以描写壮阔的美景和描述宴会为凭借，叙事抒情，登高远望，“兴尽悲来”等都是情感的抒发，是自然而然的。抒情的基点是挫折失意中登高望远，自然而巧妙，绝非无病呻吟与故作之态，叙事、写景与抒情融合在一起，写自己的心情毫不张扬，而是寓情于事，寓情于景，将自己的情感含蓄婉转地表达出来，给人天衣无缝、妙和无垠之感。

（三）分析表达方式，品读达情之多面

《高中语文课程标准（2017 版）》要求“进一步提高记叙、说明、描写、议论、抒情等基本表达能力，并努力学习综合运用多种表达方式，力求有个性、有创意的表达”。[1]因此，在文言文的教学中，教师需要充分发挥不同文体的文言文所独有的教学价值，

[1] 中华人民共和国教育部制定．普通高中语文课程标准（实验）[S]．北京：人民教育出版社，2017：9．

引导学生关注并分析不同文体之间存在的语言表达的区别。例如，史传文以记叙为主，一般都会铺叙一个事件发生发展以及结局的完整过程，有一条贯穿始终的叙述线索，交代的事情有头有尾，能给人一种完整感。而就抒体文而言，对记叙是否连贯、是否完整并不是十分注重，行文思路全由情绪的发展变化驱动，为了满足主体情感的抒写需要，可以把无关联的人和事组合起来，还可以将生活中的某一个片段剪裁出来作为素材，全以情绪、意绪的发展为依归。当同一种表达方式运用在两种不同的文体中时，所体现出来的特点也会有所区别。例如，记叙作为记体文的主要表达方式，使得文章叙事完整，人物形象鲜明，而在抒体文中，记叙则是为了抒发情感而服务的，通过对外在形象的描绘来表达作者的思想感情。所以，引导学生关注并分析不同文体在语言表达方面存在的差异，才能加深学生对文本的理解、领略各类文体的语言风格。同时，对学生语言表达能力的提高也大有裨益。

任何一篇文章都不可能通篇只运用一种表达方式，各种方式一般不会单独出现，但都会有所侧重。在议体文《过秦论》中，作者仇秦亲六国的情感贯穿全文，全篇用叙事来说理，通过记叙秦王朝的历史史实，为引出文章的中心论点作了层层铺叙。作者在叙史时看重的是历史过程的本质，而不讲求细节的准确。有了足够的叙事，结论便可以从叙述中自然引出，使得文章的中心论点十分具有说服力，达到阐明中心论点的目的和雄辩有力的表达效果。

同样，为了满足作者抒情的需要，抒体文常灵活自如地运用记叙、描写、议论等表达方式来表情达意，精心构造出作者寓情于景或托物言志的抒情空间。写景状物是为了抒情，笔在写景状物，却应当“字字关情”。抒体文中的记叙相对来说不那么在意完整性，对事物的描写要更加简略一些，更在意的是这个意象的情致。即使描摹事物形态，也是为了拟态而非求真，其主旨是为了强化主观情感、主体心态，为了达到抒情效果、增强艺术感染力。各种表达方式的使用，终极目的就是使作者的情感得到充分、完美的表现。文章具体的表达方式与作者情感表达也是有机融合在一起的，教师在抒体文教学中，要尽可能去探讨其表达方式带来的抒情效果，挖掘文本内容的深刻内涵，引导学生领略其独特的语言风格和韵味。如《滕王阁序》开篇描写景色的壮丽和宴会的盛况，文中“层台耸翠，上出重霄；飞阁流丹，下临无地”，上有层台碧瓦攒刺云霄，下有飞架的阁道丹彩欲流，借视角的俯仰变化，使上下浑成，相映成趣，突出了高楼耸入云霄的壮观之景；文章浓墨重彩——“紫电”“耸翠”“流丹”“青雀”“黄龙”无不色彩缤纷，写尽景物的色彩变化，摇曳生辉；“落霞与孤鹜齐飞，秋水共长天一色”更是写景名句，上句写彩霞自上而下，孤鹜自下而上的动态之美，下句写碧波万顷，水天相接的静态之美，动静结合，意境浑融，构成了一幅色彩明丽而又上下浑成的绝妙图画……除了眼前壮阔明丽的秋景之外，作者用了“胜友”“高朋”“腾蛟起凤”等词语来赞美参加宴会的人物，又以“爽籁”“纤歌”写宴会管弦之盛、歌声之美。但作者深秋登高，放眼环顾，天高地迥，西望长安，长安在日落之处；东眺吴会，吴会在云海之间；南溟深，深不可测；北辰高，高不可攀。真是天地茫茫，在这阔大无边的世界宇宙面前，人生是如此地渺小。自己的才华何时才能得到赏识？人生抱负何时才能实现？作者怀才不遇、报国无门的苦闷彷徨之感不禁油然而生。《滕王阁序》运用富有表现力的语言对秋景进行描写，包括色彩变化、视角变化，上下浑成，体物入微，抒情与叙事融为一体，写景是为了抒情，由景及情，情由景生，丝丝入扣，达到了融情入景的境界，情感抒发自然流畅。文章笔法瑰丽，不惜笔墨，极写景物壮阔和宴会繁盛，浮华背后，凄凉难掩，这与王勃济世无路、怀才不遇的心境是分不开的。

（四）鉴赏语言，领略风格之迥异

叶圣陶曾说："教材无非就是例子。"语文教材是教学的依据，是学生学习的材料。选入高中语文教材的文言文篇目，皆为文质兼美、文化特色浓郁的古代文学作品，学生需要认真地琢磨品味。以教材所选的篇目为发散点，即是某一"类"文体中的一"篇"作品，发挥好"例子"的作用。重视文章体例的编排方式是人教社实验版必修教材的一大特点，这样的编排方式突出不同文体具有的不同教学价值，教师可以以此作为依据来确定教学内容，从文体的角度进行教学内容的开发。

通过文言抒情散文单元的学习，让学生了解抒体文这种文学体裁的基本特征以及主要的表现手法，认识到我国文言文极其强烈的抒情特征。也就是说，文言抒情散文单元主要的学习目的是让学生体味篇章中抒发的情感及情感的抒发方式，所以整个文言抒情散文单元的教学目标是体会作品中古人抒发的真情实感、领略其中不同的写作风格与语言韵味。当然，整个单元总体目标的达成，需要依靠每篇课文教学目标的达成。每篇课文都具有独特的抒情方式，因此每篇课文都具有不可替代的教学价值。教师在教学中要处理好文言抒情散文单元，需要兼顾单元中各篇散文的共同特点以及每篇散文的具体特征，即都围绕"抒情"这一主题，各篇文章抒发情感的方式又是不同的，所抒发的情感也各有不同，教学中应做到各有侧重，通过各篇文章之间差异性的比较，显示出不同作品个性的语言风格和韵味。

选入文言抒情散文单元的篇目有辞赋、表、序等，类别不一，所抒发的感情也各有不同，所以在文言抒情散文单元的单元提示中提到：学生需要体会"回归田园的乐趣""才士不遇的悲情""人世沧桑的感慨""不懈追求的壮志""友情与亲情的抒发"等情感，因此体会抒体文中古人的真情实感必然是本单元教学的重中之重。众所周知，实用功能是文言文较为突出的特点之一，文章的实用功能就是作者创作意图的直接表现，并且会影响文章的行文表达。例如，《陈情表》是奏疏，其实用功能是古代臣下向皇帝陈说自己对某事的意见，其创作意图是说服皇帝接受自己辞不就职的请求。教学中需要探究作者如何在满足创作意图的需求的同时，又以最为恰当的行文表达抒发真情实感。在面对忠孝难两全的艰难选择时，李密该如何进行"陈情"，才能达到说服皇帝接受自己请求的目的呢？据此，《陈情表》缜密严谨的结构思路和委婉流畅的行文表达艺术显然就是值得被关注的点了。也可以说，关注《陈情表》的实用功能和创作目的，可以使学生披文入情，深入分析文章行文表达艺术的同时，还能更加深刻地体会到李密与祖母之间的深切感情，以及对皇帝表露自己暂时不能应召赴任的衷情。总之，从文言抒情散文单元中每篇散文的具体特征，即关注文章的实用功能和创作意图入手，以此作为解读文章的切入点，使学生披文入情，真正把握作品所抒发的真挚情感，契合文言抒情散文单元中每篇选文的“抒情”这一共同特征。

《逍遥游》是文言抒情散文单元中理解起来难度最大的一篇，在教学过程中，教师首先需要确定它的实用功能以及创作意图，使学生披文入情，使文言阅读走进深层次，引导学生的思维向深层次延伸，才能深入体会作者抒发的情感、领略文章独特的语言风格和韵味。《逍遥游》属于诸子散文，诸子散文也称作哲理散文。在诸子争鸣的时代，《逍遥游》作为道家的著作，其实用功能就在于宣扬道家的观点和主张，其创作意图就是寄托作者追求精神世界绝对自由的理想。庄子生活在战乱四起、社会动荡的时代，目睹了残酷的战争给人民带来的深重苦难，庄子对这样的社会现实状况及统治者深为不满，却又因无力改变现实而深感无奈和苦痛。因此，其作品中富有批判精神，笔端饱蘸悲愤的情感。正是由于庄子对人世间的失望、追求逍遥却又无法摆脱现实羁绊的深深苦闷，使得《逍遥游》情理兼备、情理交融而显现出文学的审美特征，至今读来仍能触动人心。学生在明确文章的实用功能以及创作意图的基础上，分析其想象丰富、意境开阔的语言艺术与风格，便不难理解庄子对于绝对自由的追求以及超脱的人生态度。庄子的想象力极为丰富，运用大量幻想的、传说的和现实的事例来阐明自己的观点，就连用来说理的寓言故事都囊括了天地万物，像蝉和斑鸠一样的动物都有了人类的语言，还长于辩论、讲道理。寓理于奇特动人的寓言故事中，使文章充满富有浪漫主义的色彩和浓郁的诗意，把一些微妙难言的哲理说得引人入胜。并且庄子的说理并不受成规惯例的束缚，语言运用自如、灵活多变，《逍遥游》中庄子自由自在的不懈追求和文章通脱放达的气势，都是借助与之相适应的语言形式表现出来的。

学生了解文章的实用功能和创作意图，披文入情，在一定程度上可以帮助学生从整体上把握文章的语言风格和韵味，从而真正体会文章中作者对于人生的体验、思考和流露出来的真情实感，真正走进古人的情感世界，受到情感熏陶，获得思想启迪，提高审美乐趣。

二、抒体文教学结构的组织

课堂教学不是平铺直叙的，是需要经过精心设计的，要有主次之分，有轻重缓急，有高低起伏，听起来“抑扬顿挫”。钱梦龙也曾言：“我们要努力在每一篇课文中找出合适的一个问题、一个情节，或一个句子，甚至是一个词来作为分析的口子，由此入手，带动全篇，使各个环节不再支离破碎，均围绕核心。”因此，要提高文言文课堂教学质量和教学效率，优化文言文课堂教学结构是必然。

（一）树立整体意识，实现教学内容意义流动

高中语文必修五册教材都是按单元来编写的，每个单元所选取的文章，无论是在知识性还是思想性上，都有其内在的联系。“整体大于部分”，系统内部不是简略叠加或机械组合的，在文言抒情散文单元中，编者并非随意地将这几篇课文编排在一起，每个单元内部的几篇文章均存在着内在联系。所以，教师应当树立整体性的教学意识，把教材中的一个单元看作是一个整体而不是零散的课文，教师需要着眼于单元整体进行教学设计，构建起单元教学结构，实现单元内部的教学内容意义流动。

文言抒情散文单元中选文编排的先后顺序依次为《归去来兮辞》《滕王阁序》《逍遥游》《陈情表》，这样的编排顺序并不是随意的。不难发现，《归去来兮辞》和《滕王阁序》两篇课文均以叙事抒情这种抒情手法为主，前者为辞赋，情感热烈真挚，语言朴素自然；后者为序，情感慷慨激昂，语言瑰丽华美。叙事抒情这种抒情手法在两篇文章中运用得出神入化，体现出了迥然不同的风貌。此外，由于《滕王阁序》篇幅长、典故多、理解难度较大，将其编排在《归去来兮辞》之后，学生对叙事抒情的手法有了一定了解和把握，在此基础上再进行《滕王阁序》的学习，符合学生的认知规律。《逍遥游》和《陈情表》两篇课文都具有“情理相融”的特征，前者文以载道，融情于理，层层对比说理的背后是庄子身在人世沧桑却不懈追求的拳拳之心；后者文以言志，融理于情，层层推进，措辞委婉的说理方式背后是李密诚惶诚恐的怖惧之情。教学中，教师应当认真研读教材并发现其中的规律，挖掘课文之间具有的共同特征和个性特征并进行适当的对比，使学生更加鲜明深刻地感受到本单元中名家名篇风采各异的行文风格以及语言特点，同时实现课文之间教学内容的意义流动。

文言抒情散文单元的教学设计应当围绕“体会思想情感，鉴赏抒情技巧”这一目标的达成，引导学生体验四篇文章不同的风格和语言魅力。《归去来兮辞》将叙事、写景、议论相结合以达到良好的抒情效果，意境高远拔俗，语言平淡质朴；《滕王阁序》大量用典来叙事抒情，寓情于景，叙事明达晓畅，抒情委婉动人，情真意切，语言简练，风格典雅；《逍遥游》寓理于奇特动人的寓言故事和生动的比喻中，文笔汪洋恣肆，气势磅礴，充满了浪漫主义的色彩；《陈情表》极尽陈情之能事，融真挚情感于叙事中，语言朴素隽永，感情诚挚恳切，是学习“动之以情，晓之以理”抒情技巧的典型范例。学生要悉心体会古人真情实感的自然流露和领略四篇文章不同的风格和语言韵味，就必须从文章表情达意的方式和技巧着手。如《归去来兮辞》在叙述过程中融情于事，寓情于景，情景交融；《滕王阁序》将叙事、写景、抒情融为一体，从中可体会其抑扬升沉的情感发展脉络，披露了作者失意与进取交织的复杂感情；《逍遥游》中运用想象丰富奇特的语言和寓言的形式，层层说理背后情感汩汩流淌等。就拿叙事抒情来说，这种抒情方式在《归去来兮辞》《滕王阁序》和《陈情表》三篇课文中都运用到，但是《归去来兮辞》中体现为叙事和抒情两条线索交织在一起；《滕王阁序》则先是铺叙秋景和宴会盛况，因事因境心中的情感才喷薄而出。可以看出，同一种抒情方式在不同

的文章中，达到的抒情效果以及所显现出来的风格韵味也有所不同，教师应当引导学生关注并比较同一种抒情方式在每篇文章中的表达差异，领略四篇文章不同的风格和语言韵味，将每篇文章的学习串联起来，搭建起单元整体的结构。

同样，文言文教学课堂是一个整体，其中的每个教学环节并不应该是被割裂开来独立存在的，教学环节之间都有着内在的联系。因此，教学环节的设计意图应当指向教学内容的实现，按照教学内容的潜在走向来组织教学结构，将学生、教材和教学形式紧密相连，才能实现教学内容的意义流动。在抒体文中，往往有一些与作者抒发情感有着直接关联的字词句，教师就可以在此处设计一系列的问题，串联起教学内容，优化课堂教学结构。例如，《归去来兮辞》的叙事线索与抒情线索都紧扣一个“归”字，教师可以据此设计出下列问题：

① 为何要“归”？引出作者辞官回归田园的原因。

② 从辞官归田的原因可看出作者的心境如何？分析作者辞官后内心的情感。

③ 归家途中心情如何？感受作者归家的迫切之情。

④ 抵家时的心情如何？感受作者抵家后的欣喜之情。

⑤ 回归田园后的心情如何？感受作者归家后的闲适自在。

⑥ 身归田园，心“归”向何处？引出作者决心归隐，淡泊明志。

这几个问题的设置是依据文章中辞官归田—归田途中—抵达家时—回归田园的叙事线索，引出作者误入官场的自责自悔—辞官归田的自觉自醒—途中归心似箭的迫切—抵家时的欣喜—回归田园后的闲适自在—心系田园，决心归隐的抒情线索。这一连串问题的设置都指向了教学内容的落实，实现了教学内容意义的流动，每个问题之间都有所关联，一环紧扣一环，这样的教学结构将教学内容有机串联起来，依照叙事线索这条明线，以层层推进的方式，探寻作者情感起伏变化的抒情线索这条暗线，使教学环节紧密联系，课堂教学自然流畅，重点突出。

（二）以情感为线索，紧贴文本展开教学过程

叶圣陶说：“思想是有一条路的，一句一句，一段一段都是有路的。”文章的思路是作者条理化了的心路历程，是作者根据文章主旨对内容和材料进行恰当的组织安排的过程，文章的思路结构一定是服务于文章文意表达的。文章的写作思路和行文表达会受到文体和文章内容的影响，不同的文体、不同的文章所遵循的思路都有所不同。因此，依据不同文体的特点去理清文章思路，并以文章的写作思路组织教学结构，有助于学生对文本内容进行更加细致和深入的理解，教师可以以此为主线紧贴文本展开教学。

线索，是指把文章的全部材料贯穿成一个有机整体的脉络，抒体文通常以情感为主线串联全篇。在抒体文中，作者的情感往往不是一成不变的，作者情感变化的脉络往往可以构成教学中解读文本的重要线索，以文章的写作思路组织教学结构，紧贴文本展开教学过程，有助于学生更加细致和深入地理解文本内容和思想情感。

例如，《滕王阁序》的叙事抒情线索比较明晰，依据文章主要的写作思路，可以以

文中情感起伏发展的脉络为线索组织教学结构，体会作者是如何在叙述的过程中融情于事、寓情于景的，进而领悟作者的思想感情。纵观全文情感起伏变化的脉络：乐（喜乐）—悲（悲愤）—平（平静）—乐（乐观）。文章开头便是对滕王阁周围景象和宴会盛况的描写，第二、三段是对滕王阁秋景的描绘，从中可以看出作者笔下景物浑成，饱蘸情感，读来令人心旷神怡，可以体会到作者眼中是大好河山、身旁是"高朋""胜友"的喜乐之情。接着引导学生抓住"兴尽悲来"这一全篇转折之句，作者因地灵、胜饯、胜景、人杰而"兴"，那作者又为何而"悲"呢？应该注意，这里是全文情感抒发最为强烈的地方，并且这里的"悲"是不断地发展和加深并具有一定层次的，教师应该引导学生对"悲"进行重点品析，明确作者情感发展的脉络。首先是作者深感"宇宙无穷""盈虚有数"，感叹盛衰有时、人生无常的伤感；紧接着是"望长安"，目所能及，实则遥不可及，为前途渺茫而黯然伤怀；最后借冯唐李广等人，委婉地表达自己的怀才不遇、壮志难酬，情绪一时转为悲愤。这里作者情感发展变化的脉络为：人生无常的伤感—无人赏识的伤怀—才士不遇的悲愤，随着抒情强烈程度的逐渐增加，作者的情感也愈加深刻。文章写到这里，笔势峰回路转，写贾谊被贬长沙，梁鸿逃避海曲，一个"非无圣主"，一个"岂乏明时"，说明他们的人生悲剧不应全由时代和君主来担责，而是应该寻找一下自己身上的原因。这里作者逐渐走出悲愤之情，面对逆境更多的是自省，而不是一味地怨天尤人，情感趋于平缓。写到这里，作者运用了大量的典故，顺势写出了自己面对艰难意志更加坚定，决不会丧失自己的凌云壮志。"悲极"之后却不是"更悲"，而是一种"困之弥坚"，就好像苏轼在《赤壁赋》中表达的情感一样，"悲"极之后是释然豁达，文章此处悲愤已去，文气渐壮，表现出作者积极向上、乐观旷达的心态。在《滕王阁序》的教学中，学生需要在"事"与"景"叙述的变化中体会作者情感起伏的变化，深入文本才能感知作者情感变化的细微之处，以情感起伏为线索串联起课堂教学内容，并且在落实教学任务的过程中理清作者情感发展的脉络，体味作者言简义丰的文字背后流露出的复杂情感。

再如《归去来兮辞》作为抒情小赋，作者的情感变化是本文主要的写作思路。在设计教学时，教师先要引导学生依据抒情性这个文体特点，让学生找出文中体现情感变化的句子或词语，就可以理出"误入官场的自责自悔—辞官归田的自觉自醒—途中归心似箭的迫切—抵家时的欣喜—回归田园后的闲适自在—心系田园，决心归隐"的抒情线索，体会文中作者情感喜忧的转变，抒情线索的起伏形成了文章的起承转合，以情感起伏为线索组织教学结构，使得文章脉络清晰明了，教学围绕抒情线索进行，引导学生关注文章中情感变化的细微之处，探寻潜藏在文字背后的深意，感知文章整体的情感脉络，领悟作品的丰富内涵，体会其艺术表现力，达到四两拨千斤的效果。这种以作者情感起伏为线索组织教学结构的方式，使得学生对文章情感发展变化的体会和感知成为课堂教学的关键所在，学生才能真正理解和把握文章中叙事抒情的主要表现手法。教师还可以将学生积累文言字词句、品析语言之细腻的教学内容串联其中，提高抒体文课堂教学的效率。

三、抒体文教学方法的运用

教学方法是教师和学生为了实现共同的教学目标、完成共同的教学任务，在教学过程中运用的方式与手段的总称。教师可以根据教学内容、学生情况和自身实际，合理借鉴、运用不同的教学方法，提高抒体文的教学质量，激发学生学习文言文的兴趣。教学方法是多种多样的，教无定法，只要教学方法与教学内容相匹配，便能够达到良好的教学效果，对改善文言文教学中教师“一言堂”现象有着积极作用。本章立足于文言抒情散文的文体特点，列举一些可操作性较强的教学方法，为抒体文的教学实践提供参考。

（一）激趣导入法，拉近学生与文本的距离

课堂导入是指在课堂教学中，教师在传授知识、组织教学之始，有计划、有目的地运用一定方法，设计运用简短的教学语言，引导学生进入教学环境。导入是课堂教学重要的环节，导入是一堂课的开始，有时也贯穿于整堂课的教学之中。在抒体文教学中运用恰当的导语，能够建立起学生与文言文之间的联系，拉近学生与文言文的距离，调动学生学习文言文的兴趣，激发学生对文言文的求知欲望，从而有效地调动学生学习的主动性，提高课堂教学效率。导入也是一项非常重要的教学艺术，新颖别致的导入必然会为课堂教学的展开奠定良好的基础，教学也就很快进入最佳境界。

1. 故事导入，趣味开讲

故事导入法可以增强文言文教学的趣味性，激发学生的学习兴趣，使学生在轻松愉快的氛围中学习文言文，起到事半功倍的作用。为了让学生更好地理解文章的内容和思想，教师可以讲述与作者或者文章内容相关的小故事，既可以提高学生的学习兴趣，又可以使学生披文入情，帮助学生理解文章的内容。

例如在教学《滕王阁序》时，教师可以将《滕王阁序》的创作背景描述成绘声绘色的故事，以此作为课堂导入。十四岁的少年王勃从老家出发，在去交趾看望父亲的途中路过江西南昌，正赶上都督阎伯屿新修滕王阁成，重阳日在滕王阁大宴宾客，欲作《滕王阁记》，刻为石碑，流传后世。都督阎公本意是想向宴会的各位宾客举荐自己的女婿孟学士，让他借此机会作一篇序文，展露他的文学才华以博得宾客的夸赞，众人都清楚都督阎公的意图，佯装推辞。对此毫不知情的王勃慨然受之，致使满座皆惊。阎公见此状，不由得心生恼怒，以更衣作为借口离开了此次宴席，只把身边的一个侍从留下，以便打探宴会现场的消息。侍从向都督阎公汇报宴会写序的情况，当他听到“豫章故郡，洪都新府”时冷笑一声，认为不过是老生常谈罢了；又听到“台隆枕夷夏之郊，宾主尽东南之美”之后。不觉又笑了一笑，没有说话；直到听到“落霞与孤鸾齐飞，秋水共长天一色”一句时，大惊，叹曰“此真天才也!”立刻前往宴会现场亲自面见王勃，将年纪轻轻而又无官无职的王勃奉为上宾，当时王勃写下的文章就是《滕

王阁序》。以讲故事的方式导入新课，教师讲得绘声绘色，学生听得津津有味，并纷纷表示好奇：这篇《滕王阁序》到底蕴含了什么奥妙，能让都督的态度发生了如此之大的变化呢？教师通过讲故事的方式来介绍文章创作的背景，并以此作为课堂导入，让学生走近王勃和《滕王阁序》，拉近学生与这篇文章之间的距离，引起学生对这篇滕王阁上即兴而赋的千古名篇产生浓厚的学习欲望和学习兴趣。

2. 巧设悬念，扣人心弦

在进行课堂导入的设计时，教师可以在文章解读的关键之处设计一系列的问题，以提出疑问的方式导入教学内容，引起学生思考，启迪学生思维，起到活跃课堂气氛的重要作用。问题的设置需要从这两个方面去考虑：一要巧设妙疑，抓住文章的关键之处，或者是理解文章的重点与难点等，巧妙地进行问题的设计；二是以疑激思，教师要善于提问、善于引导，所提的问题要具有一定的指向性才能引导学生思考和学习。

例如，教学《滕王阁序》可以这样导入：同学们，中国地大物博，名胜古迹众多，文人墨客均为此留下诸多诗词歌赋。如滕王阁、岳阳楼、黄鹤楼，这三大名楼均铭刻诸多妙句。崔颢的《黄鹤楼》“晴川历历汉阳树，芳草萋萋鹦鹉洲”令人神往之至；而岳阳楼上，范仲淹的“先天下之忧而忧，后天下之乐而乐”传唱不衰；王勃的《滕王阁序》中“落霞与孤鹜齐飞，秋水共长天一色”流芳后世。传说王勃正是以这篇《滕王阁序》让都督阎公由怒转喜，并立刻前往宴会现场亲自面见王勃，将年纪轻轻而又无官无职的王勃奉为上宾。今天，我们来阅读这一千古名篇，看看它描写了什么样的景色？抒发了什么样的感情？

巧妙地设置悬念可以激起学生对文章进行探究的好奇心，学生的注意力会被一个富有艺术性的悬念牢牢抓住，调动学生学习文言文的积极性。设疑导入就是抓住学生的好奇心这一心理，激发他们的求知欲，并且在导入时提出的“描写了什么样的景色？”“抒发了什么样的感情？”两个问题始终贯穿于整个教学过程，能够引导学生深入理解文本和感知文章情感发展的变化。

3. 运用名言，深化兴趣

古文是中国传统文化的精髓和根脉，选入文言抒情散文单元的篇目都是千古名篇，运用名言导入的方法，通过借用古文名言警句对导入语的内容进行充实和补充，使文言文课堂具有更加浓厚的文化韵味的同时，还可以让学生了解所学的文学作品在中国文学史上的地位，增强学生的文化底蕴。名言导入方法的运用，在提升课堂文化品味、激发学生学习兴趣、提高学生审美情趣等诸多方面都将发挥不可小觑的作用。

运用名言导入新课，激发学生的思维，提高学习兴趣。例如，《陈情表》的课堂导入设计就可以引用古人名言——宋代学者赵与时在《宾退录》中说：“读诸葛孔明《出师表》不堕泪者，其人必不忠；读李令伯《陈情表》不堕泪者，其人必不孝；读韩退之《祭十二郎文》而不落泪者，其人必不友。”《古文观止》中评价陈情表是“至性之言，自尔悲恻动人”。《陈情表》为何会有如此动人的力量？又为何会获得如此高的评价？今天让我们一起来感受这篇文章吧。教师运用名言导入新课，引导学生探究《陈情表》陈了何情？如何陈情？为何会有如此动人的力量？学生需要深入文本品味语言，领悟作品的丰富内涵，有自己的情感体验和思考，受到感染和启迪。

又如《归去来兮辞》的导入语可以这样设计：《归去来兮辞》语言清新流畅，骈散相和，音节和谐，犹如天籁。感情真挚，文气平和，诗意浓郁，呈现出一种天然真色之美。李格非有“《归去来兮辞》沛然如肺腑中流出，殊不见有斧凿之痕”之评语；元好问也曾叹言“一语天然万古新，豪华落尽见真淳”。这两句名言大致反映出陶渊明作品平淡自然的艺术特点，教师引导学生学习、关注文章情感表达和语言运用两个方面，启发学生进行思考。这种运用名言导入新课的方法，可以提高课堂文化品位，培养学生高尚的审美情趣和审美能力。

（二）多重朗读法，字里行间体味情感变化

朗读是心、眼、口、耳并用的一种学习方法，它可以让读者在感知言语声音形态的同时，实现对文本的感悟理解。[1]朗读是一种教学方法，同时也是教学内容。所谓朗读教学，既包括运用朗读手段进行文本的阅读，又包括对朗读能力的训练。朗读教学方法有助于理解文意，培养语感。对文言文进行朗读不仅可以锻炼学生的语言表达能力，同时也可以培养学生的鉴赏能力，有助于丰富学生的审美体验并提升审美情趣。

选入高中文言抒情散文单元的文言文皆为千古名篇，优秀的古代文学作品是文言运用的典范，具有句式押韵整齐、气势壮阔、富有内涵等特点。在文言抒情散文教学中多重朗读法的运用，可以让学生在朗读的过程中，感受千古名篇中的韵律美、节奏美，从字里行间读出文章的文气，体会古人抒发的真情实感，品味文章流露出来的情趣韵致，提高学生的审美情趣。

1. 初读，把握情感基调

初读是对文章的整体感知，学生在这一过程中扫清文字障碍，对文章的情感基调进行整体上的把握。在文言文教学中，初读首先是要扫除字音、字形的障碍，能够准确地把握字词的读音才能帮助学生高效地分析文章，因此这个阶段主要是对“言”的朗读教学。

学生在初读时会暴露出误读、漏读、字音不准、不认识文言字词的问题。初读中暴露出的问题正是学生在文言文基础知识方面的薄弱点，这样一来，教师的指导更具有针对性，能从根本上夯实学生的文言文基础知识。优秀的文学作品具有强大的感染力和吸引力，读者不会满足于浅尝辄止。文中的一些词语、句子会萦绕脑际，久久难忘，学生自然而然会产生想要进一步深入解读的欲望，激起学习的兴趣。例如，初读《滕王阁序》，“落霞与孤鹜齐飞，秋水共长天一色”“老当益壮，宁移白首之心？穷且

[1] 王荣生．文言文教什么[M]．上海：华东师范大学出版社，2014．11．

益坚，不坠青云之志”等名句会给学生留下深刻的印象。又如，初读《陈情表》，学生会对文中“茕茕孑立”“气息奄奄”“日薄西山”“朝不虑夕”等成语印象深刻。这些名句和成语不仅言辞简练，读之朗朗上口，而且还可以作为学生深入理解文章的切入点。

学生对文章内容整体感知的程度，会体现在学生对语气、语调的处理以及对情感的把握上，学生在与文本对话的过程中，能够感受到文章所透露出来的情感，或喜或悲，或平和或激昂，等等。如《归去来兮辞》整体基调为闲适淡泊、旷达悠然，朗读的语气大致上应趋于舒缓平和；《滕王阁序》整体基调为昂扬向上、积极乐观，朗读的语调应当慷慨激昂等，学生运用自身具备的阅读能力和朗读技巧，确定这篇散文的感情基调和作者的情绪，这些都是为接下来深入理解课文打下的基础。

2. 熟读，感悟作者情感

熟读是“言”与“文”结合最为紧密的一个阶段，能在明确文章中字词句本身的意义和作用的基础上，品味它们在文章中所蕴含的思想情感、文化内蕴以及带来的表达效果。同时，熟读能在品味文章蕴含的思想情感和文化内蕴的过程当中，完成文言字词句在文章中具体运用的学习，二者相互促进，表里相合。

也就是说，学生要通过熟读来深刻体味文章的含义，学生熟读的过程实际上就是对文章思想情感的分析、理解再到体味的过程，通过教师在轻重音、停顿、语速、语调、语气等朗读技巧上的指导，学生再对课文内容进行深入地理解和体味。例如，《归去来兮辞》是一篇辞赋，具有骈散结合、音韵和谐的特点。文章以四字句和六字句的骈句为主，其中夹杂散句，行文讲究对仗骈偶，且灵活多变。文中“乃瞻衡宇，载欣载奔。僮仆欢迎，稚子候门。三径就荒，松菊犹存。携幼入室，有酒盈樽”[1]，作者以四字句来描写抵达家园时的场面，句式整齐，节奏鲜明。四字句的停顿节奏是二二分，如“乃瞻//衡宇，载欣//载奔。”朗读时应读出此处轻松明快的节奏，将作者回归田园的欣喜之情表达出来。“引壶觞以自酌，眄庭柯以怡颜。倚南窗以寄傲，审容膝之易安。园日涉以成趣，门虽设而常关。策扶老以流憩，时矫首而遐观。云无心以出岫，鸟倦飞而知还。景翳翳以将入，抚孤松而盘桓。”[2]此处作者运用了六字句来描写回归田园后的生活情状，相较于四字句，借助“以”“之”“而”等文言虚词来调节语言节奏，舒缓语气。这里六字句的停顿节奏是一二一二分，如“引//壶觞//以//自酌，眄//庭柯//以//怡颜。”朗读时要用舒缓平和的语气，读出作者回归田园后的恬淡闲适、自得其乐。

3. 品读，体会文章情韵

品读是对文章的深刻解读，学生在充分体会作者的思想感情之后，通过自己的声音变化以及朗读技巧的运用，把作者在文章中营造的意境以及饱含的情感展示出来。有了初读的整体感知、熟读的情感把握以及教师对朗读技巧的指导，品读才能引起学

[1] 人民教育出版社等．普通高中课程标准实验教科书语文必修 5[Z]．北京：人民教育出版社，2007：26．
[2] 人民教育出版社等．普通高中课程标准实验教科书语文必修 5[Z]．北京：人民教育出版社，2007：26．

生与作者之间的情感共鸣，形成自身的审美体验，从而读出文章的情韵。

教师可以适当引导学生通过深挖文本内容来对文章进行欣赏，从而完成对课文的品读。例如，《陈情表》中“生孩六月，慈父见背，行年四岁，舅夺母志……臣少多疾病，九岁不行，零丁孤苦，至于成立”[1]“既无伯叔，终鲜兄弟”“外无期功强近之亲，内无应门五尺之僮，茕茕孑立，形影相吊”[2]。为了说明祖母无人照顾是实情，而非推托之词，作者先是详尽地叙述了自己的悲苦身世，采用四字骈句，语句节奏紧凑，让人有灾祸接连而至之感，不禁使人产生怜悯之情。除了身世之苦，作者还采用对偶句显示出自己长幼、内外皆无的孤苦伶仃，其中“茕茕孑立，形影相吊”更是用白描的手法将自己形单影只的凄苦形象表现出来，使人动容。在品读时，这些句子的节奏需要把握好，诉身世悲苦的四字句要以稍快的语速将灾祸接连而至之感表现出来，其中“臣少多疾病”一句，要注意停顿，“臣”字音稍稍拖长，读出作者回忆起自己身世凄苦的怅然之感；交代家中人丁稀零的对偶句中“外无”“内无”要重读，形成对应。读“茕茕孑立，形影相吊”一句要以稍慢的语速和沉重的语气，读出作者形单影只的孤苦。

在品读的过程中，为了更好地把文章意境以及情感充分地展示出来，学生就需要与文本深度对话并产生思想共鸣，丰富自己的情感体验。在文言抒情散文教学中，教师可以引导学生通过品读的形式，充分体会作品中的情感内蕴，达到入眼、入口、入心的效果，读出作品应有的情韵。

4. 美读，提高审美情趣

美读，是在对文章阅读理解并吸收内化的基础上进行的表达应用，是一种高层次的语文阅读方法，注重学生的情感体验和审美体验。“美读”这一方法由著名教育家叶圣陶先生提出。文言抒情散文单元的单元提示中提到，本单元文言文的阅读最好能够熟读成诵，才能披文入情，把握作品中的真情实感。

文言文作品虽距今年代久远，但经岁月的磨砺之后依然焕发着光彩，中学生应当秉持积极的鉴赏态度，注重审美体验，陶冶性情。陶渊明有着不愿与世俗同流合污的一身浩然正气、来去之间但使愿无违的率真与洒脱，《归去来兮辞》是他自由意志、高尚情趣、独立人格的充分体现；《滕王阁序》中有着王勃对人生“识盈虚之有数”这样富有哲理的思考，虽然处在人生不得志的逆境中，却也不放弃不消沉，执着地追逐自己济世的理想，体现出奋发向上的进取精神；庄子虽然历经人世沧桑，却有着不懈追求的壮志，遵从自己的内心，不为世俗所累，将自己对自由的不懈追求寄托于《逍遥游》中；《陈情表》表达了李密对祖母的殷殷反哺之情，彰显了中华文化中至诚至孝的传统美德。这些优秀的古代文学作品至今读来仍能令人为之动容，或是高洁的人格节操，或是乐观旷达的人生态度，或是不懈追求的壮志，或是至爱至亲的真情，等等，都

[1] 人民教育出版社等．普通高中课程标准实验教科书语文必修 5[Z]．北京：人民教育出版社，2007：36．
[2] 人民教育出版社等．普通高中课程标准实验教科书语文必修 5[Z]．北京：人民教育出版社，2007：36．

能带给中学生情感的熏陶和心灵的洗涤，从而丰富精神生活，完善自我人格，提升人生境界。在文言文学习中，学生能够充分吸收古代文化遗产的精髓，提高自身的语文素养。美读可以获得阅读的独特体验，美读文言抒情散文，有助于提高自身的审美情趣。

（三）尝试写作法，学习抒情手法与技巧

优秀的文学作品大多是运用语言的典范。抒体文是古人真情实感的自然流露，不同作家因为本身经历的不同，其作品思想感情、语言风格、抒情技巧是各不相同的，思想感情或是怀才不遇的悲情、或是人世沧桑的感慨、或是不懈追求的壮志，等等，但都讲究情感真挚；语言风格或华美、或质朴、或婉曲、或恣肆、或凝练；抒情技巧或是直抒胸臆、或是间接抒情、或是叙事抒情、或是议论抒情，等等。这些都是学生用来学习写作的最好的“例子”，对学生的写作实践十分具有借鉴意义。

抒体文佳作都饱含了作者真挚独特的情感，至今读来仍能感人肺腑，荡气回肠。因为不同作家本身经历的不同，所以作者的情感是独具个性的，具有其独特的审美韵味，可以感受文章的个性情感之美。陶渊明为表达对功名利禄的摈弃和对山水田园的热爱之情，写出了《归去来兮辞》这首孤愤难平、忧乐相生的心灵之歌，在文中毫不吝啬地将自己的真实情感袒露，展露出自身恬淡旷远的胸怀和孤傲高洁的品格。教师在平时的写作训练中，可以鼓励学生将自己的真情实感倾注于写作当中。首先，情要真。杜绝写作中“为文造情”的情况，真正的有感而发，才能在写作中抒发有自己真切体验的情感，打动读者的心灵。其次，情要美。中学生写作的内容主旨要积极向上，思想健康，所抒发的情感必须符合真善美的人性定位，才能达到“以情动人”的效果。

选入本书进行分析的抒体文都是作家的成名之作，是流传千古的名篇，是运用语言的典范。恬淡旷远的襟怀、向往田园的情感和高远拔俗的意境造就了《归去来兮辞》质朴自然、淡远潇洒的语言风格特点；乐观旷达的情怀、激越澎湃的思想感情和深邃意境造就了《滕王阁序》清新刚健、凝练优美的语言风格特点；宽阔豁达的胸怀、不懈追求的壮志和开阔高远的意境造就了《逍遥游》气势磅礴、铿锵有力的语言风格特点；情理交融、寓理于情的手法造就了《陈情表》情真理透、词婉意切的语言风格特点。每篇抒体文的语言风格各异，体现出不同的审美特征，给人以美的享受。教师应当在写作训练过程中培养学生的语言表达能力。在上完《陈情表》这一课之后，老师给学生布置了这样一个写作题目：某同学的班主任老师要求学生周末留在学校自习，请你代替他，以说服班主任老师为同学们争取到周末假期为目的，给班主任老师写一封信。（提示：言辞恳切，合情合理）完成这样的写作练习，要达到说服班主任老师的目的，必须要动之以情，晓之以理。因此，学生需要把在课文中学到的情理交融的表达方式运用到写作中，完成知识的迁移，学会表达自己的思想和情感，提高写作和驾驭语言的能力。

在中国文学史上，陶渊明、王勃、李密都是抒情高手，《归去来兮辞》《滕王阁序》

《陈情表》也都是中国文学史上的抒情名篇，这几篇文章都具有高超的抒情技巧，灵活自如地采用多种表达方式来满足抒情的需要。如《滕王阁序》中有叙事，有描写，有议论，并且还采用了多种修辞手法，都是为了以最为恰当的方式将情感宣泄出来。文中最为突出的修辞手法是用典，多达三十多处，这些典故的准确运用，将作者内心失望与希望、痛苦与追求、失意与奋进交织在一起的复杂情感婉转而又准确地表达出来，使文章内容显得委婉含蓄、典雅精练。学生需要学习综合运用多种表达方式，力求有个性、有创意地表达。学生要学习综合运用多种表达方式，抒体文便是最好的学习材料。教师要利用好抒体文在写作方面的教学价值，让学生由体验而欣赏，由欣赏而创造，由创造而表达，从抒体文中学习抒情的手法与技巧，并对这些手法与技巧进行内化，从而提高写作能力。

四、抒体文教学评价的方式

高考是语文教学评价的重要手段，对高中阶段的语文教学成果起到评价和鉴定的作用。因此，高考试卷中的文言文试题与文言文教学有着密切的联系。高考“考什么”对文言文教学“教什么”有着一定的导向作用。本节将从选材和题型设置两方面，分析 2013 年—2018 年高考语文全国卷中文言文试题部分及其对抒体文教学的启示。

（一）高考文言文试题选材分析

相较于其他省市高考语文自主命题的高考卷，全国卷发展得最为成熟，适用范围广，影响力最为广泛。因此本文选择 2013 年至 2018 年的十五套高考语文全国卷，对文言文试题选材的出处和文体进行分析，具体情况如表 4.1 所示：

表 4.1　2013 年—2018 年高考全国卷文言文试题选材分析

年份	试卷类型	选材出处	文体
2013 年	全国卷Ⅰ	《明史·马文升传》	人物传记
	全国卷Ⅱ	《旧唐书·李揆传》	人物传记
2014 年	全国卷Ⅰ	《旧唐书·于休烈传》	人物传记
	全国卷Ⅱ	《明史·韩文传》	人物传记
2015 年	全国卷Ⅰ	《宋史·孙傅传》	人物传记
	全国卷Ⅱ	《北史·来护儿传》	人物传记
2016 年	全国卷Ⅰ	《宋史·曾公亮传》	人物传记
	全国卷Ⅱ	《明史·陈登云传》	人物传记
	全国卷Ⅲ	《明史·傅珪传》	人物传记

续表

年份	试卷类型	选材出处	文体
2017 年	全国卷Ⅰ	《宋书·谢弘微传》	人物传记
	全国卷Ⅱ	《后汉书·赵憙传》	人物传记
	全国卷Ⅲ	《宋史·许将传》	人物传记
2018 年	全国卷Ⅰ	《晋书·鲁芝传》	人物传记
	全国卷Ⅱ	《后汉书·王涣传》	人物传记
	全国卷Ⅲ	《宋史·范纯礼传》	人物传记

由上表我们可以看出，2013 年—2018 年来十五套高考语文全国卷文言文试题的选材均出自二十四史，人物传记这一文体的文言文始终占据着高考文言文试题的主要地位。《考试大纲》要求学生具备“能阅读浅易文言文”的阅读能力。人物传记以记叙为主要的表达方式，具有人物形象生动鲜明、故事情节紧凑完整、语言浅显易懂等特点，人物传记符合“浅易文言文”的要求，这是其合理性。但是历年文言文试题的选文无一例外都是人物传记，选材的文体和内容过于单一。高考作为高中阶段教学的总结性评价，文言文试题选材的范围局限于人物传记即传体文一种文体，没有囊括学生高中阶段所学的各类文体的文言文，弱化了考试与教学之间的联系，没有做到文言文试题选材文体的丰富多样，这是一种缺憾。并且，这种体现在高考试题中文体选择的侧重，往往会导致教师在文言文教学中对人物传记这一文体的偏重，而抒体文等其他文体的文言文被冷落和忽视。

（二）高考文言文试题题型分析

题型是指题目类型。分析高考文言文试题的题型，可以帮助我们明确高考文言文试题对学生文言文阅读能力考查的形式以及考查的内容。本文分析了近六年高考全国卷文言文试题考查的形式及内容，具体情况如表 4.2 所示：

表 4.2　2013 年—2018 年高考全国卷文言文试题考查形式及内容分析

年份	试卷类型	客观题					主观题
		实词	人物形象分析	文章内容分析	断句	古代文化常识	翻译
2013 年	全国卷Ⅰ	√	√	√			√
	全国卷Ⅱ	√	√	√			√
2014 年	全国卷Ⅰ	√		√	√		√
	全国卷Ⅱ	√		√	√		√
2015 年	全国卷Ⅰ			√	√	√	√
	全国卷Ⅱ			√	√	√	√

续表

年份	试卷类型	客观题					主观题
		实词	人物形象分析	文章内容分析	断句	古代文化常识	翻译
2016 年	全国卷Ⅰ			√	√	√	√
	全国卷Ⅱ			√	√	√	√
	全国卷Ⅲ			√	√	√	√
2017 年	全国卷Ⅰ			√	√	√	√
	全国卷Ⅱ			√	√	√	√
	全国卷Ⅲ			√	√	√	√
2018 年	全国卷Ⅰ			√	√	√	√
	全国卷Ⅱ			√	√	√	√
	全国卷Ⅲ			√	√	√	√

从上表可以看出，历年文言文试题的考查形式保持稳定不变，均为 3 个客观题和 1 个主观题。首先分析客观题部分，客观题部分包括 3 个单项选择题。从考查内容来看，2013 年至 2018 年高考全国卷文言文试题可分为三个部分，2013 年客观题部分考查的内容分别为实词、人物形象分析和文章内容的分析；2014 年客观题部分考查了实词、分析文章内容的断句，考查的内容将上一年的人物形象分析替换成了断句；2015 年至 2018 年客观题部分考查了文章内容分析、断句和古代文化常识，将文言实词的考查替换为古代文化常识的考查。由此可以看出，2013 年的文言文试题注重考查学生的文言文基础知识，2014 年的文言文试题在以前的基础上增强了对学生文言文阅读和理解能力的考查，2015 年至 2018 年的考题不仅考查学生的文言文阅读和理解能力，还考查学生的古代文化常识，在一定程度上体现了高考文言文试题对语文“人文性”的关注。再来分析主观题部分，主观题部分主要是文言文的翻译，共分为 2 个小题。主观题的考查内容一直都是将文言文翻译为现代汉语，文言文试题中主观题的考查形式和考查内容都较为单一，注重考查学生的文言文阅读和理解能力，但没有对学生综合能力以及鉴赏评价能力进行考查，缺乏考查的广度和深度。

（三）高考命题对抒体文教学评价的启示

高考作为教学评价的重要手段，对高中语文教学起着引导作用，因此高考文言文试题的考查方向在一定程度上能够为抒体文的教学指引方向。但是受到应试教育的影响，很多教师不能科学合理地看待高考与教学之间的关系，简单地将考试作为文言文教学的目标，盲目地将高考的考查方向作为文言文教学的方向，这必然会导致文言文教学被高考束缚，影响文言文教学质量的提高。因此，教师应当理性地看待高考与教学的关系，科学合理地看待高考对教学的指引作用。

首先，高考文言文考查的文体过于单一，以传体文为主。这可能会导致文言文教学重心偏移，人物传记变成高考训练场上的“靶子”。教师在文言文教学中偏重传体文，而抒体文等其他文体的文言文被忽视，这样的做法会使文言文教学受到高考试题的捆绑，学生文言文阅读能力得不到提高。中华文化典籍浩如烟海，除传体文以外还有很多优秀的古代文学作品，人教社实验版高中语文必修教材就选编了不同文体的文言文，可以积累学生的文言阅读经验，继承中华优秀传统文化。因此，在抒体文的教学中，教师应当处理好考试与教学的关系，不仅要避免在文言文教学中对某一种文体的偏重或冷落，还要依据抒体文的文体特点进行教学，发挥抒体文不可替代的教学价值，这样才能使学生在文言文的学习中提高文言文鉴赏能力，体会中华文化的博大精深，完成对传统文化的传承。

其次，高考文言文试题的考查形式固定单一。选择题和翻译题成为高考文言文试题的固定模式，文言文教学出现高考考什么题型教师就注重训练什么题型的现象，这种固化的考查形式束缚了学生个性思维的发展。相较于其他学科，语文学科具有灵活且文化性强的特点，因此教师不应该仅仅局限于选择题和翻译题的考查形式，而要采用灵活多样的形式来考查学生的学习成果。抒体文的考查就可以采用灵活多样的主观题，例如，以简析题的形式考查学生对文章语言特色、写作手法、思想情感等内容的把握情况；以论述题的形式考查学生对文章表达技巧、艺术风格等内容的评价鉴赏能力；以划分文段层次的形式考查学生对文章谋篇布局的理解，等等。采用灵活多样的考查形式能够最大限度地发挥学生的创造力，展现学生对文言作品的个性解读，也有利于对学生语文综合能力的考查。

再次，高考文言文试题考查内容大多停留在理解的层面。理解文言实词和虚词、理解特殊句式、理解文中句子等是高考常见的考查内容，这样的文言文试题注重考查学生的文言文基础知识，但是缺乏对学生分析综合以及鉴赏评价能力的考查，这可能会导致教师过分注重学生文言基础知识的积累，弱化对学生文言文鉴赏能力的培养，导致文言文教学出现重“言”轻“文”的问题。机械的记忆并不能使学生真正地理解和掌握，教学中不可直接将文言基础知识单独拎出来讲，文言基础知识的积累需要结合文本和具体的语境，才能使学生真正掌握和积累文言基础知识并理解文章的内涵，达到事半功倍的效果。此外，抒体文具有非常强的文学性，因此教学不应该只停留在对文言基础知识的积累上，教师应该引导学生学习文章的写作手法和表达技巧、赏析语言特色、鉴赏文章艺术风格等，丰富学生的审美体验，提高学生的语文素养。

最后，高考文言文试题偏重考查学生阅读文言文的基本能力，选材浅显易懂，试题难度较小。但高考文言文阅读部分得分率并不高，对于大部分学生而言，文言文阅读仍然是一个令人头疼的难题。这是因为大多数学生文言功底比较薄弱，文言基础知识积累不足，从侧面反映出实际的文言文教学存在教学效率低下、教学质量不佳的问题。因此，抒体文教学首先要避免学生机械地记忆文言基础知识，基础知识的积累应该回到具体的语境并理解文本。也就是说，“言”的学习不仅要回归到具体的句子语境当中，还要结合作者所处的社会环境和人生状态，这样才能使学生披文入情，真正掌握文言基础知识并理解文章的深刻内涵，不仅可以提高学生的文言功底，还可以提高课堂教学效率和教学质量。此外，文言文教学不应该只停留于“言”的层面，文言文是我国传统文化的瑰宝，承担着培养学生文化素养和完成文化传承的任务，教师应当意识到文言文教学的落脚点是文化的传承和反思，文言抒情散文中蕴含着古人的真情实感、审美趣味、人生智慧等丰富内涵，是提高学生文化品位，传承中华优秀传统文化的重要材料，引导学生领悟抒体文的丰富内涵，体悟文言魅力，增强文化自信。

第四节　抒体文案例分析

案例一：《滕王阁序》课堂实录

师：读完了《滕王阁序》，同学们喜欢这篇文章吗？喜欢的请举手。（六人举手）

师：喜欢的理由往往都是相似的，而不喜欢的理由却未必一样。我想听听不喜欢的理由。

生 1：不知道写的什么。

师：你觉得他写了什么？

生 1：写了游玩滕王阁的过程。（生笑）

生 1：（改口）不是一篇“游记”，而是“序”。

师：“游记”与“序”有什么区别呢？

生 1：游记主要是记叙、描写为主，而“序”主要以议论、抒情为主。《滕王阁序》是由眼前之景抒发自己的人生感受，抒情、议论的成分很重，就跟《兰亭集序》一样。

师：其实你还是基本读懂了文章。我还想听一听其他原因。

生 2：生字词太多。

生 3：典故太多，理解起来太费力。

生 4：句式太整齐，一口气读不下来。

师：你列举一段文字试试看。

（生 4 读“嗟乎！时运不齐……岂效穷途之哭！”，读得气势恢宏，抑扬顿挫，饱含感情。大家鼓掌。）

师：读得很好啊。

生 4：我很喜欢这段文字。读了很多很多遍。

师：你可以尝试把它背下来。下一位。

生 5：我觉得王勃写得太矫情了。到一个地方去玩儿，就写了一篇文章来抒发自己的人生感悟，而且这么"悲"，我们不会这样来思考的。

师：我们不这样想，就不允许王勃这样想了？（生笑）

师：五位同学说了自己不喜欢这篇文章的原因，归纳起来，大概三点：一是难以读懂；二是难以理解；三是难以共鸣。既然因为难而不喜欢，那我们就从"难"字入手。且让我们由"易"入"难"，由"浅"入"深"，看看《滕王阁序》是怎么成为文学经典的。这篇文章其实有一个清晰的整体思路："事—景—情"。请大家说说：写了什么事？描写了什么景？抒发了什么情？

生 6：写了王勃的父亲被贬官到偏僻的交趾，他前去探望，途经洪洲，参加了都督阎公在滕王阁上的盛会，看到"良辰、美景、赏心、乐事"，描写了滕王阁盛会上的人的俊雅，景的美丽，感到非常高兴，而后乐极生悲，又来感慨自己的身世。

师：很好！请看我这里有一则材料：（投影）

"王勃著《滕王阁序》时年十四。都督阎公不之信。勃虽在座，而阎公意属子婿孟学士者为之，已宿构矣。乃以纸笔巡让宾客，勃不辞让。公大怒，拂衣而起，专令人伺其下笔。第一报云：'南昌故郡，洪都新府。'公曰：'是亦老生常谈。'又报云：'星分翼轮，地接衡庐。'公闻之，沉吟不言。又云：'落霞与孤鹜齐飞，秋水共长天一色。'公矍然而起，曰：'此真天才，当垂不朽矣！'遂函请宴所，极欢而罢。"（《唐摭言》卷五）

这是一段评注，我们借此能更深地切入文章。比照它来寻找一个角度，谈一谈你所理解的《滕王阁序》的"事—景—情"。

生 7：我抓住都督阎公态度的变化。

师：是什么样的变化？

生 8：先是大怒；后来看到文章第一句，是不屑一顾；到第二句是"沉吟不言"，陷入思考；等看到那句名句时，便"矍然而起"，已经深深地被文章折服了。

师：请大家把"南昌故郡，洪都新府""星分翼轮，地接衡庐""落霞与孤鹜齐飞，秋水共长天一色"三句话划出来。为什么都督阎公会说"老生常谈"呢？

生 8：因为八个字就只讲了地点。阎公本来是想给自己女婿出风头的，却不想被王勃抢了风头。心中本来有气呢。

师：你倒是很注意抓住人的心理来推测。那为什么听到"星分翼轮，地接衡庐"却又"沉吟不言"呢？

生 9：这是一种宏阔气象。在天上是连接两个星宿，在地上是连接两座山。写地上时，连用六个动词（分、接、襟、带、控、引），拟人化，把一种登临高阁的恢宏胸襟淋漓尽致地表现出来。

师：这里面的"襟""带"是什么用法？

生：（杂）意动用法，以……为衣领，以……为衣带。

生 10：如果说第一句没有什么新意的话，这两句一下子令老生常谈的陈词滥调体现出一种恢宏大气。

师：举例说明。

生10：雄州雾列，俊采星驰。

师：这里面“雾”“星”是什么用法？

生：名词做状语，像雾，像星星（一样多）。

师：写人时，写这些“俊采星驰”分别写了哪些人？有什么特点？

生11：都督阎公、刺史宇文、孟学士、王将军，还有胜友如云，高朋满座。

师：那从“沉吟不语”到“矍然而起”这种态度的变化，究竟是从什么地方开始变的？

生12：从“童子何知，躬逢胜饯”开始变化，前面都是写别人好，从这儿开始写自己不好。

生13：不是，这是自谦，是一种说话的技巧。应该是从“时维九月，序属三秋”开始变化的，因为前面是写人，这儿开始写景。

生14：也不是，应该是从“披绣闼，俯雕甍”开始变化的，推开小门，由室内到室外，景物不同而产生了不同的心理感受。

师：大家看，这三种答案，哪一个最好？

生：（杂）三。

师：请大家把“披绣闼，俯雕甍”划上着重号，自己读一读，用“自己的腔调”读一读，看前后景物、表达等方面究竟有哪些变化？

生15：主要有三点变化：一是由静而动，二是由暗到明，三是由远到近。

生16：由散到满，前面的景色都是粗线条的，后面的景色都是“满眼的”。“旷其盈视”“纡其骇瞩”“扑地”“迷津”都是满眼的景色。

生17：胸襟由局促到开阔。

生18：心理上的变化，如果说坐在那里看窗外的风景，是“欣赏”的话，那么打开窗门之后，则是被一种崇高美所震惊。

师：从哪些地方可以看出来？

生18：从三个字可以看出，一个是“骇”，使自己的眼睛受惊（教师补充“骇”是使动用法）；一个是“穷”，渔歌既然优美，就不能“响穷”，“穷”的是自己的内心感受（教师补充：“穷”即“尽”）；一个是“惊”，把雁群在寒风里发出的呼唤写得富于人格。从这三个细节中可以看出作者内心是被一种崇高的美折服。

师：谈得非常到位，还有没有变化了？

生19：文章的节奏发生了变化。前面先是四句长句，非常舒缓；再用四个短句，非常急促；再“四六字”，顿挫抑扬；而推开窗之后，以非常短促的三个字“披绣闼，俯雕甍”，再以错落有致的“四六字”，抑扬顿挫，节奏富于变化，却又很稳定，感情变得开阔而飘逸。

师：文以气为主。任何优秀的文字都能够朗朗上口，便于诵读。文章的节奏、速度、语气的变化都是情感变化的表现。请大家自由地用自己的腔调来诵读这段文字，体会这种感情的变化。（学生诵读）我们请一位同学诵读一下。

（一生读，其节奏快慢、语气高低、停顿长短等基本上能够读出“文气”来。师随即点评朗读中处理得不好的句子。例如，以轻快的语速读“落霞……一色”，以重音读“唱”“穷”“惊”“短”四字，以拖音读“之滨”“之浦”。）

师：胸襟开阔之后，感情有什么变化？从第三段中找出两个字来表明作者感情的变化。

生：（七嘴八舌）“兴”“悲”。

师：“逸兴遄飞”，飘逸的兴致很快地飞扬，他联想到什么？

生 20："睢园绿竹”“彭泽之樽”“邺水朱华”“临川之笔”。

师：为什么会想到这些典故？这些典故都有什么共同特点？

生 21：这些典故都是文人墨客、宾客之间饮酒赋诗、极尽欢娱的人与事，跟眼前滕王阁盛会异曲同工。

生 22：他更关注的可能是宾客之间的那种和谐信任。

师：为什么这么说呢？

生 22：因为要抓住“气凌”“光照”这两个词，是说“超过”“胜过”陶渊明、谢灵运的隐逸之乐。可以推断，这个时候的王勃还是少年气盛，有拯世之心。然而，在现实生活中他却壮志难酬，不仅如此，还为此丢了官，牵连了家人。这样，才有了后文的“乐极生悲”。

师：我赞同你说的。然而，兴尽悲来，又悲什么？还请大家分层次、分要点来说。

生 23：我觉得有四悲：一悲命运，也就是“成败在天”；二悲皇帝不召，空有满腹才华，却无法实现志向；三悲孤独无知己；四悲韶华易去，时运不济，冯唐易老，李广难封。

师：这就是乐到极点，也悲到极点。让我们顺着这个思路朗读课文第三、四、五段。（学生读书，声音洪亮，充满悲慨之气。）

师：“乐极生悲”确实是全文的重要线索。但是，这种悲是不是始终一致？有没有发展？

生 24：我觉得王勃从四个方面来坚定自己的志向，超脱了前面的“兴尽悲来”的“悲”。

师：我很喜欢同学们一开口就是“我对这个问题有三点看法”“从四方面来说”，这是我们思维的层次性。说说看，哪四方面？

生 24：第一从“老当益壮”“穷且益坚”来直抒自己的志向；第二从“酌贪泉”“处涸辙”的生存环境上来说，要“觉爽”“相欢”，表明自己在逆境中也要坚持自己纯洁的思想；第三是从时空迁移上表明自己要坚持自己远大的志向，不能因为受遏而改变；第四，以孟尝君、阮籍为反例，提醒自己不能学习他们隐居、颓废、自暴自弃。

师：我也是倾向于“乐极生悲”，“悲极”之后却不是“更悲”，而是一种“豁达”，一种坚持。就好像苏东坡的《赤壁赋》一样，“悲”极之后是“释然”，是“豁达”。中国知识分子身处困境坚持不改变自己的理想和情操，可以说是知识分子的“世道人心”，是中国知识分子的脊梁。我想：中国知识分子都有“登山临水”的习惯，都有“兴尽悲来”的感慨，“兴尽悲来”的感情变化在中国古典诗文中屡见不鲜，譬如我们学过的《登高》《兰亭集序》《赤壁赋》，等等。

……

【评析】这是课堂教学的一个片段，从开头我们便可以看出，这位教师有意识地引导学生明确《滕王阁序》的文体为“序”，将“序”与“游记”进行比较区分并明确了“序”的写作特点，有利于学生更深入地理解课文，将培养学生的文体意识落实到了教学的细节中。课堂教学先是以文章创作背景中都督阎公的态度变化入手来分析课文，在师生对话中完成对文言字词的积累和作者情感变化的体味，并且着眼于文中体现作者情感变化的全篇转折的句子，使得全文的写作思路更为清晰明了地体现出来。从教学结构来看，教师以问答法贯穿整堂课，串联起课堂教学的各个环节，不仅使这堂课听起来自然流畅，还为生成课堂提供了更多的空间。同时采用了问答法、讨论法、朗读法等多种教学方法来落实教学内容，充分调动学生学习的主动性，体现了学生在学习中的主体地位。

案例二：《陈情表》教学设计

教材分析

① 本文是一篇情满笔端、措辞恳切的至情美文。文章委婉得体、悲恻动人。作者无论是诉自己的孤苦之情和自己与祖母相依为命的深厚亲情，还是述自己对朝廷恩遇的感激之情和对晋武帝的忠敬之心，都十分感人。在阅读理解时，应结合作者的身世和作品的时代背景把握作者的思想感情。

② 鉴赏古代散文，读懂文字是关键。只有在真正理解基本内容的基础上，才谈得上鉴赏。本文有许多古今异义字和一词多义的现象，讲解时须着重指出。本文运用的语言十分精练准确，在熟悉基本内容的基础上，着重鉴赏语言特色，体会遣词用字的妙处。

③ 学习古代散文，要特别注意诵读，最好能熟读成诵。本文文笔简练流畅，语言生动形象，富有节奏感和音乐美。四字句和对偶句的交错使用，不仅言简意丰，而且节奏鲜明，朗朗上口。教学中应引导学生加以体会，注意把握作者的思想感情，注意抑扬顿挫和快慢节奏，读出作者的感情和文章的节奏感。

教学目标

① 引导学生体会作者的苦情、亲情、忠情。

② 引导学生赏析本文陈情于事、寓理于情的构思艺术和语言特色，体会本文遣词用字的妙处和用词的精练准确。

③ 指导学生有感情地诵读课文。

④ 掌握文中重要的文言词语、成语，背诵全文。

教学重点

讲解表达作者苦情、亲情、忠情的语句，在吟诵中解读作者的“情”字，体会本文“至性之言，悲恻动人”的原因。讨论作者说理周密，表达感情淋漓尽致，委婉陈情的方法步骤，指导学生反复诵读。

教学难点

作者委婉陈情的方法步骤，诵读时对各段情感的把握。在较短时间内把握文意且背诵全文。

教学方法

① 运用讲解法，在疏通课文时注重对常用实词和虚词的讲解。

② 通过提问和讨论的方式加固对古今异义、一词多义等文言知识的掌握。

③ 联系背景和关键语句，启发和引导学生深刻体会作者至真至诚的感情。

④ 通过范读和讲解表达作者感情的关键语句，指导学生有感情地反复诵读课文。

课时安排

3 课时。

第一课时

教学要点

① 熟读课文，感知课文内容，基本理清课文思路。

② 研读第一段，积累文言词汇，并背诵此段。

教学过程

一、课文导入

中华民族有很多传统的美德，譬如勤劳、善良等，还有一个更重要的便是“孝”了。千百年来，人们常以“忠则《出师》，孝则《陈情》”相提并论，宋代学者赵与时在《宾退录》中说：“读诸葛孔明《出师表》而不堕泪者，其人必不忠。读李令伯《陈情表》而不堕泪者，其人必不孝。读韩退之《祭十二郎文》而不堕泪者，其人必不友。”下面我们就来看以“孝”而著称的《陈情表》。

二、解题

1. 释题

陈，陈述、禀报；情，隐情、苦衷（至孝之情）；表：古代臣子向皇帝陈述己见的一种奏章。又称“奏议”。

2. 作者

李密（224—287），一名虔，字令伯，武阳（今四川省彭山县东）人，晋初散文家。父早亡，母改嫁，由祖母刘氏亲自抚养。为人正直，颇有才干，以孝著称，受举荐，曾仕蜀汉郎中和尚书郎，曾多次出使东吴。蜀亡以后，晋武帝司马炎为了巩固新政权，笼络蜀汉旧臣人心，征召李密为太子洗马。他上表陈情，以祖母年老无人供养，辞不从命。祖母死后，出任太子洗马，官至汉中太守。后被谗免官，死于家中。

3. 背景

公元 263 年，司马昭之子司马炎（晋武帝）废魏帝曹奂，建立了西晋王朝。当时东吴尚踞江左。晋武帝为了安抚蜀汉旧臣，同时也为使东吴士臣倾心相就，以减少灭吴的阻力，对蜀汉旧臣采取了怀柔政策授予官职，以示恩宠。以文学见称，历职郎署的李密当然被列为笼络的对象。然而，李密对蜀汉则是念念于怀，更何况司马氏是以屠杀篡夺取得天下的，内部矛盾重重。李密作为一亡国之臣，对出仕新朝就不能不有所顾虑，而暂存观望之心了。不幸的是他的这种想法，被晋武帝多少察觉到了，因此“诏书切峻，责臣逋慢”。这就使李密在“再度表闻”时，发生了困难。然而李密抓住了“孝”字大做文章，却又不从大道理讲起，而是委婉陈辞，动之以情，恰到好处地解决了“不从皇命”的难题。无怪乎晋武帝看了表章以后说“士之有名，不虚然哉”，终于准其所请。

三、诵读

1. 听读

听录音，边听边注意体会文章的节奏和文中抒发的感情。

2. 诵读

学生自己高声朗读课文至熟，并注意下面字词的注音。

3. 默读

结合注解疏通文意，关注疑问处。

4. 听读

再放录音，学生可以跟读。

正音：	臣以险衅 xìn	夙遭闵凶 mǐn	终鲜兄弟 xiǎn	门衰祚薄 zuò
	期功强近 jī	茕茕孑立 qióng	常在床蓐 rù	除臣洗马 xiǎn
	猥以贱微 wěi	生当陨首 yǔn	责臣逋慢 bū	刘病日笃 dǔ
	犹蒙矜育 jīn	过蒙拔擢 zhuó	宠命优渥 wò	日薄西山 bó
	更相为命 gēng			

四、积累（注：分散到各课时中）

1. 注意以下列通假词

“闵”：通“悯”，悲痛怜惜。

“零丁”：通“伶仃”，孤独的样子。

“蓐”：通“褥”，草垫子，草席。

2. 注意以下加粗的实词

臣以险**衅**	**夙遭闵**凶	慈父**见背**	终**鲜**兄弟	门衰**祚**薄	晚有儿**息**
期功强近	**茕**茕孑立	形影相**吊**	常在床**蓐**	**逮**奉圣朝	**察**臣孝廉
举臣秀才	**拜**臣郎中	**寻**蒙国恩	**猥**以贱微	**除**臣洗马	生当**陨**首
责臣**逋**慢	刘病日**笃**	犹蒙**矜**育	不**矜**名节	过蒙拔**擢**	宠命优**渥**
日**薄**西山	二州**伯牧**	**听**臣微**志**	**庶**刘侥幸	不**胜**之情	**拜**表以闻

3. 古今异义

不行：不能走路/不可以，不能够，不同意。

成立：成人自立/指组织机构筹备成功，开始存在；或理论意见有根据站得住。

告诉：报告申诉（苦衷）/说给人听或使人知道。

辛苦：辛酸悲苦/身心劳苦。

4. 词类活用

夙遭闵凶：形作名，忧患，不幸的事。

察臣孝廉：名作动，作孝廉，为孝廉。

猥以微贱：形作名，社会地位低下之人。

谨拜表以闻：使动，使皇上闻。

是以区区不能废远：形作动，远离。

则刘病日笃：名作状，一天天地。

5. 注意虚词“以”的用法

臣以险衅（因）	臣以供养无主（因）	猥以微贱（凭）
臣具以表闻（用）	圣朝以孝治天下（拿）	但以刘日薄西山（因）
无以至今日（不能）	是以区区不能废远（因）	拜表以闻（来）

6. 注意以下句式

而刘夙婴疾病。（被动句）

州司临门，急于星火。（介词结构后置）

7. 成语积累

孤苦伶仃——形容孤单困苦，无依无靠。

茕茕孑立——形容一个人孤苦伶仃，无依无靠。

日薄西山——比喻人年老或事物衰微，接近死亡。

气息奄奄——形容呼吸微弱，快要断气的样子。

朝不保夕——早上保不住晚上会发生变化，形容形势危急。

五、研读

第一段：奏诉早年家庭不幸，祖孙相依为命。（自诉家境困顿多舛，祖孙更相为命之状）

1. 齐读第一段

2. 两名学生共同口译本段文字

3. 思考分析

文章一开始，作者说：“臣以险衅，夙遭闵凶。”该句在全段中起到什么作用？（生答：总摄作用）

它总提了哪几个方面？（学生讨论，不拘答案，老师投影，逐条显示）

4. 分析感情基调

指导学生朗读全段，提醒学生注意此段的感情基调——凄苦，悲凉。

5. 指导学生理解性地背诵第一段

6. 学生对照投影试背第一段

六、作业

背诵第一段，预读下文。

七、板书设计

陈情表

第一：半岁丧父，四岁母嫁，祖母抚养
第二：年幼多病，九岁不行，伶仃孤苦
第三：两辈单传，内外无亲，形影相吊
第四：祖母年迈，夙婴疾病，卧床不起
} 四大不幸

第二课时

教学目标

研读课文第二、三段，积累文中文言词汇，并背诵这两段。

教学过程

一、温习

① 背诵第一段，注意感情基调：凄苦，悲凉。

② 翻译重点句子和词语，解释成语“孤苦伶仃”“茕茕孑立”的意思。

过渡语：

悲苦的家庭境遇最容易引起别人的同情。李密在第一段中诉说了自己的“四大不幸”，足以引起晋武帝的同情。但问题在于晋武帝建立新晋，急于招揽人才、收买人心，“我征召你一个李密，你就照顾祖母，辞不应征，你不是存心不给我面子吗？难道你的心中只有私情吗？”故仅仅有第一段的悲苦说辞，能够打动阴险多疑的晋武帝吗？晋武帝会不会认为这是他为保留名节坚辞不仕的托词呢？这个问题对于李密来说至关重要，这关系到他的身家性命。李密是怎样陈述的？我们这一节课继续赏读《陈情表》的其他章节。

二、研读

（一）第二段

禀诉祖母供养无主，实诉奉诏进退两难。

（明写感激朝廷之情，实诉屡不奉诏苦衷）

1. 齐读第二段

2. 学生口译本段文字

3. 思考分析

文中哪些地方可以体现新晋对蜀汉旧臣李密的器用？李密又是如何应对的？（学生回答）

晋对李	陈情	李对晋
察臣	供养无主	辞不赴命
举臣		
拜臣	具以表闻	辞不就职
除臣		
责臣	刘病日笃 告诉不许	进退两难
催臣		

4. 分析感情

从本段中我们看到的是李密的态度坚决呢，还是他的哀婉陈情？（词意凄恻婉转、恭谨虔诚，表象是俯首乞怜，令人同情。实质是态度坚决，还是不去应征。）

5. 指导朗诵

指导学生朗读全段，提醒学生注意此段的感情基调——感激，恳切。

6. 指导背诵

指导学生理解性地背诵第二段。

过渡语：

情以动人，理以喻人。如果李密仅仅想用情来打动晋武帝，也许晋武帝会稍动恻隐之心，而这种恻隐之心很快就会从阴险多疑的晋武帝心中溜走。你尽孝但不能不尽忠啊？自古说"忠孝不能两全"，但可以舍孝而全忠啊！李密用以陈情的第二步——"晓之以理"即"喻之以孝道之大义"，为什么李密从"孝"的角度来说理呢？因为晋武帝治国标榜的大旗恰是"以孝治天下"。

（二）第三段

坦陈经历态度，以求皇帝体恤。

（喻之以孝道之大义，明降臣之不矜名节）

1. 齐读第三段

2. 两名学生共同口译本段文字

3. 思考分析

① 李密最担心晋武帝怀疑他哪一点？（矜守名节。古代崇尚一种观念"一臣不事二主"，魏晋文人名士最重气节。晋武帝同样怕李密也是矜守名节。）

② 他是怎么为自己辩解的？（本图宦达→至微至陋→过蒙拔擢→岂敢盘桓）

③ 本段文势有三转，表示转换的字眼是什么？（伏惟、且、但）文意的重点落在哪里？（区区不能废远）

④"是以区区不能废远"中"是"指代上文的什么内容？（指代"但以刘日薄西山……更相为命"）

4. 指导朗读

指导学生朗读全段，提醒学生注意此段的感情基调——真挚，诚恳。

教师：有人说，《陈情表》的语言是有形的、有声的；读《陈情表》你可以看到李密形影相吊的孤寂，看到祖母奄奄一息的悲恻，看到帝王微笑背后的恼怒，看到作者诚惶诚恐的怖惧等；你还可以听到少年的无助哀叹、老人病中无奈的呻吟、孝子恳切的哀告、帝王严厉的呵斥等。可见，这篇文章的抒情和语言的艺术感染力是多么强烈。

① 伏惟//圣朝/以孝治天下，这段首句就说以孝治天下是治国纲领，言外之意则是说孝养祖母虽为徇私情，却也合情合理亦合法，因此，“以孝治天下”要重读。[1]

② 本图宦达，不矜名节。随后说自己出仕蜀是图宦达。不矜名节，打消武帝疑虑。这里，“不矜名节”要重读。

③ 今//臣/亡国贱俘，至微至陋，过蒙拔擢，宠命优渥，表达对新朝宠遇的感激涕零。准确地陈述了由衷的感恩戴德之情。这里的“至微至陋”和“宠命优渥”要重读。

④ 但//以刘日薄西山，气息奄奄，人命危浅，朝//不虑夕。以落日喻人命，贴切地刻画了祖母苍老多病的形象，融入浓烈的抒情色彩，能极大地引发武帝的同情；“朝不虑夕”虽是夸张说法却给人无可置疑的真实；如泣如诉，字字都表达着孝顺祖母的衷情，读之无不令人动容。所以，“日薄西山”和“人命危浅，”要重读，“朝//不虑夕”要慢读。

⑤ 臣//无祖母，无以//至今日，祖母//无臣，无以//终余年，祖孙二人，更相为命，是以//区区/不能废远。这是最能表现“辞不就职”的原因。作者笔下展现的是一位可亲可敬的慈祥的老人形象。她悯孙儿孤弱，躬亲抚养，对李密有着大恩大德。正因为如此，作者才对祖母两代孤传的特殊关系有着深切无比的感情，充满了孙儿对祖母的一片真情。同时，作者倾诉了祖母的年老多病、孤单无依以及祖孙相依为命的境况。在这种情况下，作者怎能忍心离开祖母呢？在此，“臣//无祖母，无以//至今日，祖母//无臣，无以//终余年，”和“区区//不能废远”应该重读。

5. 指导背诵

指导学生理解性地背诵第三段。

三、作业

翻译并背诵二、三段，预读下文。

四、板书设计

晋对李	陈情	李对晋
察臣	供养无主	辞不赴命
举臣		
拜臣	具以表闻	辞不就职
除臣		
责臣	刘病日笃 告诉不许	进退两难
催臣		

[1] “//”“/”在全书断句中表示语气的轻重，“/”表示语气较重，“//”表示语气较轻。

第三课时

教学要点

① 研读第四段，积累文言词汇，并背诵此段。

② 理解课文内容及“忠”“孝”的含义，体会文章写作特色。

教学过程

一、温习

1. 分组背诵第二、三段

注意感情基调：感激，恳切；真挚，诚恳。

2. 翻译第二、三段中重要句子

解释成语“日薄西山”“气息奄奄”“朝不保夕”的意思。

二、研读

第四段：陈表乞养祖母，先尽孝后尽忠。

（解决忠孝两全矛盾，提出愿乞终养的请求）

1. 齐读第四段

2. 两名学生共同口译本段文字

3. 思考分析

（1）假设情境

假设你是晋武帝正与李密面谈，此时李密直接提出了终养祖母的请求，你能不能一两句话就把李密驳得哑口无言？（引导：晋武帝可能会说：既然你要终养祖母以尽孝心，为什么在蜀汉你又出来做官呢？）

（2）实际情境

李密最后提出解决尽孝与尽忠两者矛盾的办法是什么？他是怎样提出这个办法的？

引导：作者以列数字作对比的方式，提出了先尽孝后尽忠这一解决矛盾的办法，合情合理，再加上李密在最后再表忠心，不容晋武帝置疑，他不得不答应李密的陈请。

4. 指导学生朗读全段

注意此段的感情基调——忠诚，恳切，期待，结合句子分析：

① 是/臣尽节于陛下之日//长，报刘之日//短也。贯穿全段的是“尽节”“报养”二语。作者先比较自己和祖母年岁，说明尽孝之时短，尽忠之日长，以便后文提出先尽孝后尽忠的想法。所以，这里“尽节、长”和“报刘、短”要重读。

② 乌鸟//私情，愿//乞终养。以鸟喻人，回溯到动物的本性，鸟亦如此，人何以堪？这诚挚恳切的感情洋溢了整篇文章，怎么能不打动人？“愿乞终养”是这篇表文陈情的目的。因此，“愿乞终养”要重读。

③ 臣之辛苦，非独//蜀之人士//及二州牧伯//所见明知，皇天后土//实所共鉴，极其诚恳地说明自己的情况，是天人共鉴。这里的“辛苦、非独”和“皇天后土//实所共鉴”应重读。

④ 臣//生当陨首，死当结草。当“陨首”“结草”以报，都是就“忠”“孝”二字而

言，说得入情入理。这是表达自己对朝廷忠心的句子，应重读。

⑤ 臣//不胜//犬马怖惧之情，谨//拜表以闻。似犬似马，忠恳之情、怖惧之态淋漓尽致地表现出来。而作者也确实有着一种实实在在的恐惧。生活在一种不被信任之中，生活在一种犯罪感中，想做一点自己要做的事情，必然会有这样的恐惧。这里“犬马怖惧”可重读。

5. 指导学生理解性地背诵第四段

三、总结

（一）内容

第一段：自诉家境困顿多舛，祖孙更相为命之状；

第二段：明写感激朝廷之情，实诉屡不奉诏苦衷；

第三段：喻之以孝道之大义，明降臣之不矜名节；

第四段：解决忠孝两全矛盾，提出愿乞终养请求。

全文可谓是“动之以情”“晓之以理”“示之以忠”，至性之极，委婉之至，最终打动了皇帝，达到了自己上表的目的。

（二）特色

1. 融情于事

强烈的感情色彩是本文的一大特色。既有夙遭悯凶之悲情，也有相依为命之亲情；既有感恩知遇之忠情，也有终养祖母之衷情。这都是通过叙事和抒情来表达的。文章很好地把叙事、抒情结合在一起，表达出浓郁的“情事”之气。

古人说：“情为文之经，事为文之纬。” 文中还能读出什么“情”来吗？

（如因处境狼狈而产生的怖惧之情；对“诏书切峻，责臣逋慢”的不满之情；对祖母刘氏的深忧之虑，等等。）

出于情，归于理，先动之以情，再晓之以理，又示之以忠，陈情于事，寓理于情。总之，全文首先陈述个人的悲惨遭遇及家庭凄苦，突出祖孙的特殊关系，作为陈情的依据。继而写自己虽然愿意奉诏，但祖母的身体每况愈下，处于狼狈之境，借以博取晋武帝的同情。接着抬出“以孝治天下”的大旗，恳求准其所请。同时更表明自己的心迹，排除了不愿出仕的政治因素。最后提出解决矛盾的方案。全文构思缜密，脉络分明，具有很强的逻辑性。

2. 语言生动形象，自然精粹

本文语言十分自然真切，仿佛是从肺腑流出，不见丝毫斧凿痕迹，但又用了不少四字句、对偶句、比喻句，有骈文整丽之工，具有“赋”的语言特点。

《古文观止》评论《陈情表》的语言，说它“至性之言，悲恻动人”。有人说，《陈情表》的语言是有形的、有声的，读《陈情表》你可以看到李密形影相吊的孤寂，看到祖母奄奄一息的悲恻，看到帝王微笑背后的恼怒，看到作者诚惶诚恐的怖惧等；你还可以听到少年的无助哀叹、老人病中无奈的呻吟、孝子恳切的哀告、帝王严厉的呵斥等。

请轻声朗读课文，把你认为好的语句画下来，读出来，然后结合文章的构思，说说这些语句有什么特点，好在哪？

重点赏析语段（句式，用词，修辞手法，表情达意的效果）：

（1）四字骈句

① 生孩六月，慈父见背，行年四岁，舅夺母志。祖母刘闵臣孤弱，躬亲抚养。臣少多疾病，九岁不行，零丁孤苦，至于成立。

引导：四字骈句，语势连贯、紧凑，不拖沓，让人感到灾祸接踵而来，以情动人，让晋武帝化严为慈。

② 茕茕孑立，形影相吊。

引导：直陈其事，使用白描手法将自己形只影单、孤独寂寥的状况，极为形象地表现出来，读之让人动容。

③ 逮奉圣朝沐浴清化。前太守臣逵察臣孝廉；后刺史臣荣举臣秀才……诏书特下，拜臣郎中，寻蒙国恩，除臣洗马。

引导：一连用了“察臣”“举臣”、“拜臣”、“除臣”四个词，准确地陈述了自己“过蒙拔擢，宠命优渥”的实情以及由衷的感恩戴德之情。

④ 诏书切峻，责臣逋慢；郡县逼迫，催臣上路；州司临门，急于星火。

引导：四字骈句的排比渲染出圣命逼人的紧张气氛。

明确：四字骈句：简洁凝练，语势连贯紧凑，文势如行云流水般通畅。

（2）对偶句

① 外无期功强近之亲，内无应门五尺之僮。

引导：对偶句，一外一内都强调一个“无”字，写出了自己举目无亲，将后代尚小无人终养祖母的困境形象生动表现出来，让人觉得急切而无可置疑。

② 前太守臣逵察臣孝廉，后刺史臣荣举臣秀才。

引导：也是对偶句，恰当地表达了自己对深受圣朝恩宠的感激。

③ 既无伯叔，终鲜兄弟。

④ 生当陨首，死当结草。

⑤ 臣欲奉诏奔驰，则刘病日笃，欲苟顺私情，则告诉不许。

⑥ 臣无祖母，无以至今日，祖母无臣，无以终余年。

都是对偶句。运用对仗工整的对偶句式，使语气显得铿锵有力，语意简洁凝练，读来朗朗上口，使文章的感情更加热切，更具说服力。

明确：对偶句：语气铿锵有力，语意简洁凝练，朗朗上口，感情倍感热切，更具说服力。

（3）比喻句

① 刘日薄西山，气息奄奄，人命危浅，朝不虑夕。

以落日喻人命，贴切地刻画了祖母苍老多病的形象，融入浓烈的抒情色彩，能极大地引发读者的同情；“朝不虑夕”虽是夸张说法，却给人以无可置疑的真实感；再加上四字骈句，有诗一般的韵律，如泣如诉，读之无不令人动容泣下。

② 乌鸟私情，愿乞终养。

以鸟喻人，回溯至动物的本性，鸟亦如此，人何以堪？其诚挚恳切之情溢于言表，岂能不打动人？

③ 臣之进退，实为狼狈。

以狼狈比喻进退为难的情境，形象生动。

④ 臣不胜犬马怖惧之情，谨拜表以闻。

似犬似马，忠恳之情，怖惧之态溢于言表。

⑤ 州司临门，急于星火。

“急于星火”用于比喻形容情势紧迫。

明确：比喻句：形象生动，感情浓烈，富有感染力。

（4）成语

引导：此文的问世，为后世提供了众多的惯用语，一直流传至今，如“躬亲抚养”“零丁孤苦”“茕茕孑立”“形影相吊”“急于星火”“日薄西山”“气息奄奄”“朝不虑夕”“更相为命”“生当陨首，死当草结”等。

四、课堂小结

《陈情表》的动人之处就在于它陈孝情情真意切。孝是中华民族的传统美德，十七八岁的年纪始终关注的永远是友情，深深憧憬的往往是爱情，最易忽略的却常常是亲情、孝情。希望李密对祖母的乌鸟深情能让我们有所感悟，有所行动，为亲人奉上自己哪怕微薄但却真诚的回报。

五、作业

翻译并背诵第四段。

六、板书设计

陈情表

不幸的家境——未曾废离（陈情依据）
两难的处境——忠孝难全（博取同情）
不仕的理由——克尽孝道（表明心迹）
“两难”的解决——先孝后忠（提出要求）
四字骈句：简洁凝练，语势连贯紧凑。
对偶句：语气铿锵有力，语意简洁凝练。
比喻句：形象生动，感情浓烈，富有感染力。
成语：丰富了中国语言的词汇。

【评析】本教学设计在教学内容的择取方面充分体现了“文言”“文章”“文学”“文化”四个方面的统一。首先是学文言，将文言实词虚词、古今异义、词类活用、成语积累等文言基础知识分散到各个课时中，结合具体的语言环境进行文言基础知识的积累，能取得更好的教学效果，避免课堂变得枯燥无味。其次学文章，从理解作者如何进行层层叙事抒情和巧妙说理的角度，梳理文章行文结构，把握行文层次，体悟以陈情统摄叙事说理、情真理切的写作特点。再次学文学，通过对文章中四字句、对偶句、比喻句等句式进行细致的品析，体会文章陈事委婉曲折、述情诚挚深沉、言议不见形迹的语言表达和艺术特色，引导学生进行文学鉴赏，感受作品的艺术魅力。最后学文化，可以从两个方面来说：一是让学生了解“表”这种古代公文，了解中华传统文化，提高学生的文化素养；二是理解古代“忠”“孝”的含义，让学生体会古代优秀作品中蕴涵的中华民族精神；三是成语的积累，成语是汉语言文化的瑰宝，让学生在文言文学习的过程中继承我国优秀文化遗产。

本教学设计运用了激趣导入法、讲解法、提问法、讨论法、诵读法等多种教学方法来落实教学内容。其中值得一提的是诵读法，引导学生在多次诵读的过程中对作品进行了由浅入深的品读与鉴赏，并且还从停顿、轻重音、节奏、语气等方面进行了非常清晰细致的诵读指导，有益于学生朗读能力的提高。另外，课标要求“诵读古代诗词和文言文，背诵一定数量的名篇”，这是语文教学中容易被忽视的方面，本设计很好地体现了这一要求，三个课时都安排诵读和背诵，确保诵读和背诵能落实到位。

参考文献

一、期刊论文

[1] 胡大雷. 古代文体谱系论[J]. 中山大学学报，2018，58（1）：1-9.

[2] 黄厚江. 文言文该怎样教[J]. 语文学习，2006（5）：14-16.

[3] 吕洋. 新课程背景下文言文教学设计思路[J]. 语文知识，2008（1）：43-46.

[4] 包建新. 回到原点：文言文教学为什么[J]. 教学月刊，2005（11）：42-44.

[5] 钱梦龙. 文言文教学改革刍议[J]. 中学语文教学，1997（4）：25-27.

[6] 毛雪梅. 从文体角度看文言文教学内容之争[J]. 中学语文，2012（27）：23-25.

[7] 唐丽，梁玉敏. 论高中古代抒情散文教学中实施情感教育的方法[J]. 语文学刊：基础教育版，2012（12）：115-115.

二、学位论文

[1] 张爱波. 论归有光的抒情散文[D]. 济南：山东师范大学，2001.

[2] 汪洋. 高中语文人教版必修教材选文选编研究[D]. 海口：海南师范大学，2013.

[3] 李杏丽. 高中文言文文体教学研究[D]. 桂林：广西师范大学，2014.

[4] 欧阳军辉. 高中古代散文教学初探[D]. 武汉：华中师范大学，2011.

[5] 刘艳. 高中文言文的教学研究[D]. 济南：山东师范大学，2015.

[6] 王志营. 高中文言文问题教学研究[D]. 开封：河南大学，2015.

[7] 刘化强. 新课标下高中文言文教学策略的研究[D]. 长春：东北师范大学，2013.

[8] 钟亮. 高中文言文教学内容研究[D]. 上海：华东师范大学，2008.

[9] 罗婕. 高中文言文传统文化教学的方法研究[D]. 重庆：西南大学，2009.

[10] 纪彩霞. 中学文言文文体教学研究[D]. 济南：山东师范大学，2008.

三、专著教材

[1] 王荣生. 语文课程论基础[M]. 上海：上海教育出版社，2003.
[2] 王荣生. 语文教学内容重构[M]. 上海：上海教育出版社，2007.
[3] 王荣生. 文言文教学教什么[M]. 上海：华东师范大学出版社，2014.
[4] 王荣生. 散文教学教什么[M]. 上海：华东师范大学出版社，2014.
[5] 王荣生. 阅读教学教什么[M]. 上海：华东师范大学出版社，2016.
[6] 孙绍振. 如是解读作品[M]. 福州：福建教育出版社，2015.
[7] 褚斌杰. 中国古代文体概论[M]. 北京：北京大学出版社，2014.
[8] 朱世英、方遒、刘国华. 中国散文学通论[M]. 合肥：安徽教育出版社，1995.
[9] 谭家健. 中国古代散文史稿[M]. 重庆：重庆出版社，2006.
[10] 张志烈. 中国古代散文辞典[M]. 成都：四川人民出版社，1994.
[11] 堵军. 玉壶冰心——中国历代抒情散文卷[M]. 吉林：延边人民出版社，2004.
[12] 文史知识编辑部. 古代抒情散文鉴赏集[M]. 北京：中华书局出版，1988.

专题五

传体文阅读教学研究

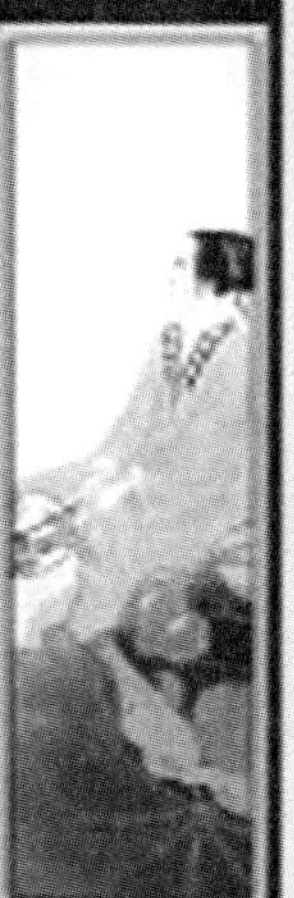

“传记文”即人物传记类文言文。其特点是，具有历史的真实性、文学的艺术性、写人手法的丰富性和典型环境下人物的典型性。学习此类文言类型，就要关注文体，学文言；理清经纬，赏布局；学习手法，析文学；以史为鉴，承精神；以点带面，传经典。

第一节 传体文阅读教学现状调查与问题分析

一、现状调查及问题

古代人物传记是文言文的重要组成部分，是高中语文教学的宝贵资源。本书将古代人物传记类文言文归类为传体文。它通过典型事件表现人物，具有较强的可读性；它塑造人物的手法十分丰富，是学生研习古文刻画人物手法的不二选择；它表现出来的人物精神品质，是中华传统美德的集中体现。然而，实际教学中却存在教学内容缺乏针对性、教学结构机械化、教学方法单一、教学效果不佳等问题。问题的产生由多种因素造成，但主要是因为教师对古代人物传记这一文体意识的淡薄，下面将对高中古代人物传记教学现状及原因进行简要阐述。

南师范大学孙翠哲[1]和华中师范大学安之凯[2]都曾从师和生两个方面，针对中学传记文学作品的教学现状进行了详细的问卷调查。在教学内容层面，安之凯调查的数据显示，69.12%的教师对教学内容不理解，64.71%的教师把教学主要时间花费在文言字词上，60.29%的教师认为传记文学作品教学目标的设定和其他文章教学目标的设定基本一样。在教学方法层面，孙翠哲的调查数据显示，51%的教师主要使用讲授法进行教学，仅 5.88%的教师尝试过采用表演课本剧的方法或其他的教学方法，8.82%的教师在讲述传记文本时采用三种或三种以上的教学方法，仅 7.22%的学生认为教师偶尔会带领他们深入探讨古代人物传记。同时，数据显示 69.20%的学生认为教师讲授古代人物传记和讲授其他文言文区别不大，仅有 2.09%的学生能够明确区分哪些是人物传记，43.16%的学生认为教师所讲的古代人物传记无趣。通过文献研究和实习期间的访谈观察，笔者发现当前传体文教学存在的问题主要表现在教学内容、教学组织结构、教学方法等三个方面。

（一）教学内容缺乏针对性

教学内容的针对性是指教学内容的选取不能千篇一律，要根据不同文章的特点，有侧重地选取适宜的教学内容。当前传体文教学，在教学内容方面的一大问题是缺乏针对性。很多教师在教学传体文时与教学其他类型的文言文一样，仅重视对文中实词、虚词、句式的识记和翻译，对传记文章结构的安排、材料的组织、写人的手法、人物所处的历史背景及其身上的闪光点等很少提及，导致教学内容单一，没有体现传体文

[1] 孙翠哲．高中传记作品教学研究[D]．石家庄：河北师范大学，2013．

[2] 安之凯．中学古代传记散文教学研究[D]．武汉：华中师范大大学，2012．

的文本特点，没有深入解读文本，浪费了文本资源。部分教师会在落实字词句的基础上，以寥寥几句总结课文写作特点或人物的精神品质。这些做法仅停留在对课文浅层次的翻译和理解上，忽略了传体文的特点，没有体现古代人物传记独特的教学价值。

重视文言字词本身并没有错，字词句的积累是学习文言文的基础和前提，但并非教学内容的全部。文言文的学习关键在于“文言”“文章”“文学”“文化”的融合统一，每种文言文都有自己的特点，都蕴含不同的文本价值，具有不同的教学使命。教师要思考不同类型的文言文应该如何确定“文言”“文章”“文学”“文化”方面的具体内容。

传体文通过典型事件表现人物的典型形象，教师要抓住其特点，深入解读文本，确定适宜的教学内容。在“文言”方面，要了解传体文的语体风格，积累传体文中常见的文言字词，体会人物语言的精准；在“文章”方面，要学习作者谋篇布局的方式，为突出人物性格特征选择、组织材料的视角；在“文学”方面，要学习传体文丰富的写人手法、多角度凸显人物个性的技巧；在“文化”方面，要了解历史的真实性，学习人物身上的闪光点，提升人文素养，传承民族精神。

（二）教学结构机械化

教学结构是各教学内容的有机配合、组织、搭配、排列。讨论教学结构的问题即是讨论教学过程问题。[1]

一堂精彩的课具有流畅美，教师把教学内容巧妙地组织起来，每个环节衔接自然，浑然天成。传统的传体文教学结构比较机械，教学时，很多教师没有抓住文章特点，一段一段地讲解课文，先挑出每段中的文言实词、虚词、句式，再一句一句地翻译，最后再总结人物性格特点或者文章写作特点。虽然这种教学结构的安排也能在一定程度上完成教学内容，但它肢解了课文本身，课堂教学过程更像是加工厂加工产品的过程，教学过程按照教师的预设，毫无弹性、按部就班地进行，各个环节的安排显得刻意而独立，缺乏课堂的流动美感。同时，这样安排的整个课堂是以教师为主体，为传授知识而传授知识，忽略了学生的参与能力，导致课堂气氛沉闷，缺乏灵性和活力，学生不感兴趣，教学效果不佳。有的教师对该堂课所要完成的教学任务进行了组织和实施，但缺乏贯穿课堂的主线索，忽略了各个环节的内在联系，没有层层递进地展开教学内容，致使教学过程显得生硬、不够流畅。对学生来说，如果各环节缺乏内在的逻辑顺序，他们便很难根据前一个环节的内容推断下一个环节的任务，不能主动参与教学，只能被动接受。比如某教师在讲授《廉颇蔺相如列传》时，在课堂上设计了两个教学任务：一是概括文中的三个故事，二是分析廉颇和蔺相如的性格特点。教师在完成任务一后接着转入任务二。虽然这种方式可以完成教学任务，但课堂缺乏流畅性。如果该教师按照“人—事—关键细节—性格品质”这样的线索贯穿课堂，先让学生概括三个故事，并在概括的同时让学生找出每个故事的关键细节，再引导学生从关键细

[1] 包建新．语文教学设计与案例分析[M]．杭州：浙江大学出版社，2012：95．

节中分析人物特点。这样层层递进，学生比较容易接受，他们也能在课堂上根据教师的线索，有目的地思考问题，不仅能更透彻地把握每个故事的关键，也能从细节中自然而然地分析出人物的性格特征，学生的参与意识会更强，教学过程也更加流畅。

教学结构的组织要坚持以学生为主体，让学生积极主动参与课堂，更要抓住文章特点，注意各环节的内在逻辑，确保教学的流畅性。事实上，学生是具有主观能动性的个体，他们思维的跳动能促使教师的预设富有弹性地向前推动，使教学结构富有动态美，增强课堂的灵活性。

（三）教学方法单一

教学内容决定教学方法，教学内容的单一决定了教学方法的单一。传统的传体文教学注重对文言字词句的翻译，多采用逐句讲解的方法。通常整个教学过程是教师一味讲解、学生拼命记录。有些教师为了让学生牢固掌握文言字词，就让他们反复翻译课文，甚至要求学生背诵课文翻译，这些做法看似高效，实则把学生引入歧途。讲授法在一定程度上能快速地把文言知识点传授给学生，学生通过死记硬背虽然能暂时记住文言字词句的用法，但换个语言环境，曾经熟悉的文言字词依旧不会，这种现象是“言”“文”内容的分离和教学方法的单一造成的。古代人物传记通过典型事件塑造典型人物，一个个事件其实就是一个个故事，具有较强的可读性，教师可以因势利导，在讲故事中实现文言字词的积累。

学习传体文除了积累文言字词外，文本所蕴含的人文精神、写人叙述的手法等也是重要的教学内容。如果仅仅使用讲授法将这些内容灌输给学生，学生自身没有参与文本解读，那么学生只是知识的被动接受者，他们不知教师所云，更不懂文章蕴含的价值，手中“认真”地记录着该篇文章的“写作特色”，耳朵听着教师不断重复该篇课文的文学魅力，内心却不知“特色”和“魅力”的具体体现，这种单一的教学方法使“赏析文学作品”全然成为形式。

教师不论选择哪种教学方法，要以尊重学生感受、鼓励学生参与为前提。学生是富有生命活力的灵动个体，有着自己的人生体验，对文章有自己的独到见解。教师要大胆地选择形式多样的教学方法，启发、引导学生去理解课文，鼓励他们大胆发表自己的见解，让他们能从内心真切感受到文章的魅力，而不是把教师的理解强行灌输给学生。教学传体文，教师要抓住其特点，选择适宜的教学内容，采取灵活多样的教学方法，尊重学生的生命体验，充分发挥他们的主动性，完成教学任务。

二、问题分析

如上文所述，当传体文教学出现了教学内容缺乏针对性、教学结构机械化、教学方法单一、教学效果不佳等问题。问题的产生由多种因素造成，但主要源于教师对传体文这一文体意识的淡化。关于文体的含义，我国学者历来颇有研究，综合各方观点可以看出，文体多指文章的体裁、语体和风格，与作者的思维方式、社会文化息息相关。

著名语文教学专家潘新和说："阅读离开了文体，必定是要不得的。"[1]文体是文本的根，没有文体就没有文本，就没有文本解读。只有掌握了文体知识，才能了解文学筋脉，明白每种文章的文体特点，深入文本并进行解读，才能挖掘文本原生价值，利用好课文资源，学好语文并用好语文。

文体影响教学内容的确定。适宜的教学内容是有效课堂的首要特质。[2]怎样才能确定"适宜"的教学内容呢？陈隆升先生提到根据"文本体式和学情"[3]确定教学内容。王荣生教授也提出"根据文本体式确定教学内容"[4]。两位的观点都阐述了文体对教学内容的影响。在文言文教学中，不同文体的文言文具有不同的教学侧重点。传体文侧重记叙故事，强调情节的曲折性和故事的完整性，它以扣人心弦的故事情节感染读者，教学内容的确定依托在叙事方法和感受情节的曲折上；记体文中的古代山水游记类散文侧重于眼前景的描绘和心中情的抒发，强调景语与情语的结合，教师要引导学生分析作者抒发了怎样的情感，情景怎样交融；议体文侧重立论的角度和论证的逻辑，强调论说的艺术，教师要侧重培养学生思维的逻辑性；抒体文侧重表现作者思想情感和主观感受，教师要带领学生感受情感的微妙，欣赏精美的语言，体味文章的哲理与意蕴；传体文是通过传主的主要事件体现传主的精神品质，具有历史的真实性和文学的艺术性，教师要引导学生，通过分析事件，挖掘人物身上的闪光点。

当前传体文教学内容缺乏针对性，源于教师忽略其文体特点，缺乏对文本的深入解读和教学价值的挖掘，浪费了文本资源。

文体影响教学方法的选择。"教什么"决定"怎么教"，文体的不同，影响教学内容的确定，进而影响教学方法的选择。例如，《鸿门宴》这篇课文选自《史记·项羽本纪》。从文章来源看，它属于史传文学，但从教材的编排看，它位于必修一的记叙性文言文单元。我们使用教材就要尊重教材，因而在教授《鸿门宴》时要立足记叙性文言文"叙事完整，情节一折波三"的文体特点，用提纲挈领法，围绕"宴前""宴中""宴后"展开教学内容，引导学生感受故事的完整性和情节的跌宕起伏。如果编者节选《鸿门宴》的一部分，将其放在古代人物传记单元，我们就要关注典型事件对人物的塑造作用，教学内容要侧重分析人物形象的闪光点，可以用对比揣摩法找到关于项羽和刘备的内容，在对比中分析人物。当然，这两种教学方法的选择并不矛盾，只是在不同文体的单元中，教学内容的侧重点不同，导致了方法选择的不同。

当前传体文方法单一，源于教师忽略其文体特点，缺乏对文本的深入解读，导致教学内容单一，进而影响教学方法。如果教师抓住了传体文的文体特点，就能根据其特点确定丰富多元的教学内容，教学内容的多元必然影响教学方法的多元，教师便能

[1] 潘新和．语文课程"语感中心说"之浅见[J]．课程·教材·教法，2002（8）：28-33．

[2] 王荣生．语文课程与教学内容[M]．北京：教育科学出版社，2015：237．

[3] 陈隆升．散文教学内容确定的学理依据[J]．中学语文教学，2011（1）：6-9．

[4] 王荣生．关注"学"的阅读教学[J]．语文建设，2011（6）：13．

根据内容选择适宜的教学方法，最大效率地完成教学任务，避免课堂枯燥无味。因此，教师首先要明确传体文的文体特点，在此基础上提出相应的教学策略。

第二节 传体文特点

文体影响教学内容的确定，进而影响教学方法的选择。要想改变当前传体文教学的现状就要抓住其文体特点。依据文体的含义，通过与其他类型文言文的对比，发现传体文具有历史的真实性、文学的艺术性、写人手法的丰富性和典型环境下人物的典型性等特点。

一、历史的真实性

人教版必修四文言文单元的课文都是传体文。其兼有历史和文学的双重属性。历史属性是指它以历史为题材，塑造历史人物；文学属性是指通过文学手段描述历史事件和人物。历史的真实性是其生命线，即其“所记的传主应真实，传主的生平经历、关键事件乃至重要细节都应真实，传主活动的环境要真实”。[1]真实性是这个单元课文的共同风格，这个单元的课文分别选自《史记》《汉书》《后汉书》，它们都是正史，真实性较高。

《廉颇蔺相如列传》的故事发生在公元前 283 年至 279 年间。和氏璧原为楚国国宝，已传承三四百年，之后传入赵惠文王手中。战国末年，七雄争霸，秦国经过商鞅变法国力增强。秦惠文王利用远交近攻、各个击破的战略，对外疯狂扩张。完璧归赵一定程度上是秦赵两国的外交之争。“渑池会”发生在赵国军事不利的时候。外交上，秦先与楚交好，又拉拢韩魏孤立赵国。此次会盟，是赵国军事外交失利后秦王提出的“城下之盟”。“渑池会”上的针锋相对，正是风云诡谲、勾心斗角的外交写照。“将相和”的故事，则发生在赵国局势更加艰难的时候。廉颇是赵国的优秀将领，数次率赵军伐齐、魏，多有建树。他在认识到自己的错误后，为了维护国家利益主动“负荆请罪”。将相二人同心协力维护赵国尊严和利益成为历史的美谈。因而，《廉颇蔺相如列传》中三个故事的主要人物、主要情节在史书上都有印证，历史上是真实存在的，具有历史的真实性。

东汉时，地震频繁，为了预测地震发生，经过数年研究，张衡在元嘉元年发明了风候地动仪。虽然地动仪已经失传，却留下了广泛的史料记载。《张衡传》中张衡的科学成就和政治才干都是经过历史考证的。

[1] 陈兰村．论我国古代传记文学的基本特征[J]．人文杂志，1989（5）：109．

所以，这个单元中传体文的传主是真实存在的，传主身上的主要事件也都是真实的。教师要有足够的史学知识，文本解读要符合史实。

二、文学的艺术性

文学的艺术性是针对历史的真实性而言的。其文学性具体表现在以下几个方面。

一是精心的剪裁。传体文通过传主的典型事件表现其精神品质。一个人的一生会发生很多事，人的性格也具有多面性，但作者为了突出表现传主的某一特点，就会选取最能表现这一特点的典型事件，进行加工裁剪，增强文学的艺术性。

二是合理的想象、虚构。前面提到传体文具有历史的真实性，这主要是指时间、地点、人物、事件等大体真实，细节可能存在虚构。例如，“完璧归赵”的故事发生在春秋时期，主要人物、事件基本真实。司马迁作为后人叙述前事，将蔺相如秦廷对斥的内容描写得如此精细，很可能有虚构的成分。如蔺相如先以“布衣之交尚不可欺”批评秦王的欺骗行为；再用赵王的虔诚和秦王的无礼作对比，表明秦王理亏；最后，用和氏璧共存亡的决心威胁秦王。他的每一句话都有理有据，这些细节都是作家经过合理的想象加工而成，其目的是突出蔺相如临危不惧的机智。

三是选用具有情感色彩的词语。相比其他文言文，传体文叙述风格较为客观，但也有少量用词隐含着作者的情感色彩，这也是其文学艺术性的一大表现。例如，《张衡传》中的“善嘱文”“通五经”“惯六艺”，其中“善”“通”“惯”这几个词就带有作者的情感倾向，表现了作者对张衡的敬佩之情。再如，《廉颇蔺相如列传》中有一处写到“秦王与群臣相视而嘻”，“相视而嘻”这个词形象地展现出秦王的懊丧和无可奈何，从侧面表现了秦王的尴尬。司马迁的这个用词也带有自己的主观情感，透露着对秦王的讽刺。选用这些带有情感色彩的词语在一定程度上表现了作者的主观情感，具有文学的艺术性。

四是行文结构的精细安排。《廉颇蔺相如列传》的开头用寥寥几笔介绍了廉、蔺两人的出身，廉颇是功勋卓著的将军，蔺相如是地位卑微的门客，悬殊的身份差距为后文廉颇鄙视蔺相如做了铺垫；为“完璧归赵”后，蔺相如被加官封赏，廉、蔺两人产生矛盾埋下种子；“渑池会”后，蔺相如再次被提拔，位居廉颇之上，进一步激化二人矛盾；最后将相失和。文章从开头到中间的两次伏笔，到最后的将相失和，每个环节都是精心组织的，这也是文学的艺术性的体现。

《普通高中语文课程标准（实验）》提出“语文有重要的审美教学功能”[1]传体文具有历史的真实性和文学的艺术性，是对学生进行审美教育的重要资源，教师在教学过程中要立足真实性，带领学生欣赏艺术性，让学生的人文素养得到提升。

---

[1] 普通高中语文课程标准（实验）[S]. 北京：人民教育出版社，2015：2.

三、写人手法的丰富性

传体文旨在表现人物身上的闪光点，而要凸显人物的闪光点就要依靠叙事。传体文中所记叙的事件和史传文的不同，后者侧重于故事的完整性和曲折性，如必修一古代记叙性散文单元中的《荆轲刺秦王》，从“刺的原因”“刺的准备”“刺杀秦王”到“荆轲被斩”，整个故事情节完整、扣人心弦，教授这篇文章时，教师就要带领学生领会其故事的完整性和情节的曲折性。而传体文的叙事是为写人服务，比起史传文叙事的完整性和曲折性，它更在乎叙事的典型性，选取的是最能表现人物闪光点的典型事件。如苏武被困匈奴十九年，这十九年间可以发生很多事，但作者着重选取了“卫律劝降”“李陵劝降”“北海牧羊”等典型事件进行组合，凸显苏武崇高的民族气节。

为了凸显人物特点，作者会采取各种表现手法：一是对比，如《苏武传》中的苏武与卫律、李陵的对比；二是通过细节描写表现人物特点，如蔺相如“完璧归赵”见秦王的细节描写；三是在矛盾中展现人物性格，如《廉颇蔺相如传》中赵国和秦国的矛盾、廉颇与蔺相如的矛盾；四是点面结合，如《张衡传》全面叙述张衡在科学、文学、政治等方面的成就，但是有重点地突出张衡的科学精神。传体文写人叙事手法的多样性是为表现人物服务，教师在教学中要弄清楚作者为了表现人物特点运用了哪些手法、怎样融合运用这些手法的。

四、典型环境下人物的典型性

人的性格与时代背景、生活经历密切相关。袁行霈先生说“司马迁在表现人物时，能注意到他们的家庭出身、文化教养、社会经历等各因素，给以恰如其分的表现”[1]。《廉颇蔺相如传》中对传主的描绘是放在赵秦两国的矛盾下展开的，这体现了司马迁对复杂事件和宏大场面的驾驭能力，于刀光剑影的国家矛盾间完成对人物的刻画，这种势均力敌的典型环境，描写人物就更有趣味性，增强文章可读性。蔺相如出身低微，依靠智慧和胆识，最终位高于廉颇。廉颇是赵国功劳显赫的名将，他不服气蔺相如仅凭三寸之舌就官高于他，宣言：“我见相如，必辱之。”而蔺相如听闻后，从国家大局考虑主动“引车避匿”。其行为的差异源自两人生活经历不同：蔺相如的出身和经历，让他懂得谦逊、谨慎；廉颇作为一名位高权重的名将，说话做事耿直草率，后来“负荆请罪”体现出大将风度。《苏武传》的故事发生在汉朝和匈奴的民族矛盾之中，作为出使匈奴的使者，苏武总是把国家名节放在第一位，宁死不屈的爱国精神和民族气节也是在这个大历史背景下展开的。正可谓越在民族矛盾尖锐时期越能凸显民族气节。同时，课文详细描写了苏武在匈奴生活的困苦，这种在恶劣环境下的坚守更能打动人心。

综上所述，古代人物传记历史的真实性、文学的艺术性、写人手法的多样性和典

[2] 袁行霈．中国文学史（第三版）第一卷[M]．北京：高等教育出版社，2005：182．

型环境下的典型形象等几大特点是其文体特点的具体表现。实际教学中，很多教师明白传体文的文体特点，但备课时文体意识淡薄，无法有意识地将文体特点与教学进行融合，导致教学效果不佳。潘新和先生曾提到“教学文体”，他认为“教学文体”是给教师读的。也就是说，教师在教学前要明白这篇文章是什么文体，其特点是什么，在此基础上根据学情特点和文章的文体特点设定合适的教学目标、选择适宜的教学内容。教学传体文就要抓住其文体特点，在体裁方面，要引导学生从宏观上把握传体文这一体裁的具体特征，教会学生识别何为传体文；在语体方面，要体会以记叙为主的语体风格，带领学生深入分析人物语用，感受人物的言外之意，体味语言的魅力；在文章结构方面，要引导学生学习作者为凸显人物形象而进行的精心布局，学习作者剪裁、组织材料的技巧。立足古代人物传记的文体特点，有的放矢地分析文本，才能使教学效果达到最佳。

第三节　传体文阅读教学

当前传体文教学由于教师忽略其文体特点，导致教学内容缺乏针对性、教学结构机械化、教学方法单一。因此本文将立足于传体文的文体特点，从教学内容选取、教学结构组织、教学方法选择三个方面研究其教学策略。

在高考语文试卷中，传体文一直受命题人的青睐，因此分析高考文言文阅读考点，以此指导传体文教学，也是本书将要探讨的教学策略的一部分。

一、传体文教学内容的选择

教学内容是开展教学的基础，语文教学内容不是凭空产生，需要教师深入分析文本，结合学情，采取一定的策略，选择最适宜的教学内容。因而，选取教学内容也是教学策略的一大方面。文言、文章、文学、文化的统一是文言文教学的共同内容，但不同文体的文言文在这四个方面的落脚点并不相同。学习传体文就要根据其文体特点，选择相应的教学内容。文言层面，要学习传记文学常用的字词、句式和人物语言中的语用；文章层面，要学习作者为突出人物性格所采用的谋篇布局的方式；文学层面，要赏析写人的手法；文化层面，要以史为鉴，学习传主的优秀品质，提升学生的人文素养。

（一）关注文体，学文言

不同文体的文言文具有不同的语体风格，积累文言字词的侧重点也有所差异。学习记体文中的古代山水游记类散文，要侧重积累描绘景物之美和作者情志的词语，感悟“言”之隽永。如《兰亭集序》中“茂林修竹”“映带左右”“畅叙幽情”。学习抒体文，要侧重积累表现作者情感变化的词语，如《归去来兮辞》中“悟”“知”“觉”“恨”，品析“言”之细腻。学习议体文要侧重积累表示行文逻辑的关联词，如“虽”“然”“故”“则”，体味“言”之严谨。

传体文多涉及传主官职升降变化，因而要侧重积累这类文言字词，如“拜”“迁”“举”“征”“辟”“徙”“擢”等都表示官职升迁；“出”指京官外调，即降职；“下车”“视事”指官吏到任。同时，传体文通过人物动作的描写表现人物特点，因而教师要引导学生找到相应的句子，在句子中积累关键字词。例如，《廉颇蔺相如列传》中的动作描写“相如因持璧却立”中的“因”“却”。除此之外，古代人物传记中有较多的人物对话，这些对话很多都是特殊句式，如《廉颇蔺相如列传》中“秦城恐不可得，徒见欺”（“见”表被动）；“使不辱于诸侯”（“于”表被动）；《苏武传》中“何以复加”（宾语前置）；“子卿尚复谁为乎”（宾语前置）……相对而言，人物对话中的被动句、倒装句较多，因此在教学时要关注人物对话。

传体文在叙述人的人生轨迹中记叙典型性事件，事件的推进离不开人物对话，分析人物对话其实就是分析语用。语用，与语境密切联系，它强调语境中说话者的身份、说话人与听话人之间的关系。教学传体文可以带领学生分析语用，感受人物语言的传神之处。如《廉颇蔺相如列传》中蔺相如出场的三问三答，每句对话都与语境和人物身份相吻合。“秦王以十五城请易寡人之璧，可予否？”首先，赵惠王作为一个成熟的政治家，心中对这个问题早就有了答案，他抛出这个问题是对蔺相如的第一步试探。其次，此时他是在一筹莫展的情况下询问蔺相如意见，尽管情况紧急，却慢言慢语，不失君主风度，语言符合人物身份。蔺相如答“秦强而赵弱，不可不许”。简明扼要，切中要害，“不可不许”四字就暗示赵王他已经心中有数，进而激起赵王继续询问的兴趣。试探成功后赵王进一步提出困难的关键“取吾璧，不予我城，奈何？”，这个语句相比上一句显得更为急切，因为此时赵王已经初步信任蔺相如，他渴求得到答案。接下来蔺相如从“曲”的角度分析局势，这个分析让赵王看到了蔺相如的才能，所以才会有后来的询问“谁可使者？”，这一句表面上是询问，实际上赵王早已心中有数，宦官廖臣曾经推荐，自己也亲自对蔺相如进行了简单的考核，还需再问“谁可使者”吗？既然如此，为何不直接说让蔺相如去呢？一方面是碍于君主“不求人”的威严，另一方面是等着蔺相如自愿立下军令状，这些做法符合一个成熟政治家的风范。蔺相如深知赵王用意，答“王必无人……”看似谦虚实则更能凸显自己的重要地位，这也是出身卑微的蔺相如牢牢抓住此次机遇的一大表现。在教学时，教师可以引导学生结合人物身份、语言环境、听话人与说话人的关系，分析人物对话，领悟语言的“言外之意”。

（二）理清经纬，赏布局

不同体裁的文言文有不同的谋篇布局方式。史传文以情节发展组织文章，如《鸿门宴》以“宴前”“宴中”“宴后”形成文章脉络；议体文以论证的角度展开全文，如

《劝学》围绕“学不可以已”这个中心，从学习的意义、作用、方法和态度等方面展开论述；记体文中的古代山水游记类散文以作者赏景过程中情感的变化展开全文，如《兰亭集序》以作者在赏景过程中“信可乐也”的愉悦到“岂不痛哉”的悲痛布局全篇。

传体文的谋篇布局方式是为更好地表现人物特点。如《廉颇蔺相如列传》是两人的合传，文章用“双起法”开篇，同时介绍廉颇和蔺相如，并点明两人的身份差距，为后文廉颇鄙视蔺相如的出身埋下伏笔。文章以秦赵矛盾为主线，贯穿三个典型事件，每个事件看似独立却联系密切，各个故事虽有侧重却对两人的性格都有所表现，符合《史记》的“互见法”，这种布局方式更能凸显人物的性格特点。

再如《苏武传》以时间为序组织文章，围绕“投降与否”这个焦点，截取苏武在匈奴滞留十九年间的典型事件，重点叙述苏武面对匈奴以死恐吓、以利诱惑、以苦折磨和故友劝降的恶劣手段依旧坚定不移的态度。

又如《张衡传》用翔实的笔法叙述了张衡从少年到去世的生命历程，描述张衡在文学、科学、政治等领域的才能，精心地组织材料，重点讲述张衡在科学方面的才干，整篇文章详略得当，重点突出，人物形象鲜明，这种组织材料、驾驭全篇的技巧值得学生们学习。

（三）学习手法，析文学

文学的艺术性是传体文的文体特点之一，艺术性的表现在于创作手法的运用。不同文体的文言文，析文学的“落脚点”不一样，在教学时要有侧重点。学习史传文，要带领学生思考作者是通过什么手法把故事情节写得一波三折；学习记体文中的古代山水游记类散文，要关注作者用了什么手法，把景物写得活灵活现；学习议体文，要分析作者是怎样层层推进，使论证严谨深刻的；学习抒体文，要品味作者是怎样做到情感真挚的；学习传体文，要领悟作者是怎样描绘人物的。人教版高中语文教材必修四的古代人物传记单元，要关注以下几种描写人物的方法。

用细节描写表现人物特点。人物的传神之处通过细节得以充分展现，教师要引导学生抓住细节分析人物特点。例如，在教学《廉颇蔺相如列传》时，引导学生分析“相如智取璧”这个环节。让学生找出细节性动词，学生可能会找到“因持璧”“却立”“倚柱”“怒发上冲冠”等细节描写，师生共同探讨，分析出“因持璧”见其机灵，趁机夺回和氏璧；“却立”，脚下站稳方能防止和氏璧被摔；“倚柱”，是为后面假装撞璧做准备，可见相如忙而不乱，镇定自若；“怒发上冲冠”用夸张手法表现相如的愤怒，可见其不畏强暴、刚正不阿的品质；“睨柱”的“睨”字一方面表现了相如誓与和氏璧共存亡的决绝，另一方面也表现了在危急关头相如洞察周围的机敏。通过这些细节性动词的运用，把蔺相如的“智”和“勇”表现得淋漓尽致，可谓生动传神。选文中对廉颇着笔不多，但他的性格却很突出，成功之处在于对细节的刻画。例如，廉颇送赵王至边境时，对赵王说：“三日不还，则请太子为王，以绝秦望。”简短的一句话却可以看出廉颇虽然是武将，但他细心谨慎，考虑长远，懂得防患于未然。

在矛盾中展现人物性格。例如，贯穿《廉颇蔺相如列传》的两对矛盾——秦国和赵国的矛盾；蔺相如和廉颇的矛盾。以秦赵矛盾贯穿文章始终。蔺相如作为矛盾的一方，其形象围绕着维护赵国利益展开，“完璧归赵”中蔺相如以智取胜，完成使命；“渑池会”中“是否赴渑池”——从赵国利益出发审时度势，“反逼秦王击缶”——不卑不亢维护赵国荣誉。在故事“将相和”中廉颇和蔺相如的矛盾上升为故事的主要矛盾，蔺相如站在国家利益的高度主动退让，而廉颇虽然心有不平，但最终被蔺相如的大度折服，主动请罪。在蔺相如和廉颇众多的性格特点中，对赵国的衷心始终是主线，这一主线通过矛盾得以凸显。教师要引导学生抓住文章矛盾，拧起文章线索，分析人物性格特点，掌握教学脉络。

在对比中凸显人物性格。《苏武传》中对比手法的运用最为典型。同为使者身份，张胜缺乏政治头脑，参与缑王谋反，计划失败又选择投降；苏武能清醒认识到使者行为不当会引发两国争端，情愿以命息祸，尽管匈奴多次劝降，他都不为所动。通过两人的对比，苏武的政治头脑和民族气节跃然纸上。相比文中卫、李两人的投降，卫律卖国求荣，气焰嚣张；李陵性格懦弱，矛盾痛苦，意志不坚；苏武则忠贞不二，坚忍不拔，光明磊落。

正面描写和侧面描写相结合。课文正面描写了苏武牧羊的艰苦，表现其坚毅的品性，同时又有侧面描写。特别是李陵劝降那一段，李陵告诉苏武其家中的凄惨情境：兄弟被汉武帝逼死、母亲去世、夫人改嫁，也暗示汉武帝杀戮大臣残忍。可是即便家中悲剧重重，君主残忍不堪，苏武仍不改为国守节的衷心，这些都从侧面表现出苏武的忠贞形象。

（四）以史为鉴，承精神

人教版高中语文必修四古代人物传记单元的课文都选自正史，历史的真实性是这个单元课文的文体特点之一，因而教师要站在历史的角度，借鉴和传播传主的精神品质，将民族精神发扬光大，发挥教育的传承功能。《廉颇蔺相如列传》通过三个事件表现出蔺相如深谋远虑、有胆有识、稳重谨慎、机智聪慧、先国后私、宽宏大度的品性和廉颇忠勇爱国、知错就改的精神。《苏武传》通过记叙苏武从出使到归汉这十九年间的典型事件，表现苏武对民族气节的坚守和艰苦卓绝的斗争精神。《张衡传》于平铺直叙中表现出张衡从容淡泊、不慕名利的人格魅力和潜心钻研的科学精神。这些传主身上的闪光点是我们民族精神的重要组成部分，在社会主义建设的今天依旧十分重要。

当今时代是一个充满竞争的多元化时代，高中生作为祖国的未来、民族的希望，不论何时、何地，他们都需要以苏武为榜样，坚守民族气节，坚定爱国主义信仰。现在举国上下推崇廉政，苏武的故事告诉我们要不忘初心、拒绝诱惑、贫贱不移、坚守信仰。高中生的人生刚刚起步，未来的学习工作不可能一帆风顺，蔺相如的深谋远虑、有胆有识、机智聪慧，能给学生一些启迪。当下国与国的竞争是科技的竞争，中学生是建设祖国的中流砥柱，他们需要以张衡为榜样，既有科学的创新精神又有深厚的文学素养，实现人的全面发展。

因此，传体文虽是古人古事，但其中蕴含的精神并不过时，我们要以史为鉴，将传主的精神品质和生活实际相结合，把民族精神的传承落到实处。

（五）以点带面，传经典

人教版高中语文必修四的三篇人物传记分别选自《史记》《汉书》《后汉书》。《史记》《汉书》《后汉书》和《三国志》合称为前四史，具有较高的史学价值和文学价值。

《史记》是我国纪传体史书的奠基之作，也是我国传记文学的开端，在中国文学史上具有重大意义。“《史记》所渗透的人文精神，以立德、立言、立功为宗旨以求青史留名的积极进取的入世精神，忍辱含垢、历尽艰辛而百折不挠、自强不息的进取精神，舍生取义、赴汤蹈火的勇于牺牲的精神，批评暴政酷刑、呼喊世间真情的人道主义精神，立志高远、义不受辱的人格自尊。”[1]这些人文精神是中华文化的重要组成部分，教师要通过课堂打开《史记》的大门，激发学生课下阅读《史记》的兴趣，引导学生感知中华文化魅力，传承中国经典。

《汉书》是我国第一部纪传体断代史，它向我们展示了官场上的世态人情，再现了西汉各类世人宦海浮沉的情境，这些主人公的成功和失败值得我们仔细寻味。它笔法精湛，平铺直叙中蕴含褒贬；它谨严有法，对材料有独到的处理方式，值得学生细细品读。关于《后汉书》，唐代史学家刘知几评价说“范晔博采众书，裁成汉典。观其所取，颇有奇工”[2]。获得如此高的评价，值得教师向学生推荐。

《史记》《汉书》《后汉书》等优秀作品是中华文化的精髓，在提倡文化自信、重视传统文化的今天，它们是中学生必读的经典。但高中生升学压力大，没有充足的阅读时间。语文教师要当好学生阅读之路的“引路人”，利用有限资源，透过课文，挖掘经典，“以点带面”讲解相关作品的文学价值和文化价值，主动为学生打开经典文化的窗口，激发学生阅读课外经典作品的兴趣，增强文化自豪感，从而实现古代人物传记的教学目的。

文体包含体裁、语体和风格三个方面，上述教学内容的选取就落实了这几方面的内容。首先，文言、文章、文学、文化等具体教学内容的确定，根据传体文这一体裁有所侧重；其次，积累传体文常用的文言字词，分析人物对话中的语用，符合传体文多记叙性语言的语体特点；学习文章谋篇布局、写人的手法和人物精神等符合传体文的整体风格。需要注意的是，体裁、语体、风格虽然是文体的三个表现层面，但并非独立存在，因而在选取教学内容时要根据文体的整体特点，有意识地在这三个层面的基础上，确定文言、文章、文学、文化方面的具体内容。

上述的策略侧重分析课内该如何引导学生学习传体文，这些学习的角度和方法对

[1] 袁行霈．中国文学史（第三版）第一卷[M]．北京：高等教育出版社，2005：178．

[2] 蓝永辉．严子凌钓台故事的流传及文化演变[J]．南开大学学报，2015（8）：23．

学生自学选修教材和课外读本也有指导意义，通过必修教材的学习，学生积累了相应的知识，能够区分传体文与其他类型文言文的不同之处、传体文“文言”“文章”“文化”“文学”等学习内容的重点所在，能根据自己的实际情况和传体文的文体特点，选取研读文本的视角和方法，自主探究文本，达到最佳的学习效果。

二、传体文教学结构的组织

确定教学内容之后要按照一定的逻辑有目的、有组织地安排教学内容，组织教学结构，保证教学环节顺畅。高中传体文教学结构的组织，可以采取以下形式。

（一）以方法为线索串起教学内容

任何一种方法运用到教学中都需要一定的程序，教学时可能会以某种主要的教学方法串起教学内容，落实教学任务。传体文有典型事件的叙述，容易引起学生的学习兴趣，教学时可以采取问答法贯穿整个教学过程。问答法的关键在于教师提问的方式，教师可以从课文的关键处设问，从争议处设问，从矛盾处设问，从疑惑处设问等。不论怎样设计问题，都要以实现教学内容意义的流动为原则。教学内容意义的流动指的是教师所给的教学内容能够满足学生期待，使得师生双方交流顺畅。

例如，教学《廉颇蔺相如列传》，由于文中关于廉颇的笔墨不多，学生也许会忽略廉颇的性格特点。为了引起学生注意，教师可以提问学生：课文内容与标题是否对应？标题明明是“廉颇蔺相如列传”，为何大部分内容都在写蔺相如？廉颇是配角吗？这些问题可能正是学生的疑惑点，教师从疑惑处设问，引导学生寻找文章关于廉颇的描写，在探讨廉颇是否为配角的过程中体会廉颇的重要性，这样就能把“分析廉颇性格”这一教学内容串联起来。

再如，要完成“从‘完璧归赵’看蔺相如性格特点”这一教学内容时，A 教师设计了以下几个问题：①“完璧归赵”这个故事讲述了哪两个国家的事？② 事件的施行者是谁？③ 为什么要派他去施行？④ 他送璧的目的是什么？⑤ 送出去之后发生了什么？⑥ 既然送出去了为什么又要送回来？⑦ 他是怎样做才让璧归赵的？⑧ 从中我们可以看出蔺相如有什么优点？⑨ 如果赵王派给你这样的任务，你会怎么做？B 教师设计的问题是这样的：①“完璧归赵”讲述了什么故事？② 从中你能看出蔺相如什么样的性格特点？通过对比，可以看出两位教师的教学内容都是从故事本身指向人物品质，思路是一样的，但处理方式却存在很大差异。A 教师的提问完整地串起整个教学内容，以层层递进的方式把问题拨开，每个问题关联性很强，能激起学生兴趣，满足学生期待，且问题的设置和故事情节的展开一致，可以帮助学生更好地理解细节，使教学内容得以顺畅流动。B 教师所提的问题本身没有错，但问题跨度大、不细腻，不能完整地串起教学内容。学生若要回答问题①，可能用一两句话也无法讲清楚，会使课堂陷入沉默的尴尬境地，阻碍了教学内容意义的流动。

因而，以方法串起教学内容要坚持以实现教学内容意义流动为原则，思考使用该方法的关键点，完成教学内容的传授。

（二）以活动载体组织教学内容

教学活动可以直接指向教学内容，也可以直接指向某项活动，间接指向教学内容。[1]教学活动是教学内容的载体，活动本身不是目的，教师下达的任务是通过活动让学生更好地、更有兴趣地去学习，进而完成教学任务。通过观察很多课堂，可以发现很多学生并不愿意接受直接指向教学内容的指令。例如，教学《林黛玉进贾府》时，“请同学们找出文章关于贾府描写的句子”和“请你为林黛玉当导游，来介绍贾府”这两个指令所指向的教学内容一致，但后者是以“导游”这一活动作为载体，相比前者而言，后者的指令更能调动学生的积极性。学生毕竟是孩子，他们更喜欢做生活化、活动化的事情。

传体文具有历史的真实性和文学的艺术性，要完成这一教学内容的解读可以以活动为载体。高中生好奇心强，对历史人物特别感兴趣，教学传体文可以开展“历史小侦探”活动。让学生课下收集与课文相关的史料，在课堂上分享，并与课文进行比对，找出文章中哪些叙述具有史实依据，哪些没有，学生通过比对就能深刻理解传体文的真实性。在收集史料的过程中，学生能了解相关的时代背景，拓宽视野，降低理解课文的难度，他们也能感受到这些伟大人物的真实存在，增强榜样的权威性。另外，通过比对，学生会发现课文中有些描写是没有历史依据的，那么教师就可以提问学生，既然没有历史依据，作者为何要这样虚构呢？有何用意？能不能删去？这些疑问能引起学生深思，把他们引向作者这样写作的真正用意，顺理成章地鉴赏文章的“文学性”，最终学生会明白所有的“虚构”都是为凸显人物形象服务。在活动中蕴含教学内容，随着活动的展开，教学内容可以一一落实，学生乐于参与，辨别信息的能力和思考问题的能力得到提升。

《张衡传》是一篇比较简单的人物传记，在分析文章特点时教师可以换个方式——“假如张衡是我校一名高三年级的学生，他想去清华大学读书，请你为张衡给清华大学校长写一封介绍信。”通过这样新颖的活动形式，不仅可以检验学生对课文知识的掌握程度，也可以锻炼学生的实用文写作水平，学生会很乐意地去尝试。

（三）以人物特征为线索引出教学内容

传体文塑造了很多栩栩如生、各具特色的人物形象，教学时教师可以用一句简单的话概括人物特征，让学生在心理上对人物产生兴趣，带着兴趣去寻找文中的具体描写，以此引出教学内容。

《廉颇蔺相如列传》：一个智慧果敢的冒险家。“完璧归赵”是蔺相如登上政坛的开

[1] 包建新．语文教学设计与案例分析[M]．杭州：浙江大学出版社，2012：110．

始，此次行动实际是一次冒险。因此，教学时可以用这句话切入，学生会对“冒险家”这三个字产生浓厚兴趣。接着让学生阅读课文并思考用“冒险家”这个字词形容蔺相如是否恰当。在阅读的同时，提示学生从这几个问题入手：①冒险家是指谁？②他为什么要冒险？③他的冒险具体体现在哪些地方？④冒险的结果如何？⑤体现了他的什么特点？这些疑问正是“完璧归赵”这个故事的关键点，包含故事背景、事件解读和人物评析，教学内容在这样的引入下一一落实。当然，这篇课文涉及了三个故事，每个故事表现人物性格的侧重点不一样，教学时要灵活选取切入点，

《苏武传》：誓死不降的爱国者。全文以“降或不降”为焦点，描写苏武滞留异国十九年间的典型事件。教学时可以抓住“降”字发问：①谁投降了？②他们为何投降？③谁没有投降？为何？④匈奴会允许他不投降吗？⑤他们通过哪些手段逼迫他投降？⑥最后结果怎样？作者为什么要写其他人物？可以看出这些人物有什么特点？这几个问题包含了文章的主要事件、主要人物以及文章写人的手法。师生在解决这几个问题的过程中，对文章主要内容有了较为全面的把握，同时可以将文言字词的积累、写人手法的学习、人物形象的分析同时推进，完成教学内容。

《张衡传》：一个全面发展的人。教师可以让学生通过阅读课文来证实这句话，思考：①“全面”体现在哪些方面？②每个方面各有什么样的成就？③取得这些成就的原因是什么？④课文侧重写哪些方面的成就？⑤我们可以从中获得什么启示？学生为了解答这五个问题会在文中找到相应的句子，教师可以顺带让学生翻译句子，并积累文言字词。同时，随着这五个问题的解答，学生也能理清文章结构，明白文章是如何谋篇布局的，还能获得人生启迪，提高人文素养，把“文言”“文章”“文化”几个层面的教学内容落实到位。

三、传体文教学方法的运用

（一）以文带言法，积累文言字词

传统字词教学强调“字字清楚，句句明白”，多用讲授法。不可否认这种教学方法在某种程度上有一定效果，但它的弊端也很明显。首先，教师机械重复，学生死记硬背，课堂机械呆板、枯燥无味。其次，每一篇课文都逐字逐句讲解翻译，浪费时间、效率低下。再次，零碎讲解字词，肢解了文本，舍弃了文章整体精华，学生只记得零碎的字词，同一个字词换个语言环境就不知其义了。

积累文言字词要注意方法，“以文带言”就是一个好方法。“‘以文带言’指的是以‘学文’为先导，渗透‘学言’，在理解文言文本的过程中，落实重点字词，探究词法句法及其在文章表达中的作用”[1]，这种方法遵循学生的认知规律，教学效果较好。但不同文体“以文带言”的具体操作不同，这要求教师在备课时要抓住文体特点。在古

[1] 包建新．语文教学设计与案例分析[M]．杭州：浙江大学出版社，2012：188．

代人物传记中可以通过“抓典型事件”和“营造课堂语境”来积累字词。

1. 抓住典型事件积累文言字词

传体文通过记叙典型事件来表现人物性格。在积累文言字词时可以抓住典型事件，把一个大的典型事件细分为几个小事件，积累每个小事件中的文言字词。《廉颇蔺相如列传》用“完璧归赵”“渑池会”“将相和”三个典型事件来表现人物性格特点，其中“完璧归赵”又可以分为“是否献璧”“带璧出使”“相如智取璧”“威胁撞璧”“径道璧归赵”“秦廷对斥”等几个环节，教师可以带领学生在每一个环节中分别积累字词，若此环节多简单字词，可以一笔带过；反之，要仔细分析。例如，在“相如智取璧”这个环节，教师可以让学生朗读这一段，并提问：这一段蔺相如为了取璧，说了什么？做了什么？神态如何？分小组让学生找到相应的语言描写、神态描写、动作描写，再读出这些句子，找出不理解的字词，这样学生就能在语境里记住字词。如负责动作描写的学生会找到“相如因持璧却立，倚柱，怒发上冲冠”。这个句子的内容容易理解，关键在于重点动词的掌握。教师可以巧妙地提问学生：“当时情况下相如是慢悠悠地拿着和氏璧吗？文章哪个字可以体现？这个字在这里怎样翻译？”在教师的引导下，学生会找到“因”这个字，能感受到当时紧张的局势，明白“因”在这里是“趁机”的意思。同样的方法，他们也能理解“却”的意思，能理解相如“倚柱”的原因是为了站稳，更好地保护和氏璧。通过这样的探讨，学生不仅能在事件的场景中理解重点字词，还能在理解的过程中体会人物内心，进而理解人物形象。

2. 营造课堂语境积累文言字词

文言字词的积累离不开语境。因而，在学习传体文时，可以营造课堂语境进行文言字词的积累。教师用文言文提问，学生用文言文回答问题。这种模式对文言文课堂来说是一种创新，在这样的课堂氛围里学生更能走近古人的文化世界，缩小心理差距，学习的积极性也能提高。传体文归属于人教版必修教材的最后一册书，经过前几册的学习，学生已经积累了较为丰富的文言知识，因此在课堂上进行简单的文言问答是可行的。

传体文通过典型事件塑造人物形象，还可以让学生用文言文表演历史剧，再现当时的情境，积累文言字词。例如，《苏武传》中李陵劝降这一个场景，学生课下做好准备，查找史料，熟读文本，在课堂上全程用文言文表演历史剧。教师可以要求全班学生在观看表演的同时，关注表演是否符合史实，台词是否符合人物身份，并让学生实时记录，进行原文比对，找到与原文有出入的地方，这些地方可能是学生平时不注意的字词，以此起到强化作用。这种做法既让学生了解了历史背景，又活跃了课堂气氛，还训练了学生的文言文表达能力、积累了文言字词，也提高了学生的积极性。

（二）使用还原法，传承中华文化

1. 历史还原，积累文化背景

传体文的文体特点之一是历史的真实性，这要求教师采用还原法引导学生学习传主的典型事件，感悟其人格魅力，传承中华文化。这里的还原包含两个方面：一是历史的还原，积累文化背景；二是情境的还原，领悟人物精神。

"不管什么样的作品，要做出深刻的分析，光是从今天的角度去观察是不行的，必须放到产生这些作品的时代（历史）背景中去，还原到它的那种政治的、经济的、文化的、艺术的气候中去。"[1]传体文所记录的人物和事件年代久远，我们要真正理解，就需要做足功课，尽可能找全史料、还原历史，这对我们理解课文至关重要。例如，要理解廉颇和蔺相如的人物特点，就要还原战国末期秦傲视六国，采取远交近攻、各个击破战略试图称霸天下的历史背景。学生了解相关的历史背景后，就明白赵国处境的艰难，更能衬托出蔺相如临危不惧、大义凛然、有勇有谋的精神品质。

2. 情境还原，领悟人物精神

学生对文言文的恐惧来自对情境的陌生感。如果教师创设一种轻松的情境，便能有效地提高学生的学习兴趣。不同类型的文章，情境教学法的具体操作不同。学习传体文，教师可以用"故事教学法"进行情境还原，引导学生在轻松的氛围中开始学习。例如，教学《苏武传》，教师可以先在 PPT 上展示明代画家陈子和的《牧羊图》，讲述这个图片上的故事：在阿娜秀丽的乌拉尔山，有一个牧羊人陪伴了贝加尔湖十九年，他就是汉代使者苏武。他曾经率领一百多人出使匈奴，却因意外被扣留十九年，面对威逼利诱，他横眉冷对；对于荣华富贵，他不屑一顾；经历重重磨难，他坚持不懈。十九年来为坚守民族气节他历尽磨难，最终归汉。有了这样的情境，学生就会好奇这个坚守十九年的人到底是一个怎样的人，从而激起了他们学习的兴趣。学生对人物精神也有了整体的把握，降低了学习难度。

（三）诵读品味法，理解人物特点

诵读法是文言文教学的常见方法。不同的文体，诵读的要求和重点也有所差异。诵读古代抒情散文，关键在于读出情感，品味文章情和景的交融；诵读议体文，在于读出气势，体味作者严密的言语逻辑；诵读古代山水游记散文在于读出意境，感受景物之美。相比其他类型的文言文，传体文中具有丰富的人物语言描写，这一部分可作为诵读的重点。人物说的每一个字、每一句话都有特定的含义，在诵读时不仅要注意语气、语调，还要揣摩人物心理、性格，尽量在朗诵中读出神采。传体文篇幅较长，教师可以让学生根据自己的兴趣选择喜欢的片段，通过反复训练、多次揣摩、教师范读、学生朗读、小组分角色朗读等多种方式进行，在朗读中品味人物性格特点。例如，

[1] 孙绍振．孙绍振如是解读作品[M]．福州：福建教育出版社，2007：14．

很多学生喜欢朗读蔺相如秦廷斥责这段话：

王授璧，相如因持璧却立，倚柱，怒发上冲冠，谓秦王曰："大王欲得璧，使人发书至赵王，赵王悉召群臣议，皆曰'秦贪，负其强，以空言求璧，偿城恐不可得'。议不欲予秦璧。//臣以为布衣之交尚不相欺，况大国乎！且以一璧之故逆强秦之欢，不可。于是赵王乃斋戒五日，使臣奉璧，拜送书于庭。何者？严大国之威以修敬也。//今臣至，大王见臣列观，礼节甚倨；得璧，传之美人，以戏弄臣。臣观大王无意偿赵王城邑，故臣复取璧。大王必欲急臣，臣头今与璧俱碎于柱矣！"

如双竖线所标示，蔺相如的话包含三层意思，他在表达每层意思时内心的情感是不一样的。教师要指导学生，读每层话时要仔细体味蔺相如情感的变化。蔺相如的第一层话，揭开秦王"空口套玉"的阴谋，内心愤怒不平，赵国有理，秦国理亏，所以在朗读时语气要刚正，语调平稳中透着怒气。第二层以"布衣之交尚不可欺"来批评秦王的欺骗行为，朗读时重音在"布衣之交"和"尚""况"等字句上，反问语气中透出讽刺；后面一句表现赵王有礼有节，"何者"二字是在和秦王讲道理，朗读时语气要平和。第三层用赵王的虔诚批判秦王的傲慢无礼、不守信用，尤其是"传之美人"让人备受屈辱，蔺相如的怒气直线上升，朗读这一句时语气要强硬，有斥责、有反抗。特别是最后一句"大王必欲急臣，臣头今与璧俱碎于柱矣！"更是怒火冲天，语气要更坚定，读出蔺相如不畏强暴、刚正不阿的品质。

（四）尝试写作法，客观评价人物

学会正确运用祖国语言文字是语文教学基本的追求目标。传体文侧重写人叙事，当中的许多写作方法对今天的作文教学仍然具有借鉴意义。在提倡传承优秀传统文化的今天，如果语文教师在平时的写作训练中，有目的、有计划地引导学生尝试文言文写作，对学生的文言文运用能力会有很大提升。教师可以在平时作业训练中，鼓励学生用文言文给自己敬佩的人写一篇人物传记，教师认真批改，对学生作文中出现的错误表达给予纠正，这样学生就会记忆深刻，从而提高他们的文言文运用能力。同时，教师通过作文的评改课可以了解学情，检验学生对传体文中写人叙事手法的掌握情况。需要注意的是，这种方法对学生的文言文功底要求较高，教师在学生处于高一学段时就要树立这样的意识，引导他们不断积累文言知识，夯实文言基础。

传体文涉及对传主的评价，《普通高中语文课程标准（实验）》中提到："学习从历史的角度理解古代作品的内容价值。"[1]所谓历史的角度是指，评价历史人物要把视野放在特定的历史背景下，不能用今天的价值标准评判昨天的事情。例如，苏武的坚持执着，有的学生会觉得是愚忠，教师不能强硬否定学生观点，要循循善诱引导学生将苏武的坚持和他的生平经历、个性特点及社会文化进行综合分析。

在单元提示中，编者这样说："学习这些作品，要在读懂课文的基础上，结合时代

[1] 普通高中语文课程标准（实验）[S]．北京：人民教育出版社，2015：8．

背景，把握人物身上的闪光点。”[1]若要检验这一学习情况，教师可以让学生写一篇读后感，谈谈学习课文后的感想；也可以尝试让学生模仿《感动中国》节目中的颁奖词，为最喜欢的传主写颁奖词。通过文字呈现学生思想，可以提高学生的表达能力。古代人物传记具有这方面的优势，教师要因势利导。

教学方法要根据不同的教学内容灵活选用，有时某一个教学任务的完成需要几种教学方法同时进行，教师要结合实际学情灵活处理。不论选取哪种教学方法都要坚持以学生为主体，尽可能让学生在轻松愉快的氛围中学到更多知识。

教学内容、教学结构和教学方法虽然是策略的三个方面，但这三个方面并非完全独立。这三方面是紧密联系的一个整体，只有做到统一和融合，才能达到最佳教学效果。

四、传体文教学评价的方式

对文言文教学进行考查和评价的最普遍方式是高考。分析传体文教学的评价方式离不开对高考试题的分析。高考是语文教学不可回避的“一道关”，多年以来，语文教师一直苦苦挣扎于提高学生考试分数和培养学生语文素养的两难境地中。我们需要明确的是，提高学生的语文成绩和培养学生的语文素养并不矛盾，教师要努力在两者之间寻找平衡点。近六年高考语文全国卷（一）中文言文阅读部分考查的都是古代人物传记。因而，我们可以通过分析高考试题，指导传体文教学。

（一）近六年高考文言文试题分析

全国卷在高考中使用范围较广，因而本文选择的是近六年高考语文全国卷（一）的文言文试题部分，具体情况如表 5.1 所示：

表 5.1　2012 年—2017 年全国卷（一）文言文阅读部分

年份	考查篇目	“相关内容”分值	翻译分值	文言字词分值	断句句读分值
2012	《宋史·萧燧传》	6	10	3	0
2013	《明史·马文升传》	6	10	3	0
2014	《旧唐书·于休列传》	3	10	3	3
2015	《宋史·孙傅传》	6	10	0	3
2016	《宋史·曾公亮传》	6	10	0	3
2017	《宋书·谢弘微传》	6	10	0	3

从表中可以看出，近六年高考语文全国卷（一）文言文阅读部分考查的都是人物传记，且总分值比较稳定，都是 19 分。考试题型基本是选择题和翻译，翻译分值最高且每年不变，选择考点每年有细微变化，内容基本包含“相关内容”分析、文言字词、

[2] 普通高中语文课程标准（实验）[S]．北京：人民教育出版社，2015：55.

句读等三种。下面将按照考点进行分析。

1. 翻译

每年都考查两个句子的翻译，每句 5 分。通过总结做题经验，发现落实得分点就可以拿到高分。一般来说得分点有三：一是关键字词（实词、虚词、疑难词）；二是特殊句式；三是语意通顺。关键字词考查的重点是古今异义、实词活用、一词多义，还有《考试说明》中需要掌握的 18 个虚词；特殊句式主要考查的是判断句、被动句、省略句和倒装句。

2. 文化常识

这道题主要以“相关内容”为题干命题。特别是 2015 年以后，高考文言文阅读考题中专门有一道选择题考查文化常识，主要考查文章中某个古代名词的词义。例如，2017 年考查的“以字行”“姻亲”“母忧”；2016 年考查的“宰相”“建储义”“古代朝廷的部门设置”“契丹”；2015 年考查的“登进士第”“兵部”“庙号”“太子”等。试题难度不大，但师生要注意命题人的出题倾向。中国古代文化常识繁多，等到学生进入高三才进行梳理复习是来不及的，教师要把这些细微知识点落实到学生的日常积累中。

3. 篇章分析

“相关内容的概况分析”基本考查的是学生对文章细节的理解。错误选项一般存在四种情况：以偏概全、无中生有、曲解文意、张冠李戴，重点考查学生对文章整体的把握，对细节的理解。学生容易出错的地方是对“某人、某时、某地、某事、某言、某行、某因、某果”细节的把握。解题时首先要全面理解，整理把握；其次要关注细节，依文索义；最后要仔细比对，反复推敲。从考试的角度看，这道题是最能帮助学生迅速理解文章的“提示”。为了提高做题效率，学生在整体阅读文章后，可以先迅速扫描此题的四个选项，借此来把握文章的大体内容，做到“以题解题”。

4. 断句

从 2014 年以后，高考文言文考题中加入了对断句的考查。欲断句，先明其意。看似简单的断句，其实考查的是学生理解句子的能力和文言语感。教师平时授课要有意识地讲授断句的基本方法，重视学生文言知识的积累和练习，让学生能准确断句。

5. 文言字词

把文言字词单独编成一道选择题进行考查也是高考中的常见题型。通常题干是“下列加点词的解释，不正确的一项是”，四个选项都是从试题文章中选取的四个句子，直接考查句子中的文言字词。从 2015 年后，这种直接考查字词的题型逐渐减少，但是掌握文言字词是读懂文言文的基础，对翻译的考查其实就渗透字词了。通过做题，可以发现所考查的字词很多都是课内学过的，但是大部分学生仍然拿不到分，原因在于要么印象不深，要么仅记住了某个词的某一个意义，忽略了它在其他语境中的变化。这种现象启示我们，“言”“文”分离的讲解并不能让学生真正掌握字词，因而教师需要引导学生在“文”中学习“言”。

（二）高考试题对人物传记教学的启示

高考试题的文言文阅读部分多考查传体文，其目的是检验教师所教和学生所学的情况。反过来，我们也可以通过对高考试题的分析，指导传体文的教学。

1. 关注字词句，落实得分点

翻译要遵循直译为主，意译为辅的原则，达到“信、达、雅”的标准。考场上很多学生可能知道要求翻译的那句话的大致意思，但却不能得高分，究其原因就是没有落实得分点。因而，在学习时就要树立强烈的得分点意识。传体文相对来说较为简单，教师要大胆放手，让学生自主翻译。教师让学生翻译时，要求他们圈出自己认为的“得分点字词”，让他们把这些字词先翻译精确，然后再理清句意。待学生翻译后，让其他学生站起来给该同学打分，并说明理由，让他们自己发现问题，汲取经验。对于特殊句式，教师要引导学生总结其标志。例如，被动句的主要标志有：“为……所……”“于”“见”“被”等，学生熟悉了这些标志，就能准确判断。

翻译训练要注意文体，要铭记传体文是为写人服务的，教师的引导要循循善诱。例如，在教学《廉颇蔺相如列传时》可以提问学生：课文中的蔺相如是在什么情况下登场的？学生可能会用自己的话描述当时的情况：赵惠王有一块和氏璧，秦昭王听说后想占为已有，承诺愿用十五座城来交换和氏璧，赵王和廉颇商议认为，如果把和氏璧给秦国，不可能得到秦王的城池，如果不给，又担心秦王攻打赵国。打算派人到秦国却没有找到合适的人，正在这个时候蔺相如出场了。学生基本描述清楚了当时情况，但有些地方有遗漏，就让学生回到课文，找出遗漏的点，并圈出自己认为的得分点，先把得分点解释精确，再重新描述蔺相如登场的背景。明确蔺相如的登场是解赵国燃眉之急，在这样的背景下，更能体现蔺相如的能力。

传体文用事件表现人物，人物的出场必定和事件有关，以事件引出学习内容能激发学生学习兴趣，避免教学枯燥无味。教师引导学生用自己的话描述人物出场背景，并和原文进行比对。在比对的过程中，学生自己就能发现哪些词语没有翻译到位，顺便圈出得分点，再进行自主翻译。这样既能提高学生的自主学习能力，也能训练学生的考场思维。与传统的“字字落实，句句翻译”相比，不仅提高了学生的积极性，还能让学生在以后的考试中将字词句翻译得更精准。

2. 利用隐性课堂，积累文化常识

2015 年以后，高考文言文阅读考题中加入了对文化常识的考查，这与 2017 年新发布的《普通高中语文课程标准》中更重视传统文化的要求不谋而合。因此，教师在教学时，挖掘课内外的传统文化知识变得尤为重要。相比抒情、议论等其他散文，传体文涉及的古代文化知识更多，特别是古代官职、科举制度等。因而，教师可以充分利用“隐性课堂”，引导学生积累传记文学中的文化常识，即通过黑板报、文化宣传栏、文化角、举办传统文化知识竞赛等形式让学生积累课内外文化常识。中国古代文化常识杂乱繁多，教师要引导学生进行分类整理，如按照官职名称、天文地理、宗法礼俗、称谓礼节、历法刑法等进行整理，形成条理清晰、层次鲜明的古代常识知识网。

3. 明辨句读，回归根本

断句考查的是学生的文言语感和语意理解能力。要提高学生的断句能力，教师首先要教给他们断句的基本方法，其次进行训练。教师要做大量的断句题，总结断句的规律，把规律传授给学生。例如，一些名词（人名、地名、时间名词）作为陈述对象时，可以把它们断开；动词是句子的谓语，构成句子的核心，可以借助动词和前后词语的关系进行推断；虚词通常有固定的位置和作用（句首发语词“盖”、复句中的关联词“然则”、句尾词“矣”、疑问语气词“孰”、对话标志词“曰”等），遇到这些词就要引起注意；关注句子的修辞现象（如对偶、顶针、排比）可以帮助断句；抓住特殊句式的结构特点进行断句（如“何……为……”“岂……哉……”）等。教授断句方法后在课内外加强训练，让学生自己先查阅字典、注释，然后教师给每位学生发一篇不带标点符号的课文，让学生自己划分停顿节奏，给课文断句。在早自习分小组，每个学生读一段，先自行朗读，小组其他成员认真听，看断句是否正确，如果有争议，应该说明各自的理由是什么。这样的训练培养了学生合作学习的意识，让学生自己思考断句应该怎么断、停顿的依据是什么，接着教师再提供正确的断句示范。同时要重视学生的朗读训练，培养学生的语感，提高学生的断句能力。

4. 整体把握，细节比对

内容分析概括就是考查学生对文章的理解是否精准。阅读时要整体把握具体事件、人物语言及其性格特征，同时要仔细比对细节。一要比对人物，辨析“何时何人做了何事”，防止张冠李戴；二要比对因果关系，首先要确定是否有因果关系，其次看“因”和“果”是否颠倒，最后看因果关系是否恰当；三要比对添加内容，谨防无中生有的“陷阱”。教师平时教学人物传记，可以故意设置一些与课文内容有关的“陷阱”题让学生判断，使学生养成细心谨慎的良好习惯，培养他们的精细阅读思维，提高文章比对能力。

5. 重组传主事件，明确人物特点

有些文言文阅读考题中会出现类似“哪些细节表现人物的某一特点”的题型。传体文是通过典型事件表现人物特点的，考题中考查的不是大的事件，而是构成大事件的一些细节。这就表明，教师在教学传体文时，可以把其中的大事件分解，重组细节，加强学生对传主某一方面性格特征的理解。例如，《廉颇蔺相如列传》截取了三个故事来表现蔺相如智勇双全、有胆有识、临危不惧的形象和顾全大局、先国后私的崇高精神。三个故事按照情节的发展又可以划分成若干小事件，如“完璧归赵”可以划分为“是否献璧”“带璧出使”“相如智取璧”“威胁撞璧”“径道璧归赵”“秦廷对斥”；“渑池会”可以划分为“是否赴渑池”“赵王被迫鼓瑟”“反逼秦王击缶”；“将相和”可以划分为“称病避廉颇”“引车让廉颇”“舍人争论”“廉颇请罪”。教师在教学过程中，为了让学生更直观地感受人物特点，可以有规划地对小事件进行组合，集中展示人物特点。例如，“是否献璧”“是否赴渑池”“舍人争论”集中表现了蔺相如善于审时度势的智慧；“出使献璧”“施计取璧”“径道璧归赵”集中表现了蔺相如善于随机应变的机智；“威胁撞璧”“秦廷对斥”“反逼秦王击缶”表现出蔺相如视死如归、不畏强暴的精神；“称病避廉颇”“引车让廉颇”“舍人争论”表现出蔺相如敌进我退的智谋和顾全大局的品质。这样的重组既锻炼了学生的思维能力，也提高了学生的归纳能力，还考查了学生对细节的掌握程度。如果在考场中遇到这种题型，学生将会得心应手。需要注意的是，运用这种方法的前提是学生要充分预习课文，对故事情节很熟悉。

第四节　传体文案例分析

案例一：《廉颇蔺相如列传》课堂实录

师：上节课我们说这篇课文有一对矛盾贯穿文章始终，是什么矛盾呢？

生：秦国和赵国的矛盾。

师：上一局蔺相如凭借自己的智慧和勇气夺取了矛盾的胜利，完成了赵王的使命，从草根变成了公务员，完成了人生一大逆袭。但是，故事并没有结束，这对矛盾依旧在继续，请同学们自由朗读 14～16 自然段，读的过程中注意勾画重点字词。

师：这个时候又发生什么事情了？请用原文回答。

生：秦王使使者告赵王，欲与王为好，会于西河外渑池。

师：这个句子是正常语序吗？

生：不是，这里“会于”是状语后置的倒装，应该是“于西河外渑池会”。

师：你说的很对。那么秦真的打算与赵和好吗？从哪可以看出？

生：不是。这段开头说：“秦伐赵，拔石城”“明年复攻赵，杀一万人”。如果秦王真心打算和好就不会连续攻打赵国。

师：此时的赵王又为难了，去还是不去呢？这是一个问题。

生：赵王害怕，不想去。

师：为什么赵王不想去？

生：去的话，有可能就是鸿门宴。

师：是的。这有段背景大家需要了解，在渑池会发生的二十年前，秦昭襄王曾经邀请楚怀王订约结盟，结果楚怀王被骗到秦国，最后客死秦国。有了这样的先例，赵王就更害怕步楚怀王后尘，所以他不想去。

生：恍然大悟……

师：面对这个大难题，蔺相如和廉颇又是怎样建议的呢？

生：他们建议去，廉颇还提出了备用方案：三十日不回，立太子为帝，断秦念想。

师：如果你们是赵王，对于廉颇提出三十日不回立太子为帝，有何想法？

生：会感觉很无奈。虽然知道廉颇的计划是忠于赵国，但是内心很伤心。

生：对啊。伴君如伴虎，如果赵王不够贤德，误会了廉颇的话，那廉颇岂不是人头不保？

生：这正是廉颇胆识非凡、忠勇无比的体现。

师：你们分析得很有道理。虽然文章着墨不多，却把廉颇的形象表现得淋漓尽致。

师：蔺相如和秦王踏入虎穴，又会遭遇到什么呢？真让人捏一把汗！我们找一组同学来表演一下接下来的场面。演员迅速站位，并告诉同学们你们各演谁？尽可能用原文对话。（要求脱稿）各位观众不能只看热闹，要注意各位演员的台词是否准确，动作是否到位，神情是否符合人物身份。在观看表演的同时，做好笔记，等下我们找同学点评。

学生们迅速各就各位，开始表演……

生（秦王）：寡人听说赵王好音，请奏瑟。

生（赵王）：无精打采地鼓瑟。

生（秦御使）记下：某年某月，秦王与赵王会饮，赵王鼓瑟。

生（蔺相如）：赵王闻秦王善为秦声，我献盆缶给赵王，以相娱乐。

生（秦王）怒，不答应。

生（蔺相如）突然扑腾一声跪在秦王面前，请求秦王演奏。

生（秦王）不屑一顾……

生（蔺相如）：五步之内，相如以颈血溅大王。

生（秦侍从）打算夺相如手里的刀。

生（蔺相如）瞪大眼睛呵斥他们。

生（秦王）非常不情愿地击缶。

生（赵御使）记下：某年某月，秦王为赵王击缶。

……

师：好了，演员们辛苦了。各位观众有没有注意到演员表演和文章的差异点呢？

生：饰演秦王的同学第一句漏掉了两个字“窃闻”。这里不能漏掉，“窃”，是谦辞，“窃闻”的意思是私下里听说。

生：还有秦御使也漏字了。漏掉了“令”。

生（秦御史）：这个令可以不要的，并不影响文意。

师：（微笑）哦？这里你们意见不一样了，那么这里“令”到底可不可以漏掉呢？

生：不可以。因为“令”是命令的意思。这里是秦王命令赵王鼓瑟，并不是赵王主动愿意鼓瑟的，更能说明秦王仗势欺人，飞扬跋扈。

师：为你们的分析能力点赞。有一处场景和这个细节一样，但是用词不一样，你们发现了吗？

生：是赵御使记录的话。“秦王为赵王击缶”的“为”。

师：这里为什么要用“为”而不是“令”了？

生：这里想表现秦王是主动为赵王击缶的，不是被迫的。

师：（微笑）很有道理，这说明蔺相如很聪明！还有哪些细节，大家需要点评的吗？

生：饰演蔺相如的同学有一个动作做得很到位，就是他突然跪在秦王面前。（同学们大笑）他这个“突然一跪”就是课文中的“因”字，“因”在这里理解为“乘势”的意思，我觉得他演得很到位。

师：你观察得很仔细。

生：还有一个问题，秦侍从有一个动作没有表演——“左右皆靡”。

生：是的，这是有一个动作的。侍从们都表现得特别害怕，然后往后退。

师：为什么这个动作一定要表演出来呢？能不能省掉？

生：不能啊。侍从们的这个动作从侧面突出了蔺相如的英勇。

生：并且还和蔺相如形成了强烈的对比，秦王和他的侍从现在肯定一点面子都没有了。

师：同学们分析得很到位。其实演员们漏掉的字词也正是我们平时没有注意的字词，这些字词在理解课文时都有非常重要的作用。这个故事里的重点文言字词，大家也通过观察表演的细节找到了。同学们，你们觉得这个小故事表现了蔺相如什么样的性格特点呢？

生：不畏强暴，对国家一片赤诚。

……

【评析】这是笔者在某高中听到的课堂实录，这个班是一个语文成绩中等偏上的班级，该班的学生活泼开朗，课堂气氛较好。从整体看，这堂课最突出的特点就是教师关注了文体。该教师灵活地抓住了传体文通过典型事件表现人物形象的这一特征，用表演的方式还原当时的情景，让学生在表演中积累文言字词。该教师有以下几点值得我们学习：其一，在表演之前给演员和观众都提出了具体要求——“用原文对话”“注意演员台词、动作、神情的精准性”等，这些细致的要求都和语文教学内容息息相关，使后面的课文内容分析得以顺利进行，避免单纯“看热闹”的情况。其二，教师的补充很到位。例如，中间嵌入楚怀王的史实帮助学生理解赵王内心的害怕，从侧面突出廉颇和蔺相如在赵国的重要地位。其三，教师能顺势引导学生。例如，引导学生比较“令”和“为”的差异，从字词中分析人物性格。其四，让学生关注表演细节，点评演员漏掉的地方，通过这样的方式积累文言字词，学生印象深刻。

在教学内容上，该堂课根据文体特征确定了积累文言字词、分析人物形象等适宜的教学内容。在教学组织结构上，该教师抓住文章中秦赵矛盾这一线索，切入教学内容，并以表演这一活动为载体，将字词积累和人物形象分析等教学内容融入其中，且整堂课以教师的提问展开，学生积极参与，教学过程流畅。在教学方法上，该堂课以情境还原法为主，通过表演还原当时的情境，让学生在情境中积累文言字词，取得较好的教学效果。

案例二:《苏武传》课堂实录

师：上节课课后我们布置了一个小任务，让大家回去查史料，找找《苏武传》相关的历史，这节课我们每位同学都是“历史小侦探”，去寻找文章中哪些地方是符合历史的真实的？哪些是虚构的？大家都准备好了吗？

生：准备好啦！

师：那下面我们请同学分享一下你们找到的史料。

生：我找到了相关的背景资料：匈奴是聚集在中国北方大漠的游牧民族。自秦时，就不断骚扰边境。西汉初年国力尚弱，大多采用纳贡、和亲的政策。汉武帝即位以后，任用卫青、霍去病为将，多次进行武力征讨，给骄横的匈奴以沉重打击，迫使他们有所收敛。此后，再派遣张骞出使西域，加强与西域各国的经济文化交流，外交上进一步孤立匈奴。天汉元年（公元前 100 年），新单于即位，汉武帝为了表示友好，派苏武等一百余人出使匈奴，护送留汉的匈奴使者回国，并且送给单于丰厚的礼物。苏武被扣留后，被迁到北海（今贝加尔湖，一说甘肃民勤）。有史料记载苏武多次拒降，被发配到北海牧羊，在匈奴被困 19 年后归汉。

师：他找得很全面。大家还有没有补充？

……

师：好，大家课下都做足功课了，真是严谨负责的“侦探家”。下面请同学们根据你们掌握的史料和课文进行比对，看看哪些是符合历史的？哪些是虚构的？

生：前三段对背景的交代基本都是符合史实的。

生：第三段有特别多的细节描写，不知道这些细节是历史真实存在的还是虚构的。

师：那我们一起来仔细看看第三段。

生：我觉得苏武自杀那一部分虽然写得很精彩，但是其真实性值得怀疑。

师：何以见得？

生：“引佩刀自刺。卫律惊，自抱持武”，然后医生抢救的过程也描写得很仔细，似乎作者就在现场一样。然后还有“惠等哭”“单于壮其节”，这些描写也特别仔细，给人感觉作者亲身目睹了这些场面，虽然看起来真实却经不起逻辑的推敲。

师：（微笑）

生：对啊，老师。苏武出使的故事发生在天汉元年（前 100）年，而班固生活在东汉（32—92）年间，中间相差一百多年，班固不可能全程目睹苏武自杀，更不可能知道周围人的反应，又怎么可能会有如此细致的描写呢？

师：你们果然都是“小侦探”，这些细节确实不一定是真实的，有可能添有作者的想象。

生：既然是虚构的，那什么作者要写呀？不是违背历史真实性了吗？

师：这个问题问得好，那你们觉得虚构的这些能不能删除呢？

生：不能。正是有了这些虚构才更有意思。苏武自杀的细节描写得真实感人，一惊、一哭、一壮的细节描写就更能反衬出苏武的铮铮铁骨和高尚情操，如果删除了这样的细节，就达不到作者想要的表达效果。

师：课文中这样的例子还有很多，请同学们找出来进行分析。

生：还有文章中的两次劝降，卫律和李陵劝苏武投降，但是苏武对两人的态度是不一样的，这些不同可以从对话中看出来。只是，班固怎么可能知道苏武和两人对话的具体内容呢？我感觉这也是虚构。

师：你观察能力真强。这里其实用了对比的手法，把卫律、李陵、苏武三人进行了对比，我们一起来看看这两段劝降的具体内容……

……

【评析】这是一个在中等层次的理科班的教学实录，班级整体语文水平处于年级的中上等。通过这个实录片段，可以发现该教师把课堂交给了学生，整堂课基本是学生自己发现问题、解决问题，教师仅做好引导者的角色，学生主动参与，课堂氛围活跃，教学效果很好。首先，在教学内容的选择上，该教师根据传体文的文体特点——历史的真实性和文学的艺术性，让学生收集资料，找出“实”“虚”所在，初步感受传记文体的特点。其次，在教学结构的组织上，该教师以“历史小侦探”这一活动为载体串起整个教学内容。让学生思考：这些虚构的内容是否能够删去？如果不能删去，又有什么效果？这些问题把教学活动和教学内容完美地衔接起来，通过活动指向内容，学生愿意接受，问题的设置满足了学生的期待，实现了教学内容意义的流动。同时，学生在寻找的过程中可以自己总结出传体文写人的手法，如细节表现人物、对比衬托人物等。再次，在教学方法的运用上，该教师将问答法和还原法穿插使用，不仅还原了历史，帮助学生理解课文，还把学生引入本堂课的教学内容中，完成教学任务。

案例三：《张衡传》教学设计

教材分析

《张衡传》是人教版高中语文必修四第四单元的第三篇课文，是一篇典型的人物传记，文章语言质朴准确、详略得当，全文以翔实的文笔记述了张衡在文学、政治、科学等方面的才能，塑造了一个博学多才、从容淡泊、品德高尚的文人学者形象。因此，教学本文要在兼顾文言知识的同时，也要注意感悟张衡的精神品质，培养学生的人文素养。

学情分析

本文的教学对象是高二年级的学生，通过前几册书的学习，他们已经积累了一定的文言知识，因此在学习时教师只需要对难点字词进行讲解，重点要放在分析张衡的才能上，让学生感悟张衡的人格魅力，传承其精神。在上课之前学生已经预习了课文。

教学目标

① 介绍范晔和《后汉书》，积累文学常识。

② 积累文中出现的文言实词和虚词。

③ 深刻理解张衡各方面的才干，感悟其人格魅力，学习他勤奋好学、刻苦钻研的科学精神和从容淡泊的高尚品格。

④ 学习本文写人叙事的手法。

课时安排

2 课时。

第一课时

教学目标

① 了解范晔和《后汉书》的文学常识。

② 初读课文，感知文章结构。

③ 学习前三段，掌握前三段的文言字词。

④ 学习前三段中张衡所表现出来的品质和才干。

教学重点

学习前三段中张衡所表现出来的品质和才干。

教学难点

前三段的文言字词句。

教学过程

一、课文导入

郭沫若曾经评价张衡说“如此全面发展之人物，在世界上亦罕见。”张衡到底为何会得到郭老如此高的评价呢？下面让我们一起走进《张衡传》。

二、介绍范晔和《后汉书》（PPT 展示）

三、整体感知课文

（一）听读

1. 过渡

上课之前同学们已经进行了预习，我想请一位同学给我们朗读下课文，请大家认真听读，注意听字音读得是否准确，停顿是否得当，在听读的同时理清文章结构。

（听读之后，教师集中解决字音和句读问题）

2. 明确结构

让学生分小组讨论文章的结构，明确：

第一部分（1 段）：介绍张衡的品格和文学才能。

第二部分（2～4 段）：介绍张衡的科学成就。

第三部分（5～6 段）：介绍张衡的政治才干。

（二）朗读

1. 过渡

请同学们在刚刚更正字音和句读的基础上大声齐读课文，在读的基础上思考：张衡是一个全面发展的人，“全面”体现在哪几个方面？

2. 明确方面

明确：① 品性　② 文学　③ 科学　④ 政治

（设计意图：让学生正确地朗读课文，培养语感，在思考问题的同时进一步理解课文内容，同时在学生回答出这几个方面之后将学生分为：品性组、文学组、科学组、政治组）

四、解读文本

1. 过渡

现在我们来看课文的第一段，第一段总共有几句话？主要讲了张衡哪些方面的成就？请同学们根据自己所在的组，找出相应的句子，并试着翻译。

2. 引导学生对第一段内容归类

① 文学：衡少善属文，游于三辅，因入京师，观太学，遂通五经，贯六艺。

时天下承平日久，自王侯以下莫不逾侈。衡乃拟班固《两都》作《二京赋》，因以讽谏。精思傅会，十年乃成。

② 品性：虽才高于世，而无骄尚之情。常从容淡静，不好交接俗人。

③ 政治：永元中，举孝廉不行，连辟公府不就。

大将军邓骘奇其才，累召不应。

[注：这个环节可以让相应的小组选派代表站起来翻译相应的句子，翻译之前要求该组找出所认为的得分字词，翻译之后，其他组同学评分（5分为满分）]

以同样的方法学习第二段和第三段。

第二课时

教学目标

① 学习第4、5、6段落，掌握里面的文言字词句。

② 进一步感受张衡各方面的才能，欣赏其人格魅力。

③ 学习本文写人叙事的手法。

教学难点

学习本文写人叙事的手法。

教学重点

感悟张衡的人格魅力。

教学过程

一、导入

1. 过渡

上节课我们理清了课文脉络，并重点学习了前三段，初步了解了张衡在政治、文学、科技等方面的成就，这节课我们继续学习后面的内容。

2. 学习 4、5、6 段

按照上节课的方式学习后面几段，进一步掌握重点字词和翻译的技巧。

二、探索文章写人叙事的手法

1. 问题设置 1

课文的基本内容我们已经学习完了。老师有一个疑惑，课文第四段看起来和整篇文章格格不入，能不能删去？如果删去会怎样？

设计意图：这个问题大部分学生能够回答出“不能删去”。但是他们不能明确说明不能删去的原因，于是教师可以引导学生思考——“如果删去会怎样？”学生会发现删除之后，第五段却再次介绍了张衡的政治才能，课文的重点就是张衡政治才能而非科技才能。

预设：此时学生可能会有疑惑，为什么重点必须是科技才能而非政治才能？

2. 问题设置 2

1、3、4、6 自然段都有时间介绍，但是有什么不同呢？

设计意图：这个问题会引起学生思考，学生会发现第四段的时间交代十分明确，而其他段落都是大约的时间。教师要继续引导学生发现第四段中“自书典所记……”等结论性话语，只有记载重大事件才会用到这种结论性的话语。

3. 总结

通过这样的方式让学生明白“详写”和“特写”是本文叙事的一大特点，理解文章的详略得当。从“特写”中也看得出文章的重点是写张衡在科技方面的成就。

三、感悟人格魅力

问题设置 3：你认为张衡取得如此成就的原因是什么？对此，你获得了什么启示？

设计意图：通过对这个问题的讨论，让学生关注到成绩的取得源于自身的努力，还源于张衡淡泊明志的品性，鼓励学生加强个人修养，修炼心性，勤学创新。

四、课后拓展

假如张衡要报考清华大学的自主招生，请你为张衡写一封自荐信。

【评析】首先，从教学内容上看，这个教学设计的教学内容包含对文言字词的积累、人物形象的感悟、写作特点的分析等，非常全面，符合传记这一文体特征。其次，从教学方法上看，该教师对翻译部分的处理较为合理，让学生在平时就培养“得分点意识”，且让学生分组进行自主翻译，提高了学生的积极性。同时，对“特写”和“详写”这两个内容的切入点较好，能引起学生思考，符合启发式教学的理念。再次，结束部分的课后拓展是活动性指向的问题，设计得较为巧妙，不仅考查了学生对课文的掌握情况，也培养了学生运用语文的能力。

但是这个教学设计也存在一些瑕疵。比如，教学思路虽然清晰，但是教学过程显得有些生硬，不够连贯。教师可以思考如何更好地组合教学内容，使其更加流畅。

参考文献

一、中文类

（一）著作类

[1] 包建新．语文教学设计与案例分析[M]．杭州：浙江大学出版社，2012.

[2] 曹明海，李洪先．语文课程与教学论[M]．济南：山东人民出版社，2005.

[3] 陈兰村．中国传记文学发展史[M]．北京：语文出版社，1999.

[4] 褚斌杰．中国古代文体概论[M]．北京：北京大学出版社，1990.

[5] 丁帆，杨九俊．史记选读[M]．南京：江苏教育出版社，2006.

[6] 韩兆琦．中国传记文学史[M]．石家庄：河北教育出版社，1992.

[7] 司马迁．史记[M]．北京：中华书局，1982.

[8] 孙绍振．直谏中学语文教学[M]．广州：南方日报出版社，2003.

[9] 童庆炳．文体与文体的创造[M]．昆明：云南人民出版社，1999.

[10] 王先霈．文学文本细读讲演录[M]．桂林：广西师范大学出版社，2008.

[11] 叶圣陶．叶圣陶语文教育论集[M]．北京：教育科学出版社，1980.

[12] 语文教材研究所等．普通高中课程标准试验教科书（语文）必修 4[M]．北京：人民教育出版社，2007.

[13] 语文课程标准研制组编写．普通高中语文课程标准（实验）解读[M]．武汉：湖北教育出版社，2004.

[14] 袁行霈．中国文学史[M]．北京：高等教育出版社，2014.

[15] 袁行霈．中外传记作品选读[M]．北京：人民教育出版社，2007.

[16] 赵白生．传记文学理论[M]．北京：北京大学出版社，2003.

（二）论文类

[1] 安之凯．中学古代传记散文教学研究[D]．武汉：华中师范大学，2012.

[2] 常文骞．高中文言文教学内容优化的课例研究[D]．兰州：西北师范大学，2015.

[3] 程梦．高中语文文言文教学现状调查及策略研究[D]．西安：陕西师范大学，2013.

[4] 郭凯．基于先行组织者的高中文言文教学策略研究[D]．兰州：西北师范大学，2014.

[5] 何素芳．高中传记文教学研究[D]．开封：河南大学，2012.

[6] 李迎春．高中文言文教学方法创新研究[D]．长沙：湖南师范大学，2012.

[7] 刘艳．高中文言文教学研究[D]．济南：山东师范大学，2015.

[8] 欧阳军辉．高中古代散文教学初探[D]．武汉：华中师范大学，2011.

[9] 孙翠哲．高中传记作品教学研究[D]．石家庄：河北师范大学，2013.

[10] 徐公青．高中传记文学作品教学研究[D]．济南：山东师范大学，2008.

[11] 钟亮．高中文言文教学内容研究[D]．上海：华东师范大学，2018.

[12] 陈兰村，许晓平．传记文学与人格素质教育[J]．荆门职业技术学院学报，2006（5）.
[13] 陈兰村．论我国古代传记文学的基本特征[J]．人文杂志，1989（5）.
[14] 陈兰村．略论我国古代传记文学的起源[J]．人文杂志，1984（3）.
[15] 陈兰村．试论我国古代传记文学之功能[J]．浙江师范大学学报，1986（2）.
[16] 陈兰村．我国古代传记文学的发展过程及其历史地位[J]．浙江师范大学学报，1988（2）.
[17] 陈兰村．中国传记文学：一个发展着的文类[J]．浙江师大学报，1998（6）.
[18] 陈学忠．名人传记研究性阅读教学新探[J]．南方论刊，2006（6）.
[19] 郭久麟．传记文学的性质及功能[J]．重庆广播电视大学学报，2000（2）.
[20] 韩兆琦．中国古代传记文学略论[J]．北京师范大学学报，1997（4）.
[21] 姜涛．古代传记文学论略[J]．辽宁大学学报（哲学社会科学版），1989（4）.
[22] 李节．传记与传记的教与学——浙江师范大学人文学院陈兰村教授访谈[J]．语文建设，2010（6）.
[23] 李冲锋．谈人物传记的阅读[J]．语文教学之友，2005（11）.
[24] 李耕耘．高中文言文人物传记的比较阅读[J]．承德民族师专学报，1994（2）.
[25] 李功连．以文体为切入点，有效突破实用传记教学[J]．语文月刊，2009（2）.
[26] 李祥年．略论传记文学的理论建设[J]．学术月刊，1994（9）.
[27] 李亚男．论古代传记与现代传记的差异——兼评杨正润《现代传记学》[J]．湖北师范学院学报（哲学社会科学版），2010（6）.
[28] 陆精康．揣想生象，造境写人——文言文传记教学变“助译”为“导写”的改革尝试[J]．中学语文教学，2000（7）.
[29] 孙翌．人物传记的教学方法探讨[J]．考试周刊，2010（39）.
[30] 汤淑华．运用批注阅读法，有效进行传记教学[J]．语文月刊（学术综合版），2009（5）.
[31] 唐媛媛．中外传记作品教学初探[J]．语文教学与研究，2011（25）.
[32] 许菁频．百年传记文学理论研究综述[J]．学术界，2006（5）.
[33] 薛锡振．我国古代传记文学发展轨迹鸟瞰[J]．厦门大学学报，1994（3）.
[34] 杨正润．论传记的要素[J]．江苏社会科学，2002（6）.
[35] 於贤德．论传记文学的人文意蕴[J]．文艺理论研究，2000（3）.
[36] 赵立慧．“传记文”教学建议[J]．山西教育，2003（6）.
[37] 朱东润．论传记文学[J]．复旦学报（社会科学版），1980（3）.

二、外文类

[1] CHEN L K. Classical Chinese reading instruction: Current practices and their relationship with students'strategy use and reading motivation[J]. Teaching and Teacher Education, 2017(2).

[2] LI G F. On the Translation of Classical Chinese Poetry[J]. English on Campus, 2015 (12).

[3] WANG Y H. Could a mobile-assisted learning system support flipped classrooms for classical Chinese learning? [J]. Wiley Journal, 2016(10).

[4] YIN C. Journal of Chinese Literature and Culture[J]. Duke University, 2015(02).

[5] ZHAO J. On embedding literary stylistic awareness in english grammar teaching [J]. Overseas English, 2015 (09).

[6] ZHU L Y. Rethinking the Modern Transformation of Classical Chinese Literary Theory [J]. Taylor journal, 2015(10).

专题六

文言文教学内容选择

语文教学内容是听课、评课的主要依据，体现着语文教师的专业化水平，教学内容的选择会对教学产生影响。在教学实习过程中，大多数教师反映文言文教学存在效果差、效率低的问题。通过阅读相关的文献资料、观摩一线教师教学文言文的课程，并且对几位有十多年教龄的老教师进行访谈（访谈的内容主要是文言文教学内容选择的现状以及教学内容选择路径等），笔者发现文言文教学内容选择确实存在一定的问题。

第一节 文言文教学内容选择问题及分析

一、文言文教学内容选择问题

通过阅读相关的文献资料、听课和访谈等方式，笔者发现目前文言文教学内容选择存在以下问题：一些教师在文言文教学内容选择目标上表现得不是很清晰；一些教师选择的文言文教学内容主要是为了应付各种考试，除此之外，编者的意图和文本的价值也没有得到很好地凸显。下面将对高中文言文教学内容选择存在的问题进行简要叙述。

（一）教学内容选择目标不明确

教学内容的选择和确定是由教学目标决定的，教学目标是确定教学活动实施的方向以及预期达成的结果，是教学活动的出发点和归宿。因此，教学目标要具体、清晰，便于教学内容的选择和实施。但许多教师确立的某一节课的教学目标是含糊的，是笼统的，并且有时是从自身的角度出发思考教学内容、教学方法等，使得教学目标难以落实。

例如，一位教师将《荆轲刺秦王》的教学目标制定为：

① 朗读课文，掌握并积累文言基础知识。

② 朗读课文，理清并体悟作者感情变化。[1]

从这样的教学目标中我们无法看到掌握积累哪些文言基础知识，通过什么样的方式来掌握这些文言基础知识？同样，作者的感情变化是怎样的？学生怎样体悟作者的感情变化？这些问题的答案我们无法从教学目标当中获取。如果按照这样的形式制定教学目标，教师在教学过程中会遇到很多的困惑，会影响教学内容的选择。

（二）教学内容选择没有领会编辑意图

“教材即课程，语文教材文本资源无疑是确定教学内容的主要依据。”[2]教材是教师备课的第一手资料，文言文教学内容选择需考虑教材编者的设计意图。一些教师认为自己有着丰富的教学经验，可以在教学中给学生讲授自己所擅长的知识，淡化了课本中的知识内容，这种做法有些偏向“用教材教”，冷落了“教教材”。笔者曾听一位教师教授《烛之武退秦师》，这位教师在学校的资历很深，有着几十年的教学经验，学识渊博，在一线教师中具有代表性。他先让（全班）学生齐读课文，接着提出文言知识的四个核心点（一词多义、古今异义、通假字、词类活用）内容，举例“是可忍，孰不可忍”，解释“忍”的含义，古今含义不一致：今义是“容忍”，古义是“狠”。列举

[1] 牛钾晶.《兰亭集序》教学设计[J]. 语文教学与研究，2017（1）：126.

[2] 曹明海，赵宏亮. 教材文本资源与教学内容的确定[J]. 语文建设，2008（10）：4.

许多课外的例子，而这些例子与语文文本知识没有太多联系，其中列举“季氏八佾舞于庭”的例子，这句话出自论语，提出八人为一佾的文学常识。然后才回归文本内容，教师提出问题：“《烛之武退秦师》这篇文章写了哪些人和事？被劝（第二段）可不可以不要（学生没有思考时间也没有回答过程）？”最后教师还给学生推荐两本书——《如何阅读一本书》和《真理与方法》，让学生课后阅读。该教师提的两个问题是非常好的，古代记叙性文言文主要记叙人和事，因此该教师抓住人和事两个要素是值得肯定的。但是这篇文章的言语智慧没有被突出，该教师引入过多的课外知识到课堂，没有对文本内容进行详细的分析解读，笔者听了很久才反应过来，这堂课讲的是《烛之武退秦师》这篇课文。上完这堂课后，笔者也观察到旁边坐着的学生的书上是干净的，没有多少笔记。

（三）教学内容选择没有认清文本价值

王教授在《听王荣生教授评课》一书中叙述“不知道教什么，是语文教师备课的最大困扰；不知道教了什么，是语文教师课后的普遍感受”。[1]教师拿到一篇文章不知道教什么内容，是因为没有抓住这篇课文的内在价值，也就是这篇文章最关键的内容。一篇文言文的知识点是纷繁多样的，包括作者、写作背景、字音、字义、词义、文体特点、语法、修辞、逻辑（结构安排）、文化等内容，面对如此多的知识点，在教学时间有限的情况下，哪些内容成为教学内容需要教师自己选择。在选择的过程中出现了偏差，一些教师认为只要教课文文本上的内容就不会有问题，于是将文本中的内容不加选择便呈现在教学课堂中，造成课堂教学内容又多又杂。一节课 40 分钟左右却有十多二十个知识点，学生接收到的知识就比较杂乱。《学记》中有这样一句话——“杂施而不孙，则坏乱而不修”，也就是说，教学如果杂乱无章，就会陷入混乱，得不到成效。另外，有些教师未关注到文言文的类型，使得不同类型、不同单元的文言文教学内容相似。笔者在实习期间听了二十多节教学文言文的课，对文言文教学选择的内容大同小异的现象深有体会。

（四）教学内容选择唯高考命题是从

高考试题是根据高中语文课程标准（实验）设定的，以检测学生达成课程目标的情况，属于一种量性评价。一部分高中教师反映文言文教学应该以应付高考为最终目的，高考文言文阅读试题的题型主要有断句、翻译、文化常识以及内容概括分析。教师针对高考的要求在教学中进行逐字逐句的翻译，有些教师反映一篇文章需要用几节课的时间翻译课文，显而易见，教师选择教学内容会偏向于“言”，在“文”的方面选择的内容较少。查阅文献可知，延边大学朱士震[2]对沈阳市第 120 中学有关文言文教学

[1] 王荣生．听王荣生教授评课[M]．上海：华东师范大学出版社，2007：16．

[2] 朱士震．沈阳市第 120 中学文言文教学现状调查与分析[D]．延边：延边大学，2016：13．

现状的调查显示，半数以上的教师在文言文教学中，大部分时间都在讲解字词句翻译、语法知识，而分析文章主旨、语言、结构所花的时间较少。陕西师范大学程梦[1]针对教师群体进行访谈，访谈的结果就是大部分的教师认为应当将重点字词句、特殊句式等知识作为文言文教学的重点内容。可见教师教学文言文是依照“高考考什么就教什么、怎么考就怎么教”的原则，这样的教学方式会将文言文教学变得枯燥乏味，并且这样教学的目的也仅仅停留在积累文言文的字词、语法、句式上，在言语形式的运用上没有太多的涉及，最后培养的是学生的应试能力。例如，《鸿门宴》中刘邦赴鸿门宴见项羽时说“今者有小人之言，令将军与臣有郤”，这句看似简单的话却透露着刘邦的狡猾。刘邦本来是去给项羽道歉的，但是他却把罪责推脱到小人头上。如果教师只是翻译字面上的含义，不做进一步的阐释，学生便无法感受到作者写这句话背后的用意。学习文言不仅要获得文字本身的内容，更要明白文字背后蕴藏的深刻含义，这样学生才会获得更多精彩的内容，日积月累，学生的语感也会不断增强。

二、文言文教学内容选择问题分析

文言文教学存在教学内容选择目标不明确、教学内容未完全领会编者意图、没有认清文本价值以及唯高考命题是从等问题，这些问题出现的共同原因之一就是教学内容的选择路径不够恰当，教师过于专注于某一种路径，而将其他路径忽略。

文言文教学内容选择目标不明确的原因是教师不明确文言文课程目标和课程内容，课程目标和课程内容决定教学目标，教学目标的实现才能使课程目标实现，两者有着紧密的联系。一方面，由于高中课标（实验）中的课程内容和课程目标具有一定的概括性，在课程内容转化成教材内容的过程中会出现理解上的偏差，教师无法得到清晰明确的课程内容，从而难以将课程目标分解到每册书的教学目标中。另一方面，教材内容转化成教学内容的过程中需要基于学情，教师仅凭经验判断学情，并没有采用其他的方式了解学情。

教学内容的选择需要领会教材的编辑意图，这样才能使文言文教学内容的选择更加合理。上文中教学《烛之武退秦师》的教师没有很好地利用教材，课堂上只是单纯地提出两个问题，并且没有让学生思考回答，导致这堂课基本上是教师的“一言堂”。讲解古代文言知识和文化知识，与课本上的内容没有太多的联系，对文本中重点的字词没有点拨。助读系统、作业系统有明确的指示，但是在该教师的这堂课中都没有得到体现，教学内容也没有设计文本中常见的、重要的字词，很明显该教师没有充分利用教材中的助读系统、作业系统等，没有领会编者真正的用意。据笔者了解，这位教师是一位学识渊博的学者，在这堂课上偏向于讲解自己所擅长的知识，没有基于教材上的内容拓展教学内容。教学需要“教教材”，同时也需要“用教材”，教师应当传授课本中有价值的内容，同时也要注意利用教材编辑意图选择教学内容。

[1] 程梦．高中语文文言文教学现状调查及教学策略探究[D]．西安：陕西师范大学，2013：19．

王荣生教授认为教学内容要少而精，所以文言文教学内容的选择必须选取文本中最重要、最核心的内容。文言文文本的知识内容包括字词句篇、语法、修辞、文体等内容，因教学时间有限，不可能将文本上的所有知识逐一讲解完。每一篇文本可作不同用途，王教授分成四类——定篇、例文、样本、用件。梁玉敏认为“面对可以用作多方面教学凭借的选文，事无巨细，面面俱到，眉毛胡子一把抓，是语文教学之大忌。要通过深入研读，运用删减、拓展、深挖、整合等手段，对教学内容进行处理，删选所需要的信息和材料，以此作为教学的内容”[1]。所以要选取最要紧的、具有独特性的文本内容作为教学内容。文本内容最要紧之处就是文体，王教授提出根据文本体式确定教学内容，可见文体是文本内容的核心，并且不同的文体决定不同的语言特点、不同的组材特点、不同的选材特点。编者将文言文分成 5 个单元，每个单元都有各自的特点，如记体文主要是记叙一件事情，重点分析叙事的艺术；传体文的重点在于表现人物形象性格，要着重抓住刻画人物的手法；议体文的重点在于阐述某种观点或者说明某一道理；抒体文的重点是以抒情的方式传达作者真挚的情感。

高考试题能检测学生完成课程目标的情况，教师在教学中需要将它作为选择文言文教学内容的依据。依据高考试题选择教学内容并不代表不需要考虑其他的因素，教师对高考试题要有一个清晰的认识，不能只教高考试题中涉及的内容，而高考未涉及的内容就不需要教。教师应当透过高考题型考查未涉及的内容是否能对学生产生积极的影响，有利于学生发展的内容应当引进课堂，不应该只停留在高考试题上。实践证明，学习记忆层面的字词含义不能引起学生的学习兴趣，而且教学效果不佳。因此，教师选择教学内容要注意全面，不能只顾及一个方面，而忽略其他因素的影响。

从以上几个文言文教学内容选择出现的问题分析得出，文言文教学内容的选择应当参考多种路径，综合各种路径的启示选择适宜的文言文教学内容。

第二节　文言文教学内容选择路径

语文课程标准目标是语文教学内容选择的“指南针”，指引着教学内容选择的方向；是语文教学活动的“标准杆”；是语文教科书和语文教学教师用书编写、考试命题的根本依据；同时也蕴涵着课程与教学内容。所以教师需认真仔细研读课标中关于文言文的课程目标和课程内容的部分，通过普通高中语文课程标准（实验）对文言文教学内容的指引选择教学内容。

[1] 梁玉敏．语文教学设计理论与实践[M]．成都：四川大学出版社，2013：175．

一、语文课程标准的指引

（一）语文课程标准概说

1. 语文课程标准的内涵

“语文课程标准是我国教育部门对语文课程的性质、教学目标和内容框架的质的规定性，它指出了语文教学的基本原则和评价建议，并针对不同内容有针对性地提出了学生在语文学习的三维目标等缩影达到的基本要求。”[1]这是研究语文课标方面的学者提出的概念。

普通高中语文课程标准（实验）[后文简称高中语文课标（实验）]主要包括前言、课程目标和实施建议三个部分。第一部分前言包括课程性质、课程的基本理念、课程设计思路。语文课程性质说明语文课程的基本特点以及语文课程所要培养的能力。语文课程的基本特点是工具性和人文性的统一，“工具性”体现在能准确理解和运用祖国的语言文字，使用语言表达个人情感，是一种情感表达的工具；“人文性”体现在语文课程对学生思想情感产生的潜移默化的影响。在文言文教学中要注意工具性和人文性的结合，将“言”“文”融合在一起，不能只顾“文”而不顾“言”或者只顾“言”而不顾“文”。黄厚江老师也认为文言文教学有必要将文言、文章、文学、文化四个方面的内容进行自然的融合，实现“言”“文”统一。高中语文课标（实验）的基本理念主要在于培养学生的语文素养，尤其注重语文应用、审美与探究能力的培养，还要求建立开放有序的语文课程。教师在进行文言文教学时，应将这些基本理念融入课堂教学中，促进学生的全面发展。第二部分课程目标是高中生学习语文这门课程所要达到的目标，课程目标从积累·整合、感受·鉴赏、思考·领悟、应用·拓展、发现·创新 5 个方面提出，具体通过必修课程目标和选修课程目标展开，必修课程主要包括阅读与鉴赏、表达与交流两个部分，而选修课程设计诗歌与散文、小说与戏剧、新闻与传记、语言文字应用、文化论著研读五个系列。第三部分实施建议，说明语文教学具体应该怎样教的问题，包括 4 个部分的建议，即教学建议、评价建议、教科书编写建议、课程资源的利用与开发建议，其中教学建议和评价建议都提出了一些文言文教学内容选择的方向。

2. 语文课程标准的特点

高中语文课标（实验）的课程目标和课程内容相比于义务教育语文课标（2011 版）的课程目标和课程内容具有不明确性，且难度更大。义务教育语文课标（2011 版）分成 4 个学段的目标和内容，即第一学段（1 ~ 2 年级）、第二学段（3 ~ 4 年级）、第三学段（5 ~ 6 年级）、第四学段（7 ~ 9 年级）。每一个阶段都有清晰的课程目标和课程内容，如 2011 版义务课标中关于文言文的课程目标和内容：①“能借助工具书阅读浅易文言

[1] 陈秀玲等．中学语文课程标准与教材分析[M]．北京：科学出版社，2016：16．

文。背诵优秀诗文 240 篇（段）”[1]；②“诵读古代诗词，阅读浅易文言文，能借助注释和工具书理解基本内容。注重积累、感悟、运用，提高自己的欣赏品味。背诵优秀诗文 80 篇。据附录，其中文言文占 21 篇。”[2]义务教育课标（2011 版）的课程目标和课程内容展现得比较明确具体，说明需要背诵的 240 篇诗文以及在附录部分罗列 21 篇需要学习的文言文篇目。从“浅易”“基本内容”这些关键词可以看出义务课标对初中阶段的文言文学习目标要求不高。高中语文课标（实验）相比于义务教育语文课标（2011 版）就没有那么清晰明确，且难度增加。如“阅读浅易文言文，能借助注释和工具书，理解词句含义，读懂文章内容。了解并梳理常见的文言实词、文言虚词、文言句式的意义或用法，注重在阅读实践中举一反三。诵读古代诗词和文言文，背诵一定数量的名篇”[3]。从高中语文课标（实验）中展现的课程目标和课程内容可以看出，高中语文课标（实验）比较含混地表达了高中阶段应该达到的课程目标和课程内容，初中阅读浅易文言文，高中仍然是阅读浅易文言文，表达比较含糊其词，附录部分也并没有明确背诵文言文篇目的数量，在“教什么”和“学什么”方面没有明确清晰的表达。正因为如此，文言文教学内容选择才出现目标不明确的问题。

（二）课标对文言文教学内容选择的指引

高中语文课标（实验）虽然没有明确表达出文言文教学“教什么”“学什么”，但是它仍然发挥着一定的指引作用，教师须依据课程标准的指引思考文言文教学应该教什么，学生应该学什么。下面是高中语文课标（实验）中涉及的文言文内容的部分：

①“学习中国古代优秀作品，体会其中蕴涵的中华民族精神，为形成一定的传统文化底蕴奠定基础。学习从历史角度理解古代作品的内容价值，从中汲取民族智慧；用现代观念审视作品，评价其积极意义与历史局限。”[4]

②“阅读浅易文言文，能借助注释和工具书，理解词句含义，读懂文章内容。了解并梳理常见的文言实词、文言虚词、文言句式的意义或用法，注重在阅读实践中举一反三。诵读古代诗词和文言文，背诵一定数量的名篇。”[5]

③“古代诗文的阅读，应指导学生学会使用有关工具书，自行解决阅读中的障碍。文言常识的教学要少而精，重在提高学生阅读古诗文的能力。要求学生精读一定数量的优秀古代散文和诗词曲作品，教师应激发学生诵读的兴趣，培养学生诵读的习惯。”[6]

④“文言文阅读的评价，重点考察阅读不太艰深的文言文的能力。还要注意考察学生能否了解文化背景，感受中华文化精神，用历史眼光和现代观念审视作品的内容

[1] 中华人民共和国教育部．义务教育语文课程标准（2011 年版）[S]．北京：北京师范大学出版社，2012：7．
[2] 中华人民共和国教育部．义务教育语文课程标准（2011 年版）[S]．北京：北京师范大学出版社，2012：16．
[3] 中华人民共和国教育部．普通高中语文课程标准（实验）[S]．北京：人民教育出版社，2012：8．
[4] 中华人民共和国教育部．普通高中语文课程标准（实验）[S]．北京：人民教育出版社，2012：8．
[5] 中华人民共和国教育部．普通高中语文课程标准（实验）[S]．北京：人民教育出版社，2012：8．
[6] 中华人民共和国教育部．普通高中语文课程标准（实验）[S]．北京：人民教育出版社，2012：16．

和思想倾向。”[1]

以上是高中语文课标（实验）中关于“文言文教学”的条目，①②是属于课程目标，课程目标对文言文教学内容选择有直接影响，课程目标决定教学目标，教学目标直接规定教学内容的选择，所以教学内容选择要依据课程目标的指引。高中语文课标（实验）强调文言文教学需要达到的目标：形成一定的文化底蕴；理解古代作品的内容价值；理解词句含义；读懂文章内容；了解梳理常见的文言实词、虚词、特殊句式，能举一反三，背诵一定数量的文言文，分别从文化、文章内容价值、文言三个方面提出文言文学习的目标，指引着教师从这三个方面选择教学内容。③是教学建议，提出文言文怎样教学的问题。首先，引导学生自主运用工具书学习文言文，疏通文中的字词障碍。其次，文言常识的选择要精简，不能繁多。再次，教给学生阅读文言文的方法，俗话说：“授人以鱼不如授人以渔”，并不是所有的文言文都需要精读，选择其中一部分精读即可，具体的精读篇目由教师选定，根据学生的情况，采取“浅文深教，深文浅教”的原则。最后，多诵读文言文。“因声求气”就是通过多次诵读体会作者“言志载道”之处。④是关于“文言文教学”评价，考查学生学习篇幅短、文字障碍较少、结构层次清晰的文言文的能力；考查学生是否具备一定的文化背景知识；考查学生能否用历史的眼光和现在的观念去评价作品的思想以及作者。从教学评价方面能得到教学内容选择的指引。

高中语文课标（实验）既有一定的不明确性，也有一定的指向性。为了提高语文教学的质量，在高中语文课标（实验）的基础上出版了 2017 版普通高中语文课程标准，2017 版高中语文课标对文言文的要求更高，内容比重增加，内容设置更加全面，所以文言文教学内容选择能从中获取一些更明确的指向。2017 版高中语文课标关于“文言文”的课程目标和内容主要集中在“中华传统文化经典研习”的学习任务群中，具体的学习目标和内容如下：“① 选择中国文化史上不同时期、不同类型的一些代表性作品进行精读，体会其精神内涵、审美追求和文化价值。② 在特定的社会文化场景中考查传统文化经典作品，以客观、科学、礼敬的态度，认识作品对中国文化发展的贡献。③ 梳理所学作品中常见的文言实词、虚词、特殊句式和文化常识，注意古今语言的异同。④ 阅读作品应写出内容提要和阅读感受。选择一部（篇）作品，从一个或多个角度讨论分析，撰写评论。⑤ 学习传统文化经典作品的表达艺术，提高自己的写作水平。”[2] 相较于高中语文课标（实验），2017 版高中语文课标的课程内容显得更加详细具体，教师可以从中获取更明确的文言文教学内容，①是一个总体的目标，精读一篇文章要感悟作品的“精神元素”“审美元素”“文化元素”，②③④⑤分别从文化、语言、思维、审美等方面叙述学习文言文的内容。

[1] 中华人民共和国教育部．普通高中语文课程标准（实验）[S]．北京：人民教育出版社，2012：23．

[2] 中华人民共和国教育部．普通高中语文课程标准（2017 年版）[S]．北京：人民教育出版社，2018：21．

（三）课标中文言文教学内容选择解读

文言文教学内容选择应当依据课标中的课程目标和课程内容，课程目标包括知识与能力目标、情感目标。能力目标和情感目标是不具体、不明确的目标，对学生具体学习的内容指引不明确，因此教师要把课程目标细化，分解到每册书、每个单元、每篇课文，目前学术界研究教学内容选择比较权威的专家是王荣生教授等人。

1. 文言文教学内容的理论分解

语文课程目标主要包括人文素养和语文能力两个方面的内容，这两个方面的内容不能直接呈现教学内容，教师需将课标目标内容化、课程内容教材化、教材内容教学化，通过这样层层分解得到适宜的教学内容，文言文教学内容也是如此。课程目标具体表现在课程内容中，课程内容通过语文教材呈现，教材内容再转化成具体的教学内容。这里主要研究课程内容教材化和教材内容教学化。

（1）课程内容教材化

语文课程内容是为实现课程目标而设定的内容，包括语文课程中学生所需要掌握的陈述性和程序性知识，语文教材内容体现了课程内容以及语文课程价值，包括课堂内外师生共使用的教学材料。[1]课程内容需要通过教材内容这个载体具体呈现，才能将课程目标落实到教学当中。对“课程内容教材化”，王荣生教授做出的解释是：对“一般应该教什么”和“通常可以用什么去教”有切实性和建设性的回答，使得语文课程内容通过各种途径得以具体地显现。[2]高中语文课标（实验）中提及的文言文课程内容应当具体分解落实到 17 篇高中文言文教材中。

在课程内容方面，王荣生教授提出语文教材选文的四种功能类型，即“定篇”“例文”“样本”“用件”。“定篇”是语文课程内容之一，具体指的是“在语文课程中必须研习的文化、文学的经典作品”。[3]“例文”是指“为相对外在于它的关于诗文和读写诗文的事实、概念、原理等服务的”。[4]“样本”不同，课程内容也不同；对于不同的学情，学习的“样本”内容也不相同。“用件”指的是“‘用’这一篇文章里的内容，或者由选文中的内容触发，去从事一些与该选文相关的语文学习活动。[4]不同类型的选文所选的教学内容不同。如将选文作为“定篇”，教学内容选择就是选文的方方面面，包括“字、词、句、篇、语、修、逻、文、材、旨、情、技”等语文知识，这就需要彻底理解选文。如将选文作为“例文”，选择的教学内容就是选文的一部分，主要看给学生示例怎样的学习内容，比如听说读写技能的某一方面。如将选文当成“样本”或“用件”，所选的教学内容自然而然也不相同，关键在于教师选取选文哪一方面的功能。例如，苏轼的《赤壁赋》，既可以将它作为定篇，学习这篇文章的文言字词、特殊句式、

[1] 张悦群．课程内容 教材内容 教学内容[J]．语文教学通讯，2015（5）：37．

[2] 王荣生．语文教学内容重构[M]．上海：上海教育出版社，2007：9．

[3] 王荣生．语文课程论基础[M]．上海：上海教育出版社，2003：37．

[4] 王荣生．听王荣生教授评课[M]．上海：华东师范大学出版社，2007：47．

"赋"体的特点、写景叙事抒情议理融为一体的写作手法、严谨的结构布局、排比对偶的表达方式、作者的情感变化以及感悟的人生哲理等，学习这篇文章各方面的知识。也可以将它作为例文，学习多种表达方式于一体的写作手法，将知识讲通讲透，再让学生加以练习，融会贯通，传授写作技巧。教师在选择选文的功能时需考虑学生的情况，因此还需将"教材内容教学化"。

（2）教材内容教学化

教材内容教学化实质上是将"可以用什么去教"转化成"实际上最好用什么去教"。即基于教材内容，根据学情对教材内容进行方法上的处理，将教材内容"教学化"。王荣生教授对"教学化"做出的解释，就是形成可操作的教学设计，设计一个知识点的教学步骤并且将一堂课的几个教学点连贯起来。[1]即选择适宜的教学内容以及将教学内容合理组织安排的过程。教学内容是将教材内容细致化、微观化的过程，王教授认为语文教学内容包括教师在教学中对现成材料内容的沿用，也包括教师对课程内容、教材内容的选择创生。[2]教学内容在教材内容基础上进行删减，拓展延伸，首先就要求教师对教材文本进行解读，解读文本是教学内容选择的一个关键环节。为了防止教师采取不适宜的解读方式，王荣生教授又提出依据文本体式阅读文本，确定教学内容。不同的文本体式重点关注的内容有所不同，小说、散文应关注的内容不同。根据文本体式阅读文本就是从一类文本共有的特点出发，分析这类文本中某一篇课文的内容，然后与同一类文本的其他课文进行对比，寻找这篇课文的独特之处。17 篇文言文分成 5 个单元，每个单元都有其共同的特点，并且在每一篇具体的文本中又有其独特的地方。

其次，教材内容教学化的另一个重要影响因素是学情，学生是教学的主体，教学内容的最终确定取决于学情。梁玉敏老师也认同教学内容选择要根据学情的观点，她提出了"教师只有深入细致地分析学情，充分地认识学生、了解学生，才能保证教学目标的确定、教学内容的选择、教学方法的运用……"[3]所以根据学情的需要对教材内容删减、重组、拓展延伸，删减教材内容中学生之前已经学习过的内容，提炼教材内容中最核心的部分，并且结合不同学生的需要拓展课外的学习资源，将文本内容与生活相结合。教师要了解学生已有的知识经验、生活经验，从学生已有的知识经验出发，建立学生内在与文本内容的联系，将教学内容设定在学生的最近发展区内，激发学生学习的兴趣。

2. 文言文教学内容理论分解的启迪

课程内容教材化和教材内容教学化，这种教学内容的分解理论是一个理想化的过程。从理论上分析，这种方法确实可行，课程目标通过课程内容展现出来，而课程内容又可以通过教材这个载体将课程目标传达到教学内容中，教学内容基于教材内容和

[1] 王荣生．语文教学内容重构[M]．上海：上海教育出版社，2007：1．
[2] 王荣生．语文教学内容重构[M]．上海：上海教育出版社，2007：12．
[3] 梁玉敏．语文教学设计理论与实践[M]．四川：四川大学出版社，2013：75．

学情最终确定下来。但是这种层层分解的理论在教学实践中难以操作。首先，高中语文课标（实验）明确提出“文言文教学”的课程目标，但是缺少课程专家对其进行解读，无法将文言文教学的课程目标和课程内容具体分布在每一册书中，使得教师变成“课程专家”的角色，教师需要仔细研读课程目标和课程内容，将课程目标分解到每一册书中。又因缺少教材专家对教材的解读，教师又必须解读教材，由于每个教师的知识经验、生活阅历不同，解读的内容也不尽相同。其次，在教材内容教学化的过程中，教师容易将教材内容等同于教学内容，把文本解读的内容直接设定为教学内容，于是出现“教教材”的问题。最后，文言文教学内容选择不仅仅需要考虑教材和学情的因素，还要考虑教师自身的素养能力、高考试题等方面的影响。因此，层层分解理论在教学实践中操作起来就比较困难，特别是对于教师素质要求特别高。

在课程内容方面，王荣生教授提出选文的四种功能类型，即“定篇”“例文”“样本”“用件”，为教学内容选择指引一定的方向，但仍不够明确。笔者曾咨询过一线教师，很多教师都没有听说过这四个概念，更不用说将哪些文言文作为“定篇”，哪些文言文又可以作为“例文”“样本”“用件”。王荣生教授也没有提供一个大致的分类标准，使得选文的功能类型分类无法进行。在文本解读方面，王荣生教授提出依据文本体式确定教学内容，并没有说明针对哪一个年级。相对而言，这种确定教学内容的方式比较适合初高中，小学阶段主要是学习字词句，还没有到学习文本体式这一层面。文本体式确定教学内容主要是针对阅读教学，可能不涉及写作、口语交际、综合实践的内容。对文言文而言，王荣生教授并没有说明文言文教学内容选择是按照古代文体分类标准还是现今的分类方式。古人写作是十分重视文体的，因而古代文体种类繁多，没有统一的划分标准，并且古代文体与现代文体有所区别，所以有些难以操作。根据学情选择教学内容，并未明确是学生已具有的知识经验、生活经验（静态的学情）还是教学过程中学生的情况（动态的学情）。

教学内容分解理论以及王教授提出的教学内容选择的理论都具有一定的高度，能为文言文教学内容选择指引一定的方向，但在教学实践中难以操作、落实，所以教学内容选择仍需要参照其他的路径，使得教学内容选择更加合理、适宜。

二、语文教材系统的指示

语文教材是教师教学内容选择的第一手资料，包含着教材编者的设计意图。叶圣陶说，教学必须从课本入手。可见教学内容选择离不开对教材中结构系统的研究，语文教材结构系统对教学内容选择有所提示。语文教材结构系统包括助读系统、作业系统、文本系统和知识系统。本论文主要对助读系统、作业系统和教参系统进行研讨。

（一）助读系统的指向

助读系统是语文教材结构的组成部分之一，其中蕴含着编者的设计意图，是教学内容选择的一条路径，仔细研读助读系统中的内容以便了解编者意图，从而分析助读系统对教学内容选择有何指向。

1. 助读系统概说

所谓助读系统，顾名思义就是帮助教师教学和学生学习的系统。顾黄初老师认为助读系统“其实质性内容就是对学习要求、重点和方法的提示，对某些疑难问题的诠释，对相关资料的引述，等等”[1]。说明助读系统中的内容的确对文言文教学内容选择有一些明确的指向。

人教版教材的助读系统包括编辑说明、单元导读、课下注释、资料链接四个部分。第一部分编辑说明就是致同学们的一段话，说明了这本书包括的具体内容，指明哪些部分是学生可以自主学习的，哪些部分是教师应该教学的内容。第二部分单元导读介绍本单元学习的内容是什么，单元内的几篇课文具体叙述的内容，提出一些教学提示和教学注意点。例如，必修四古代人物传记单元的单元导读：“读懂课文的基础上结合时代背景，把握人物闪光之处，体会作者对笔下人物的感情倾向，注意多样的叙事写人手法等。”[2]可见单元导读明确了本单元要学习的重点内容，指明教师应当选择的重点内容。第三部分课下注释包括作品介绍、人名、地名、专业术语的解释及疑难生字的读音和解释、古今含义差异大的词句（针对文言文）、文学文化常识等，指明了师生需要注意的内容。课下注释有利于帮助内在驱动下主动学习的学生，帮助他们独立阅读文本，感知文本内容，同时需要教师仔细研读课下注释，对其中的内容进行筛选、补充，挑选重要的内容。第四部分资料链接主要以课外知识为主，但是与文本的内容是息息相关的，是一种辅助性阅读。例如，《陈情表》这篇课文的资料链接就是采用《孝经》中的部分内容，它与课文所表达的亲情是息息相关的。这篇文章的资料链接对学生而言，是帮助他们扩展知识视野；对教师而言，可以提示教师关注作者所表达的真挚情感。

2. 利用助读系统的指向选择教学内容

助读系统在教学内容选择方面充当着重要的角色，对教学重点内容的选择有一定的指向作用。但教师在预设教学内容时没有利用好助读系统的指向，导致教学内容选择出现问题。教师要充分利用助读系统，根据助读系统的指向选择教学内容。

以《烛之武退秦师》为例，必修一第二单元的单元导读说明“这个单元学习古代记叙散文……又可以欣赏和借鉴叙事的艺术。文言叙事特有一种简洁之美……还要学习提要钩玄的阅读方法，学会抓住关键词语，概述文章的叙事脉络……”[3]。单元导读指向如下一些内容：学习这个单元，要学习叙事的艺术和语言的艺术性，概括文章的脉络以及学习作品中人物高尚的品德。编者从知识内容、能力内容、情感内容三个方面说明本单元内教学内容选择的方向。

[1] 顾黄初，顾振彪．语文课程与语文教材[M]．北京：社会科学文献出版社，2001：75．
[2] 人民教育出版社等．普通高中课程标准实验教材语文必修 4[Z]．北京：人民教育出版社，2007：54．
[3] 人民教育出版社等．普通高中课程标准实验教材语文必修 1[Z]．北京：人民教育出版社，2007：15．

课下注释包括《左传》的文学常识，“晋侯”“秦伯”“子”“执事”等文化常识，还包括实词和虚词、特殊句式等文言知识，如“以其无理于晋”“贰于楚”“晋军函陵”“若”“辞”“臣之壮也”“缒”“越国以鄙远”“焉用亡郑以陪邻”“军”“已”“鄙”“邻之厚，君之薄”“陪”“东道主”“行李”“共”“尝”“朝”“封”“肆”“焉”“之”“微”等。[1]课下注释明确选文的出处，便于教师查阅相关的资料，研读作家作品，教师也可以将选文与原文相比对，观察文本内容是否有删减，删减的内容有时暗含着编者的意图，教师可沿着这条思路，挖掘文本的重点内容。注释中还涉及一些古代文化常识，需要分类整理，形成知识框架。注释中的词语很多，教师没有必要进行一一讲解，挑选一些重要的、关键性的词语，了解其基本含义，并了解其背后蕴含的文学、文化内涵。例如，注释中的“军”，本身是名词，在句子中活用作动词，解释为驻军的意思。教师不能只看注释上的含义，还需要思考其他的含义，如“军队”等意义。这样学生才能举一反三，集中积累词语的含义，比单纯地教这一知识点更恰当。注释中没有的且学生不知道的内容教师必须进行补充。例如，“何厌之有”中“之”字的用法，无实义，用于主语谓语之间取消句子独立性。学生往往不能理解什么是主谓之间取消句子独立性，教师不能因为注释中没有就不讲解。

示例：

根据单元导读和课下注释的指向，《烛之武退秦师》教学内容选择方向如下：

① 诵读课文，结合注释梳理课文内容，概述本文的故事情节，并用四字短语概括各段大意（根据单元导读“抓住关键词语，概述文章的叙事脉络”的指向）。重点关注如下词句：“贰”“军”“鄙”“说”“肆”“武”“以其无礼于晋”“臣之壮也”“东道主”“邻之厚，君之薄”等。

② 分析文章第三段，烛之武如何劝说秦王，分析烛之武劝说的艺术。（根据单元导读中“叙事的艺术”的指示）

③ 找出描写烛之武的句子，分析叙述的语言特点，进而分析烛之武形象。（“领略古人的才华和品德”的提示）

以上是单元导读和课下注释对教学内容选择的指向，教师可以根据单元导读和课下注释的指示选择教学的重点内容，助读系统指向的教学内容也可以参照其他路径所选的教学内容，确保教学内容选择的适宜性。

笔者选取李朝老师的《烛之武退秦师》教学设计[2]，分析李老师的教学设计是否根据助读系统的指向。教学设计具体内容如下：

问题一：

① 理解“以乱易整，不武”这句话，以及“武”的其他含义。

② “武”本意是“用武力”，后来引申解释为达到和平为“武”，为什么动用武力

[1] 人民教育出版社等．普通高中课程标准实验教材语文必修 1[Z]．北京：人民教育出版社，2007：16．
[2] 李朝．《烛之武退秦师》教学设计[J]．中学语文教学，2016（8）：50-51．

不算“武”，和平才算勇武这样相反的道理呢？

③ 你们能从先秦时期的作品中，找出有这种思维特点的例子吗？

问题二：

在“武”含义的反差中，如何理解作品中的人物形象。从“武”的文化内涵来理解郑伯、秦穆公、晋文公、烛之武的人物形象。

问题三：

从“勇武”角度，你能否分析烛之武的军事谋略。

李老师这篇教学设计体现出“言”“文”结合的特点，通过因言悟文的方式学习文言文，打破“言”“文”分离的现状。借助注释，不仅学习“武”的表层含义，而且思考“武”的其他含义，同时分析文中人物的形象。从某种角度上来看，李老师利用了助读系统的指向选择教学内容。但是李老师设计的有些内容是有待商榷的，他单从“武”字的文化内涵来理解人物的形象，难免放大“武”的作用。单元导读部分指明“欣赏和借鉴叙事的艺术”这一知识点，李老师没有据此进行设计，或许加入这部分的内容教学效果会更好。

三、作业系统的指定

作业系统渗透着高中语文课标（实验）的要求，是根据编者对课标的理解而设定的。包剑新认为作业系统对教学内容选择是最重要的，因为它既与具体的文本直接联系，又与教材编写者联系，是构架课程内容与文章的桥梁，练习系统是课程内容转化成教学内容的关键[1]，可见作业系统对教学内容选择有直接指定的作用。

（一）作业系统概说

刘淼在《当代语文教育学》中叙述“语文教材的作业系统是根据语文课程标准，语文教学大纲或语文教学需要编写或制作的用于教学或者教学有关的材料，它是构成语文教学活动的重要因素，是语文教学内容的载体，是教师教与学生学之间的纽带，具有自己的特点和功能”[2]。所以作业系统直接体现着教学内容。

作业系统不仅包括课本中的研讨与练习，还包括教学中学生统一使用的练习册。首先，分析 5 本教科书中研讨与练习的内容特点。从题量上看，所设置的题量不多，包括 3 ~ 4 个题目，作业系统的题目简明精要，方便学生的学习，同时有利于教学重点内容的确定。从设置题目的内容看，有语言特点的分析、文章内容的理解、文学鉴赏、对课文或其作者主观的评价看法等几种题型，可看出编者大多是从四个能力层次设题的，包括识记、理解、分析综合、鉴赏评价四个层面，设置题目的难度逐渐增加。从设题的顺序上看，题目的设置以整体—局部—整体的顺序呈现，编者一般将文章内容

[1] 包建新．语文教学设计与案例分析[M]．杭州：浙江大学出版社，2010：65．

[2] 刘淼．当代语文教育学[M]．北京：高等教育出版社，2005：46．

理解放置在第一题，第二题是文学鉴赏（针对文章内容局部分析），第三题是语言特点分析，第四题是主观题，即谈谈对问题的评价。编者设题比较全面，考查了学生多个方面的能力，并且设题有一定的梯度、难度，为教师选择教学内容的重点指明方向。其次，再来分析学生统一使用的练习册。笔者所实习的高中，学生统一使用的练习册是高中同步学考《优化设计》，包含课前篇-自主预习、课堂篇-探究学习、课后篇-巩固提升三个部分。课前篇-自主预习包括作者及作品介绍、文学常识、文言基础知识等，有利于学生提前预习课文内容，增强自主学习的能力，也有利于教师根据学生预习的情况预设教学内容的难点。课堂篇-探究学习包括整体感知内容、细节揣摩、重难点探究几个部分，也是从内容的整体到局部探究。课后篇-巩固提升就是习题练习，从学生的练习情况可反馈教学内容选择是否恰当，学生掌握知识的程度，以便再一次调整教学内容。因此教师可根据学生做练习的反馈情况，有针对性地选择教学内容，这样就有利于确定教学内容的难点。

（二）利用作业系统的指定选择教学内容

尽管有研究者发现作业系统设置的并不是尽善尽美，但是作业系统有一定的价值体现，从中可以获取一些教学内容。教师仔细研读作业系统，通过作业系统的指定，在其基础上延伸拓展教学内容。例如，《鸿门宴》这篇课文，教科书中的研讨与练习部分设置了以下四个问题：

① 给每个情节拟一个小标题。

② 分析刘邦、项羽的性格特点，为什么刘邦在‘鸿门宴’中能够死里逃生。

③ “军”“目”“间”“翼”“续”“活”“王”的含义。

④ 在鸿门宴上，项羽不杀刘邦而失去天下，你认同这个看法吗？谈谈你的观点。[1]

从整体上观测，研讨与练习这四个题目设置的方向与高中语文课标（实验）提出的学习内容方向一致，从文言、文章、文学、文化四个角度预设教学内容。在文言方面，指明常见的实词“军”“目”“间”“翼”“续”“活”“王”，这些实词都具有活用现象，如“军”“目”是名词作动词，活用为“驻军”“以目示意”；“间”“翼”是名词作状语，活用为“从小路”“像鸟张开翅膀”；“续”是动词作名词，活用为“后继者”；“活”“王”是动词的使动用法，即“使……活”“使……称王”，教师在选择教学内容时需要明示这些词语。在文章方面，概括文章的情节。记体文主要描写跌宕起伏、生动活泼的情节，因此要分析故事的情节。在文学方面，主要是分析项羽和刘邦的人物形象。叙事过程往往离不开对人物的刻画，人物形象在故事情节发展过程中展现出来，因而有必要分析人物的形象特点。以上三个题目都是客观题，只有最后一个题目是主观题：项羽因在鸿门宴上不杀刘邦，使得项羽失去天下，对这一问题你怎么看？这个题目没有标准答案，属于开放性的题目，考查学生的思辨能力以及表达能力，体现语文核心

[1] 人民教育出版社等．普通高中课程标准实验教材语文必修 1[Z]．北京：人民教育出版社，2007：25．

素养中的“思维发展与提升”。研讨与练习的题目直接指明教学中需要教学的重点内容，教师可以据此确定教学的重点内容，围绕重点的内容设置问题，并与学生已有的认知建立联系，选择其他的教学内容。

笔者实习的班级恰好是高一年级，在实习过程中检查过学生的练习册。笔者发现在课前预习篇，有些词容易读错，如“不胜杯杓”中的“不”和“杓”容易读错。课本注释中有的词语学生一般不会写错，但如果不是出现在这篇文章，学生往往就容易出错。例如，“胜”这个词可以作动词，意思是禁得住，“沛公不胜杯杓”当中的“胜”就是此意；“胜”还可以作副词，“刑人如恐不胜”中的“胜”做副词，翻译成“尽”；“胜”也还可以作形容词，意思是优美的，“予观夫巴陵胜状”中的“胜”就是此意。学生往往会忘记第三种含义，类似的词还有“意”和“坐”等。练习册能勾连起学生已学的内容，补充词类活用的一些词、古今异义的词语、特殊句式等。学生对判断句和介词结构后置的句式掌握得比较好，因为这两种句式有明显的标志。学生有时无法区分宾语前置的句式，因此需要教师分析讲解。课前预习篇还指出一些文学文化常识，如“季父”“参乘”，学生可以分门别类地积累。练习册探究学习部分设置的三个任务与教科书中的研讨练习题相同：任务一，理清故事情节；任务二，分析概括人物的形象与性格；任务三，思考项羽失败的原因有哪些。

根据课本的研讨与练习以及学生练习册指定的内容，《鸿门宴》这篇课文教学内容的选取方向是：梳理概括故事的情节，概述情节的过程中落实“军”“目”“间”“翼”“续”“活”“王”等实词；分析语言的过程中将刘邦、项羽的性格特点总结出来；探讨项羽失败的原因。

笔者选取安徽砀山中学的陈清华老师为《鸿门宴》设计的教学内容，分成 3 个课时。陈老师设计的教学内容如下：

一、导入新课，板书课题

二、介绍司马迁及《史记》

三、感性阅读

① 正音释义，读懂课文内容。② 读议课文，师点拨（完成对课前预习的检查）。③ 请学生讲述鸿门宴的经过，并拟写小标题。④ 完成课后练习，指导学生积累本文的语言。

四、理性阅读

① 分析人物性格特点。（生讨论）② 学习本文人物刻画的方法。（交流归纳）③ 领悟文化。

五、个性化阅读

① 项羽是“妇人之仁”，还是“君子之度”？② 我心目中的项羽。③ 鸿门宴的故事给我们的启示。④ 如何看待杜牧“江东子弟多才俊，卷土重来未可知”和王安石“江

东子弟今犹在，肯为君王卷土来”的评价？⑤司马迁为什么以本纪的体例来写项羽？[1]

分析陈老师的教学设计可以看出，他的教学内容是根据作业系统的指定选择的，作业系统指定的内容都能在陈老师的教学设计中找到印证。例如，讲述鸿门宴的经过，并拟写小标题；分析人物性格特点；学习本文人物刻画的方法；对项羽失败原因的看法。从感性阅读到理性阅读，再到个性化阅读，层层深入文本内容，阅读层次逐步提升。陈老师在作业系统的基础上增加对作者以及作品的介绍，说说我心目中的项羽，为什么以本纪的体例写项羽，以便增加学生学习的兴趣，引发学生的思考，加强对文本的理解。作业系统指定的内容一般是教学的重点内容，教师还可以借助其他系统的指示延伸来拓展知识。

四、教参系统的指明

教参系统具有参考性的价值，一方面可以帮助教师多角度地解读文本，另一方面可以指明教学内容选择思路。

（一）教参系统概说

教参系统具体指教学参考书，“教学参考书（简称教参）是教师教学时，辅助教学的参考性书籍，它的编写是根据当前一个时期的课程标准要求，与教材内容相配套，主要从教学目标、教材分析、教学建议以及教学资源等方面，提出建议，帮助教师在教学时作为参考使用”[2]。这里对教参的定义是比较宽泛的，市面上教学参考书的种类非常多，有各种各样版本的教参，不仅有人民教育出版社出版的，还有高等教育等其他出版社出版的教学参考书。教学参考书是编者根据课程标准的要求而编定的。

这里所研讨的是由人民教育出版社出版，课程教材研究所编著的，与语文教科书配套的教师参考用书。教参主要包括单元说明、课文研讨、关于练习和教学的建议、相关资料几个部分，与课本编排顺序是一致的。教参的单元说明是对教材单元导读的详细阐述，蕴含着编者的意图，指明本单元学习的重点内容。教参研讨部分对文本内容进行整体—局部—整体的分析，并设置 1 ~ 2 个核心问题，明确具有文本价值的教学点。关于练习的部分指明研讨与练习设计的意图，以及参考答案，有些题目的答案并不是唯一的，言之有理即可，给教师提供参考的作用。教学建议主要是对教学内容和教学方法的建议，有关资料包括名家对作者的介绍和评价、对作品的赏析、原文的补录、文体的介绍等，这些资料都能帮助教师扩展知识面，根据各家所言形成个性化的解读。可见，教参提供给教师许多的参考资料，帮助教师开展教学工作，但是教师应注意，对教参指明的教学内容要有选择性。

[1] 陈清华.《鸿门宴》教学设计[J]．学语文，2011（6）：23-24．

[2] 基础教育教材建设丛书编委会．中小学教学参考书调查问卷分析[M]．北京：人民教育出版社，2006：3．

（二）利用教参系统的指明选择教学内容

教参给教师提供许多个性化的参考资料，教师要善于发现，整合有关知识，形成2～3个核心教学内容。对教参上的内容不加以选择、全盘接收就陷入“教教参”的境地。叶圣陶先生曾担忧教参使用的问题，将教参比喻成“鸦片”，这个比喻虽然有些浮夸，但有一定的道理。教师拿到一篇文本，要形成自己的阅读体验才能参考借鉴别人的解读。教师对教参上的内容要有所取舍，不能照搬照讲，在整合教参内容的基础上有所拓展、深化。

以陶渊明的《归去来兮辞》为例，教参的单元说明是对教材单元导读详细的阐述，并具体说明单元内每一篇课文抒发的情感，并指明“本单元的教学，重点应放在引导学生感受古人的真情实性和品味课文丰富多彩的语言艺术上”[1]。

课文研讨部分是对文章内容的整体把握，“序文交代本文的写作时间及背景，叙述就职的过程和辞官的原因，直抒胸臆表达自己归田之志的坚决。第2段描写初回到家时的情景。第3段再以‘归去来兮’引出描写和感叹。第4段抒发感慨”[2]。课文研讨部分还说明结构上的特点和语言方面的特点，结构安排严谨周密，语言流畅清新，音节铿锵，自然成韵，还有欧阳修等后人对文章的评价。这一部分设置两个问题：“①本文在序和第一段中都对作者辞官归隐的原因作了交代，其归隐的原因是什么？②本文的文体特点是什么？”[3]这一部分提示的内容很多，有关文章内容方面的、文章结构方面的、文章语言方面的内容，所以要精选教学内容。

练习参考答案结合教材中的练习，可以提取如下内容：①作者因对官场污浊的厌恶而辞官，归家路途中快乐又急切的心情。②中间部分作者从初进家门、居室之乐、庭院之乐、户外之乐四个方面描写归田的乐趣，表达了作者愉悦的心情。③评论作者“聊乘化已归尽，乐夫天命复奚疑”这种思想。④从思想情感和语言品味作者平淡自然、清远潇洒的写作风格。⑤品味文章中具体的语句。⑥对陶渊明归隐思想的评价。以上内容指明作者的情感变化，评价作者表达的思想，通过品味语言总结陶渊明的语言特点。

教学建议提出要诵读课文，找出文中所有押韵的字；体会文章表达的思想情感和“辞”的风格韵味，理清文章的段落、层次和感情脉络；比较阅读文本内容，从文体和思想内容等方面比较分析；弄懂并积累“来”“胡”“奚”“而”“以”等字词的意义。教学建议指明“辞”的文体特点，文体特点体现在押韵的语言上，文章的情感脉络，具体的文言字词。

有关资料包括的历代名家（苏轼、朱熹等）评陶渊明，历代名家评《归去来兮辞》

[1] 人民教育出版社等. 普通高中课程标准实验教材教师教学用书语文必修5[Z]. 北京：人民教育出版社，2007：36.

[2] 人民教育出版社等. 普通高中课程标准实验教材教师教学用书语文必修5[Z]. 北京：人民教育出版社，2007：37.

[3] 人民教育出版社等. 普通高中课程标准实验教材教师教学用书语文必修5[Z]. 北京：人民教育出版社，2007：38.

以及参考译文和吴战垒对课文的鉴赏，主要是评价陶渊明的语言。

教学参考书采用各种方式将能进入到教学课堂的内容呈现出来，包括文章的内容、结构上的内容以及语言上的内容，教师如何选择？文体的特点需要学生掌握，不同的文体，就有不同的语言表达的方式，抒发不同的情感。正因为文章文体是“辞”，所以具有押韵的特点，读起来朗朗上口。语言的表达不仅跟文体有关，还与作者的写作风格有关。本文属于抒体文，应当以古人的真情实感以及语言表达艺术为核心组织各方面的内容，可以做如下选择：

① 通过反复诵读的方式，感知内容，初步感受作者归隐后欢乐的情感。

② 分析这种文体的语言，体会作者情感的表达（让学生找出作者情感表达的语句，落实重点词句）

a. 了解作者的背景和经历，分析作者归隐的原因。

b. 了解“辞”这种文体押韵以及善于表达情感的特点。

c. 将本文与《归园田居》进行比较，总结陶渊明的语言风格。

d. 思考：“聊乘化以归尽，乐夫天命复奚疑”怎样看待作者这种乐天安命的思想？（提出自己的观点并说出理由）

五、语文文本的限定

文本对教学内容选择有一定的限定作用，因为文本本身存在一定价值，所以有必要从文本的角度选择文言文教学内容。从语文文本的角度选择教学内容主要与文体有关，文体决定语言、材料的选择以及材料的组织。

（一）依据语言特色选择文言文教学内容

莫里哀说“语言是赐予人类表达思想的工具”，语言是表达作者情思的外在形式，通过语言可以感受作者所要表达的情思哲理。生涩枯燥的语言无法充分表达作者的情感，所以语言描述要恰到好处。学习语言有利于提高学生的语言表达能力，所以教师有必要依据语言选择教学内容。欧阳代娜认为“阅读教学中适宜的教学内容要切入文本的精华、精髓，并聚焦在关键词句等核心点上”[1]。所以学习语言需要紧扣关键性词句，这些关键性的词句往往与作者的言志载道相关。王荣生教授也认同这一观点，他提出要“炼字炼句”，关注“前景化”“陌生化”的语言特点。语言是由文体决定的，不同的文体语言特点不同。

记体文中的古代山水游记类散文重点在于把握描写景物的语言、骈散结合的语言特点等。如《兰亭集序》中描写了兰亭周围的山水美景，“崇山峻岭，茂林修竹，清流急湍，映带左右”由远及近地描写兰亭景观，“修竹”“清流”透露出一种淡雅之境。

[1] 王荣生．教学艺术的落脚点是教学内容—欧阳代娜老师《岳阳楼记》研习[J]．课程·教材·教法，2007（5）：35．

继而写“天朗气清，惠风和畅，仰观宇宙之大，俯察品类之盛”，作者将自己的情感寄予其中，天气是多么晴朗，空气也是那么清新，春风温暖舒畅，展现出来的是一幅舒适的画面，王羲之简而用一个“乐”字表达内心的欢乐，通过品味写景的语言落实“咸”“修竹”“清流”等文言词语。这一句还体现出骈散结合的特点，读起来朗朗上口，给人以美的享受。又如苏轼描写赤壁的自然景色——“清风徐来，水波不兴，举酒属客……白露横江，水光接天。纵一苇之所如，凌万顷之茫然。”[1]“徐”字给人一种闲适之感，“徘徊”写月缓缓升起，“横”字体现水雾覆盖之广，“纵”字体现小船在任意飘荡，展示出一幅水雾朦胧、自由闲适的画面，教师在选择教学内容时应着重关注这几个关键词，引导学生感受语言表达之精妙。

史传文的语言主要以叙述为主，叙述性的语言能把人物形象刻画得非常生动和深刻。《荆轲刺秦王》“易水送别”一段中“太子及宾客知其事者，皆白衣冠以送之。至易水上，既祖，取道。高渐离击筑，荆轲和而歌，为变徵之声……士皆瞋目，发尽上指冠”[2]。描写太子及宾客穿着白衣服和白帽子为荆轲送行，荆轲和着节拍唱歌，发出凄凉的变徵音调，宾客流泪的情形，荆轲再次唱出“风萧萧兮易水寒，壮士一去兮不复返”，主要从视觉和听觉的角度描写，将送别的场面描写得十分生动细腻，渲染一种悲壮、凄凉的氛围。通过语言的分析带动文言词句的学习，落实“而”“为”“瞋目”等词语的含义。这一段悲壮、凄凉的场面描写也为荆轲的失败奠定感情基调，所以教师要着重对语言进行分析，抓住关键性的词句。又如《鸿门宴》这篇课文，可以通过对关键性词语的分析带动人物形象的分析。当项羽听到刘邦想要在关中称王的消息时，其表现是“大怒曰”，而刘邦听到项羽想要向他发动进攻时，表现为“大惊，曰”。两个人的语言形成鲜明的对比，项羽不经一番思考就真实表现自己的神态，没有停顿，生动体现出他直率粗疏、无谋略的形象，而刘邦的语言中有一个逗号，逗号表示短暂的停顿，“大惊”与“曰”之间加入一个逗号，说明刘邦在大脑中已经思考过这件事情才展现出这样的神态，可见刘邦的足智多谋。通过两个人物的语言对比更加深刻地凸显出项羽和刘邦两个人物不同的形象特点。浙江省衢州市的余洋洲老师也注重语言的学习，围绕“操”和“持”这两个关键词进行教学，分析这两个词在特定语境下的含义以及展现的人物智慧，让学生体会作者用字的巧妙。

议体文的语言表达严密准确，采用多样化的句式，增强文章的说服力和可信力，所以教师要特别关注其准确严密的语言特点。例如，荀子的《劝学》，首先提出中心论点“学不可以已”，接着分别从学习的意义、学习的作用、学习的方法态度三个方面论证这一观点。《过秦论》在句式上采用骈散结合的方式，显得很有气势，句式设计得十分灵动。“有席卷天下，……并吞八荒之心”[1]，展示当时秦孝公的野心勃勃，在气势上十分充沛。《师说》采用肯定句、反问句、感叹句三种句式表达，如“孰能无惑？”

[1] 人民教育出版社等．普通高中课程标准实验教材语文必修 2[Z]．北京：人民教育出版社，2007：32．
[2] 人民教育出版社等．普通高中课程标准实验教材语文必修 1[Z]．北京：人民教育出版社，2007：19．

“嗟乎！道之不传也久矣！”运用反问句和感叹句能够增强说理的感染力，强调每个人都有疑惑，每个人都应当从师。且长句和短句交互使用，加强文章的说服力和感染力。

抒体文主要用语言表达作者真挚的情感，是一种抒情语体，语言情韵丰厚。高中教材所选的四篇散文，文体不一，包括先秦到唐代的作品，具有代表性。作者运用不同的语言表达个性化情思。例如,《归去来兮辞》语言朴素自然，音节和谐，直抒胸臆，不假涂饰，李格非评价说“《归去来兮辞》沛然如肺腑中流出，殊不见有斧凿痕”。陶渊明因厌恶官场的黑暗而辞官归田，虽然文中并无只言片语涉及官场中的污浊，但“往之不谏”“迷途”“今是昨非”这些关键性词语隐晦地表达出作者对官场的厌恶；文中还写到田园生活的乐趣，看似平淡却蕴含着浓浓的情趣，古朴深远，不见斧凿之痕。《滕王阁序》的语言简练，在句式的表达上，长短相接，句子长短不一，以四六句为主，掺杂二字句、三字句。短句更有利于作者情感的表达，如“嗟乎”“呜呼”等。文中还运用大量的对偶句，字数音韵彼此相对，读起来富于美感，有诗意。《逍遥游》采用夸张的手法描写大鲲巨鹏——“鲲之大，不知其几千里也”“鹏之背，不知其几千里也；怒而飞，其翼若垂天之云”描写尽显神奇壮阔，但随即笔锋一转写鹏鸟南飞“水击三千里，抟扶摇而上者九万里”，“击”“抟”“三千里”“九万里”这些词能让人感受到意境的雄奇开阔，极富浪漫主义色彩，看似荒诞无稽，实则流露作者的真实情感。

传体文主要围绕某个人物展开描写，人物形象在一定的事例中得以充分展现，语言特点与记体文有相似之处——叙事语言生动细腻。例如,《苏武传》中生动细腻描绘苏武自刺时卫律等人的反应：卫律“惊”；常惠等人“哭”；单于“壮”苏武的气节。这些描写从侧面充分表现出苏武铮铮铁骨的硬汉子形象。在这一情节中，也能发现在这些词语的运用上蕴含着作者对苏武的钦佩之情，因此语言赋有作者的情感态度，这也是传体文一大语言特色。《张衡传》一文中作者介绍张衡“善属文”“通五经，贯六艺”“才高于世，无骄尚之情”，用心体会会发现作者的敬佩之情蕴藏在文章的语言中。作者在刻画主人公人物形象时，早已将自己的情感态度倾注于文字之中，教师教学传体文应该着重关注细腻生动的、情感化的语言。

（二）依据选材特点选择文言文教学内容

运用材料的目的是更好地表情达意，作者的思想情感必须依托于材料展现。清代刘大櫆在《论文偶记》中叙述“理不可以直指也，故即物以明理；情不可以显出也，故即事以寓情”[1]。情感思想不能直接凸现，必须借外物抒发自己的情感。陆机在《文赋》中提到古人在写作时常常担心思想情感与表现思想情感的外物不相称，文中渗透的情感无法展现。写作文章一定要注意材料的选用，学习如何选择选材，对学生的写作有很大的帮助，选材应是教学内容选择选取的一个方面。文体不同，材料的选择就

[1] 刘大櫆，吴德旋，林纾．论文偶记、初月楼古文绪论、春觉斋论文[M]．北京：人民文学版社，1959：12．

不同。

史传文主要围绕故事的情节展开，包括故事的起因、发展、高潮和结局。在同一文体下，不同的文本选择的材料不同。例如，《烛之武退秦师》与《荆轲刺秦王》的选材就不同。从文本篇幅上看，《烛之武退秦师》着重选取烛之武劝说秦王的过程，烛之武去见秦王的过程只用一句话带过。而《荆轲刺秦王》着重选取荆轲刺秦王的准备过程，目的是为荆轲行刺的失败作铺垫，产生震撼的效果。

记体文中的古代山水游记类散文主要借助山水等景物抒发内心的情感，作者通过移情于景的写作手法表达自己的情感。如《兰亭集序》一文选取兰亭周围的美景，看到美景心中极其愉悦，但也因为此良辰美景而发出人生短暂的感叹。《赤壁赋》一文描写赤壁的自然景色，如“江上的清风”“水波”“月出”“白露”等，学生由此可以展开想象。作者因游赤壁，心情由乐转悲，感慨希望得到君主的重用。这篇文章主要的意象是“水”和“月”，特级教师曹勇军老师关注到“水”和“月”两个意象，以此为切口展开教学，曹老师部分教学实录的教学内容概括如下：

① 第一节写的是东坡夜游赤壁，是围绕哪两个字来写的？哪两个字是这节反反复复都写到的？（教师换一种提问方式，夜游赤壁是围绕哪两个物象来写的？）

② 哪几句是写“月”？

③ “水光接天”“白露横江”是怎样的？

④ “纵一苇之所如，凌万顷之茫然。浩浩乎……飘飘乎”写的是什么？

曹老师的教学内容值得我们学习借鉴和思考，他紧扣“水”和“月”这两个意象，但并没有直接告诉学生文中主要选用“水”和“月”两个意象，而是让学生体会感悟文本中的语言，分析出作者主要描写哪两个景物，这是曹老师教学的高妙之处，抓住了语文教学的本质，紧扣语言。其实还可以引导学生对景象“月”进行深入分析，“月”在文中总共出现4次，其中有三次表达的情感不同：“月出于东山之上，徘徊于斗牛之间”中的“月”是现实中实实在在的月亮，此时的“月”有一种柔和之美，体现作者闲适惬意的心境；“月明星稀，乌鹊南飞”中的“月”是历史中的“月”，此时的作者凭吊古人，抒发一种苍凉之意；“客亦知乎水与月乎”中的“月”表示哲理上的“月”，借“月”阐述“变与不变”的道理，表达作者随遇而安、因缘自适的态度。

议体文主要是说明某一观点或者阐述某种道理，通常采用生活中和现实中的事例进行论证，能将深刻的道理或观点浅显化，显得通俗易懂。例如，《寡人之于国也》一文中孟子用战争的例子说明“民不加多”的原因，接着运用“谷不可胜食”“鱼鳖不可胜食”“材木不可胜用”三个排比事例说明“王道之始也”的道理，最后运用“狗彘食人食”和“途有饿莩”两个对比事例指责统治者归罪于年成的推诿。《师说》一文中列举“古之圣人，今之众人”“士大夫”“巫医百工乐师”“自己和孩子”的事例对比说明“耻学于师”的现象。

传体文在选材上注重典型性，使文章更具有说服力和表现力。传体文主要围绕某一人物展开描写。在材料选择上，选取有关这一人物的典型事例，突出人物的某一形象特点。《苏武传》中为了塑造苏武的爱国品质，作者选取苏武在匈奴宁死不降、卧雪牧羊的典型事例。《廉颇蔺相如列传》选取三个典型事例——“完璧归赵”“渑池之会”“负荆请罪”，塑造蔺相如的形象特点。在“完璧归赵”的事例中，蔺相如见秦王无意以城换璧，谎称“璧有瑕”，从秦王手中取回和氏璧，并趁秦王斋戒时将和氏璧送回赵国，体现出蔺相如足智多谋的形象。在“渑池之会”的事例中，蔺相如持璧撞柱体现了他的勇武。在“负荆请罪”这个事例中，蔺相如顾念国家利益“躲让”盛气凌人的廉颇，表现出蔺相如顾全大局、宽厚待人的形象特点。因此教学内容选择可以从这三个典型事例切入。

抒体文主要以“情”为主线，表达作者真挚的情感，但往往需要借助于材料寄托自己的情感，材料的选择为所表达的情感服务。因这个单元文体不一，所以在选材特点上也有所不同。《归去来兮辞》选用归家后的材料表达作者回归田园的欢乐，从初进家门“载欣载奔”的情状，展现一副狂喜之态；到居室之乐，用松树和菊花表达志趣高洁；再到庭院之乐，精心选取了园日涉、策杖流憩、抚孤松、出岫之云、知还之鸟等几个画面，再加上前面的引壶自酌、倚窗寄傲等生活场景，营造出一个安居闲适的意境，表面写景，实则表现作者隐逸生活的无限乐趣及孤傲坚贞之志；最后描写户外之乐，选用亲人们的谈话、弹琴读书、耕种田地、闲暇之余出游等事例表现隐逸生活的乐趣。《逍遥游》列举鲲鹏的大和野马、尘埃、蜩、学鸠等“小”的形象，通过两者的对比，阐述万物皆有所待的道理。还列举大年和小年对立的例子深化这一观点，在列举种种有所待的现象和事物之后，才阐述什么是逍遥之境。《陈情表》中李密为了推辞晋武帝的多次征召，利用“圣朝以孝治天下”的舆论，在表中主要叙述自己与祖母之间的深厚感情，因祖母年老多病无人照料，希望自己能够为祖母养老送终，因此辞不赴命，以此打消晋武帝的疑心。

（三）依据组材特点选择文言文教学内容

组材即材料的剪裁和组织，众多典型、精彩的材料需要进行恰如其分的剪裁和组织，使得文章脉络清晰、层次分明。《易》中提到言有物和言有序，即一篇文章不仅要有丰富的材料，还讲究材料内容安排有序，谋篇布局的手段。张寿康认为“关于材料的组织安排，包括起、承、转、接、伏、应、断、续等都属于结构方面的问题。”[1]所以任何一篇文章会涉及起承转合、首尾呼应、伏笔铺垫、详略得当等特点，学习组材特点有利于提高学生写作时组织材料的能力，让学生合理安排文章的结构层次，因此教师有必要从文本选材角度切入选择教学内容。

文体不同，组材的特点也不相同。史传文主要围绕某一件事情展开叙述，因此教师可以以故事情节的发展来组织文章，即按照故事情节的开端、发展、高潮、结局安排结构。如《荆轲刺秦王》主要围绕荆轲刺秦王这个“事料”展开叙述，按照行刺缘

[1] 张寿康等．古代文章学概论[M]．武汉：武汉大学出版社，1983：65．

起、行刺准备、廷刺秦王、荆轲被斩的顺序组织文章内容。记体文中的古代山水游记类散文结构完整，以游览某一地方开篇，描写周围山水等景观，由此而生发议论，流露出浓郁的情感或产生游览心得，结尾交代写作的缘由或写作的时间等。如《游褒禅山记》开篇交代游览的地点，介绍褒禅山的概况；中间是游览华山洞前洞和后洞的过程以及因游览而产生的心得体会；结尾点明同游的人、作记的时间及作者。议体文主要围绕论点论述全篇，一般的结构是以中心论点开篇，然后从不同的论证角度或者以不同的论证方式展开全文。也有特殊的结构安排——前面用许多的内容铺叙，目的在于引出后文提出的中心论点。例如，韩愈的《师说》主要围绕“古之学者必有师”这一中心论点展开论述，紧接着从教师的职能、从师的必要性、择师的标准、从师的原则等几个方面展开论述。但贾谊的《过秦论》在结构安排上颇有特点，开篇以昂扬之笔书写秦之盛，接着以低沉之笔书写秦之衰，最后水到渠成地点出全文的中心论点。传体文主要围绕中心人物而写，开篇就介绍中心人物的情况，紧接着列举该中心人物的典型事例，突出人物的某一形象特点。例如，《张衡传》开篇介绍张衡的家世、学识、品行并简要介绍其文学方面的成就，接着从自然科学、政治成就两个角度展开描写。抒体文主要围绕主体情感的抒写需要，联系外在的意象，并将毫无联系的人和事组合起来，以作者的情感、意旨发展为依归。王勃的《滕王阁序》首先对滕王阁的胜地、贤主、嘉宾、良宴进行称赞，接下来铺叙滕王阁秀丽的美景，进而引发自己仕途坎坷的感慨，采用一系列典故表达壮志难酬的悲愤，最后作者表达出虽有失意但信心未泯、遇困顿而清操不移、处逆境而壮志弥坚的情感。

文章的谋篇布局要严谨，内容之间要保持连贯，因此在材料的组织方面还需注重周严缜密（预伏、衔接、照应）。李渔认为每写一段，要注意前后文的写作，前文是否有预伏，后文是否有照应，前后内容之间必然存在一定的因果关系。这一特点在史传文和记体文中的古代山水游记类散文体现得最为明显。如《荆轲刺秦王》中荆轲刺杀秦王结果失败并不会让人感到惊讶，仔细品味之前的内容会发现作者留下了荆轲行动失败的伏笔。首先，在求取信物的过程中展现太子丹与荆轲意见不统一；在荆轲有所待时，太子丹催促荆轲出发；最后高潮部分荆轲捧着樊於期头颅的匣子，而秦武阳捧着装有地图的匣子，秦武阳见秦王“色变振恐”，秦武阳本是一个杀人不眨眼的人，见到秦王也害怕起来。这些内容为荆轲刺杀失败埋下伏笔。又如《游褒禅山记》中开头写仆碑上的文字，将“华山”的“华”读错，为后文议论此事作预伏，后文提出治学必须采取“深思而慎取”的态度与前文仆碑上的文字相照应。第二段叙述游览华山洞前洞和后洞的过程，为后文“夫夷以近，则游者众；险以远，则至者少……尽吾志也而不能至者，可以无悔矣”[1]作铺垫，同时后文的议论也照应前文的叙事。前面的记游处处为后面的议论埋下伏笔，作铺垫，后面的议论紧扣前面的记游内容，记叙和议论部分紧密结合。这篇文章还有一个亮点——段落之间的过渡显得十分自然，古人将这种

[1] 人民教育出版社等．普通高中课程标准实验教材语文必修 2[Z]．北京：人民教育出版社，2007：35．

在文章中间起衔接作用的文字称之为“过文”。“于是余有叹焉……以其求思之深而无不在也”[1]就是过渡句，上段讲述游山，接下来讲述求学，将两者巧妙地衔接在一起，没有丝毫的不适感，反而显得很自然。

详略是文章结构安排重要的一个方面，所谓“详”指的就是所用笔墨多，写得十分详细；所谓“略”指的是所用笔墨少，写得十分简略。详略得当有利于突出文章的主旨，并且给人视觉上的美感。详略得当的特点在每种类型的文言文中都有体现，但在记体文和传体文中最为典型。如烛之武去见秦伯的过程只用 4 个字就完成了叙述，而烛之武劝说秦王的过程使用 125 个字，意在重点突出烛之武的劝说艺术，文章主次分明，有侧重点，突出中心思想内容。《张衡传》中介绍张衡在文学、自然科学、政治三方面的成就，重点介绍他在自然科学上的成就——研制候风地动仪，介绍地动仪的质料、大小、形状、外观设计、工作原理、灵敏度，意在突出张衡卓越的科技才能。

六、高考试题的提示

高考试题是直接根据课程标准的要求制定的，它是检测学生学习成果的一种方式，检测学生三年的学习是否达到课程目标的要求。在某种程度上，高考文言文阅读试题对文言文教学内容选择有提示作用，在试题上可以找到一定的选择依据。

（一）高考文言文试题特点分析

高考试题反映了对课程目标和课程内容的考查内容，研究高考文言文试题的特点，从中获取一些文言文教学内容选择的提示，为更好地选择文言文教学内容作铺垫。为了能够因地制宜地解决问题，笔者有针对性地选择了贵州省 2009 年至 2018 年来高考语文文言文阅读试题，如表 6.1 所示：

表 6.1　贵州省 2009 年—2018 年高考语文文言文试题

年份	考试篇目	总分值考查内容	断句（理解层次）	文化常识（识记层次）	内容概括和分析（分析综合）	词句翻译（理解层次）	筛选文中信息（分析综合）
2009	《宋书·郭原平传》	9	0	0	3	3	3
2010	《宋史·康保裔传》	9	0	0	3	3	3
2011	《明史·熊鼎传》	9	0	0	3	3	3
2012	《宋史·郭浩传》	9	0	0	3	3	3
2013	《旧唐书·李揆传》	19	0	0	3	13	3
2014	《明史·韩文传》	19	0	0	3	13	3
2015	《北史·来护儿传》	19	3	3	3	10	0
2016	《明史·傅珪传》	19	3	3	3	10	0

[1] 人民教育出版社等．普通高中课程标准实验教材语文必修 2[Z]．北京：人民教育出版社，2007：36．

续表

年份	考试篇目	总分值考查内容	断句（理解层次）	文化常识（识记层次）	内容概括和分析（分析综合）	词句翻译（理解层次）	筛选文中信息（分析综合）
2017	《宋史·许将传》	19	3	3	3	10	0
2018	《宋史·范纯礼传》	19	3	3	3	10	0

从表格中可以发现文言文所占分值增加，说明高中教材中文言文教学地位的提高。从2012年—2013年分值增加10分，2009年—2012年的分值是9分，2013年—2018年的分值是19分。从考查篇目分析，高考文言文阅读试题考查的篇目应当更具有全面性，从表格中可看出考查篇目均为古代人物传记，均出自二十四史，如《宋书》《宋史》《明史》《北史》，其中《宋史》《明史》考查次数居多。从题型上分析，主要以选择题和翻译题为主，2013年以后才增加翻译题，难度加大。从考查的内容分析，2009—2014年的试题中包括内容概括和分析、语句翻译以及筛选信息，从2015年之后增加文化常识题，去掉筛选信息题，体现出对传统文化的重视。从高考文言文阅读试题考查的层次分析，试题题型与考查层次不相匹配，考查的层次包括识记、理解、分析综合、鉴赏评价四个层面，断句题型属于理解层面，文化常识题型属于识记层面，内容概括和分析以及筛选信息题型属于分析综合层面，没有在鉴赏评价层次上设计题型。

（二）高考文言文试题对教学内容选择的提示

高考试题在很大程度上影响着文言文教学内容选择，有些人认为教学的所有目标都应该指向高考，要多做题。这是错误的做法，高考试题有一定的提示，同时也存在一些弊端，高考考什么教学就教什么是没有问题的，但是不能只教考的内容，文言文教学内容选择需要注意这一点。文言试题中有翻译、断句、文化常识、内容概括和分析等题型，下面笔者将具体分析这些题型，以便获取一些文言文教学内容选择的提示。

1. 文言翻译题型具有针对性

高考设置翻译的题型，考查的大多数是常见的实词和虚词含义、特殊句式等文言基础知识，文言文教学内容应当选择高考文言文阅读试题中常出现的文言实词、虚词和特殊句式等，在平时的学习中积累这类词语和句式。一方面是考试试题中出现的且教材文本能找到的实词，教师进行教学内容选择时必须针对这一类实词重点分析，不仅要了解这类词义在课文文本的含义，还要在此基础上进行引申，拓展这类实词的含义。另一方面是试题中出现的实词而文本中没有出现的实词，教师在文言文教学中对不常见的实词进行分析，引导学生联系上下文，分析句法结构理解实词的含义。例如，2018年高考全国卷3第一句翻译“方务去前之苛，犹虑未尽，岂有宽为患也”。这句翻译的得分点落在“方”“务”“虑”“岂”“患”五个字上，大多数在教材的文言文中也能找到。“方”在这句话中的意思是正的意思，在教材《荆轲刺秦王》一文中可以找到相应的含义："秦王方还柱走"句子中的"方"也是正或正在的意思；"岂"的意思是哪里，《鸿门宴》中"日夜望将军至，岂敢反乎？"中的"岂"也是哪里的意思；"患"与《伶官传序》中"夫祸患常积于忽微"的"患"也是同一含义；对"务"这类没有在课本中出现的实词，教师可以引导学生分析其本义，"务"是形声字，从力，務声，从力表示要致力于某事，所以本义是"致力，从事"的含义，在这里"务"考查的是它的本义，翻译成"尽力"的意思。在平时的文言文学习中，教师有必要引导学生探究实词的本义和引申义，并不断地积累。

从 2009 年—2018 年的高考文言文阅读试题中可以发现，翻译大多考查的是教材文本中常出现的实词，也有少量不常见的文言实词、虚词。例如 2017 年翻译题型中涉及"何以""使""为""同""肆""奏"字词等。因此，教师对文言文字词的选择要有针对性，不能眉毛胡子一把抓，对试题中常出现的实词以及不常见的虚词都要做到心中有数。

2. 文言断句题型具有明示性

断句是文言文阅读的基础，是学生学习文言文应具备的一种能力，也能从侧面考查学生的文言语感以及阅读文言文的能力。文言断句具有一定的明示作用，断句是有一定的方法进行判断的，一个没有标点符号的句子，首先要找到句子的主干成分——主谓宾。主语一般是人名地名等，谓语一般由动词承担，宾语较为复杂，可能包括其他成分。教师在进行教学内容选择时需要考虑对句子成分的分析，平时注重练习在考试过程中才能迅速反应。例如 2018 年全国卷 3 的断句试题："纯礼字彝叟以父仲淹荫知陵台令兼永安县永昭陵建京西转运使配木石砖甓及工徒于一路独永安不受令"，"纯礼字彝叟"是对这个人物的介绍，其中还要知道"荫"是庇护的含义，所以"以……荫"就不能分开；"京西转运使"是官名，属于文化常识；"建"的主语是"陵"。这样就能大概断句：纯礼字彝叟/以父仲淹荫/知陵台令兼永安县/永昭陵建/京西转运使配木石砖甓及工徒于一路/独永安不受令。首先，这一句中考查了实词的含义、文化常识，因此学生要积累考试中常出现的实词以及文化常识。其次，在平时的学习中，教师就要引导学生积累断句经验，培养语感，引导学生注意虚词的位置，如在句首的虚词有"夫""其""盖"；句中的虚词有"以""之""则"；结尾的虚词有"焉""也""耶"。特殊句式在断句中也起着重要的作用，如"……者……也"这类特殊句式有很多，因此教师还需引导学生关注词语的位置。最后，文言文中经常运用对偶、排比、顶真的修辞手法，学生可以根据句子中所运用的修辞手法断句。文言断句提示教师应关注词语的位置、文化常识以及文中的修辞手法，在教学内容选择时注意和适当考虑这些内容，选择合适的教学内容。

3. 文言分析题型具有暗示性

文言文阅读试题主要考查传体文，内容概括和分析题主要考查人物形象特点和细节方面的问题。如传主的某一形象特点主要体现在哪些细节方面，暗示教师进行传体文教学内容选择时，不仅要分析文中写了哪几件事情，而且要分析事件的某些细节，如事件的时间、地点、人物。对内容概括和分析的这类题型，学生要注意将选项中的内容与原文比对。例如2016年全国语文卷三的文言文阅读第六题是内容概括和分析题，选项C“傅珪守正不阿，反遭诬蔑报复。每遇大事，他都能坚持己见，不肯随意改易，因而触怒许多人；后因得罪权贵被迫退休，虽有言官请留，他仍坚持离职”，这个选项是错误的，错在最后一句“他仍坚持离职”，造成他离职的原因是“矫旨令二人致仕”“两京言官交章请留，不听”。从这一试题可知，教师在教学传体文时要注意关注细节。

例如，《苏武传》一文选取了“苏武宁死不降”“卫律劝降苏武”“卧雪牧羊”“李陵劝降苏武”四个事例。这四件事按照情节的发展又可以分成许多细小的事件，如“苏武宁死不降”可以分成“东窗事发，张胜怕牵连”“苏武自刺”；“卫律劝降苏武”可以分成“假击张胜，张胜投降”“击杀苏武，岿然不动”“卫律利诱苏武，苏武不动”；“卧雪牧羊”可以分成“幽禁窖中，禁食”“掘野鼠草食”；“李陵劝降苏武”可以分成“李陵用情劝苏武”“苏武拒绝”“李陵自愧不如”。文中的细节部分较多，教师可以将细节部分进行整合，具体分析传主的形象。“东窗事发，张胜怕牵连”“苏武自刺”“假击张胜，张胜投降”“击杀苏武，岿然不动”这些事例中以张胜的贪生怕死突显苏武的舍生取义。“幽禁窖中，禁食”“掘野鼠草食”展示出苏武坚毅的品质。“卫律利诱苏武，苏武不动”“李陵劝降苏武”展示出苏武以国家利益为首的精神。

高考文言文阅读试题虽主要考查传体文，但这对其他类型的文言文教学内容选择也有一定的提示，教师要关注试题中常出现的实词、虚词、特殊句式和古代文化常识，抓住文本最突显的特点或者最要紧之处选择教学内容。例如，史传文重点关注文章写了什么人和事，情节是怎样发展的；记体文中的古代山水游记类散文重点关注描写哪些景或事，抒发了怎样的情感；议体文重点关注文章阐述什么道理，是怎样说明这个道理的；抒体文重点关注作者的情感以及作者的情感是如何表现出来的。文言试题中没有涉及鉴赏评价的内容，教师要能察觉到这一特点，鉴赏评价层面有利于培养学生的思辨能力和鉴赏能力，因此在文言文教学内容选择时不能忽略这一特点，应该适当地选择这方面的教学内容。

参考文献

一、著作类

[1] 包建新．语文教学设计与案例分析[M]．杭州：浙江大学出版社，2010.
[2] 陈秀玲，等．中学语文课程标准与教材分析[M]．北京：科学出版社，2016.
[3] 顾黄初，顾振彪．语文课程与语文教材[M]．北京：社会科学文献出版社，2001.
[4] 基础教育教材建设丛书编委会．中小学教学参考书调查问卷分析[M]．北京：人民教育出版社，2006.

[5] 刘大櫆，吴德旋，林纾．论文偶记、初月楼古文绪论、春觉齐论文[M]．北京：人民文学版社，1959．
[6] 刘森．当代语文教育学[M]．北京：高等教育出版社，2005．
[7] 梁玉敏．语文教学设计理论与实践[M]．成都：四川大学出版社，2013．
[8] 王力．古代汉语[M]．北京：中华书局，2006．
[9] 王荣生．听王荣生教授评课[M]．上海：华东师范大学出版社，2007．
[10] 王荣生．文言文教学教什么[M]．上海：华东师范大学出版社，2014．
[11] 王荣生．语文教学内容重构[M]．上海：上海教育出版社，2007．
[12] 王荣生．语文科课程论基础[M]．上海：上海教育出版社，2003．
[13] 王荣生．语文课程与教学内容[M]．北京：教育科学出版社，2015．
[14] 王荣生．阅读教学教什么[M]．上海：华东师范大学出版社，2016．
[15] 许嘉璐．古代文体常识[M]．北京：中华书局，2013．
[16]《语文学习》编辑部．语文课堂教学内容的确定：理论与案例——“长三角语文教育论坛”获奖论文精编[M]．上海：上海教育出版社，2010．
[17] 诸斌杰．中国古代文体概论[M]．北京：北京大学出版社，1997．
[18] 张寿康，等．古代文章学概论[M]．武汉：武汉大学出版社，1983．
[19] 周振甫．怎样学习古文[M]．南京：江苏教育出版社，1997．

二、学位论文类

[1] 程梦．高中语文文言文教学现状调查及教学策略探究[D]．西安：陕西师范大学，2013．
[2] 常文骞．高中文言文教学内容优化的课例研究[D]．兰州：西北师范大学，2010．
[3] 高华超．高中语文文言文教学内容研究[D]．兰州：西北师范大学，2013．
[4] 黄慧丽．初中文言文教学内容的研究[D]．上海：华东师范大学，2010．
[5] 纪彩霞．中学文言文文体教学研究[D]．济南：山东师范大学，2008．
[6] 蒋宇娇．人教版高中古代散文中的传统文化教学内容研究[D]．成都：四川师范大学，2017．
[7] 梁德芳．“学情分析”视角下初中文言文教学内容选择的研究[D]．杭州：杭州师范大学，2018．
[8] 龙淡茹．基于“一体四面”的高中文言文教学内容选择研究[D]．赣州：赣南师范大学，2017．
[9] 罗俊明．文言文教学：文字，文章、文学，文化的统一[D]．福州：福建师范大学，2015．
[10] 吕曼．初中文言文教学课程内容的确定——以人教版九年义务教育语文教材为例[D]．天津：天津师范大学，2014．
[11] 李文俊．新课程标准下高中文言教学内容的确定[D]．上海：华东师范大学，2010．
[12] 李杏丽．高中文言文文体教学研究[D]．桂林：广西师范大学，2014．
[13] 童志斌．文言文课程目标与内容研究[D]．上海：上海师范大学，2014．

[14] 钟亮. 高中文言文教学内容研究[D]. 上海：华东师范大学，2008.
[15] 朱士震. 沈阳市第 120 中学文言文教学现状调查与分析[D]. 延边：延边大学，2016.

三、期刊类

[1] 曹公奇. 语文教学内容选定的基本原则[J]. 中学语文教学参考，2017(01)：27-31.
[2] 曹明海，赵宏亮. 教材文本资源与教学内容的确定[J]. 语文建设，2008(10)：4-6.
[3] 陈清华.《鸿门宴》教学设计[J]. 学语文，2011(06)：23-24.
[4] 董文. 高中文言文教学内容确定的原则[J]. 语文知识，2014(09)：37-38.
[5] 冯永忠. 教学内容的确定应重视教材编写意图[J]. 语文建设，2009(05)：39-41.
[6] 龚如君. 教什么远比怎么教更重要（一）——《小狗包弟》教学例说[J]. 中学语文教学参考，2012(09)：28-29.
[7] 胡根林. 确定阅读教学内容的三个维度[J]. 中学语文，2009(08)：6-8.
[8] 黄厚江. 文言文该怎样教[J]. 语文学习，2006(05)：14-16.
[9] 李朝.《烛之武退秦师》教学设计[J]. 中学语文教学，2016(08)：50-51.
[10] 李卫东. 如何确定文言文的教学内容[J]. 中学语文教学，2011(06)：4-11.
[11] 毛雪梅. 从文体角度看文言文教学内容之争[J]. 中学语文，2012(11)：23-25.
[12] 童志斌，张继研. 把握“四位一体”特质，有效实施文言文教学——2012 年语文教育研究论著评析之九[J]. 中学语文，2013(09)：15-18.
[13] 童志斌，朱成宇. 关注“炼字炼句”：文言文教学“言文统一”的有效路径——2015 年语文教育论著评析之六[J]. 中学语文，2016(07)：22-26.
[14] 王荣生. 阅读教学的基本任务与路径[J]. 课程·教材·教法，2012(07)：85.
[15] 温小军. 文言文教学内容开发的三个视角分析[J]. 中学语文，2014(04)：28-30.
[16] 徐金国. 教学内容的确定路径与策略[J]. 语文教学通讯，2014(05)：26-29.
[17] 张君平. 关注文体特征 感受文言之美——以《阿房宫赋》为例谈文言文教学内容的确定[J]. 语文学习，2014(01)：41-44.
[18] 张悦群. 课程内容 教材内容 教学内容[J]. 语文教学通讯，2015(05)：37.

四、教材及其他

[1] 人民教育出版社等. 普通高中课程标准实验教材教师教学用书语文必修 5[Z]. 北京：人民教育出版社，2007.
[2] 人民教育出版社等. 普通高中课程标准实验教材语文必修[Z]. 北京：人民教育出版社，2007.
[3] 中华人民共和国教育部. 普通高中语文课程标准（2017 年版）[S]. 北京：人民教育出版社，2017.
[4] 中华人民共和国教育部. 普通高中语文课程标准（实验）[S]. 北京：人民教育出版社，2012.